高等院校**通识教育**
新形态系列教材

U0739931

大学生
劳动教育与实践

杨彬 牛晓艳 李洪宾◎主编
魏璇 何西凤 任霄雅 杨帆 吕帆◎副主编
付俊薇◎主审

LABOR
EDUCATION

人民邮电出版社

北京

图书在版编目（CIP）数据

大学生劳动教育与实践 / 杨彬，牛晓艳，李洪宾主编. -- 北京：人民邮电出版社，2024. --（高等院校通识教育新形态系列教材）. -- ISBN 978-7-115-64974-4

Ⅰ. G40-015

中国国家版本馆 CIP 数据核字第 2024JV0903

内 容 提 要

　　本书是为帮助大学生树立正确的劳动观、培养必备的劳动能力、培育积极的劳动精神以及养成良好的劳动习惯和品质而编写的。大学生可从本书中系统地学习劳动理论知识，有目的、有计划地参加劳动实践，领悟劳动的意义与价值，提升劳动技能。本书分为理论篇和实践篇。理论篇有四个模块，主要内容包括劳动认知与劳动教育、劳动精神与劳动品质、劳动知识与劳动技能、劳动法规与劳动保障。实践篇有两个模块，主要内容包括劳动探索与劳动实践、实践记录与评价手册。

　　本书内容贴近现实，兼具理论性与实践性，可作为全国各类高校劳动教育课程教学用书。

◆ 主　　编　杨　彬　牛晓艳　李洪宾
　　副主编　魏　璇　何西凤　任霄雅　杨　帆　吕　帆
　　主　　审　付俊薇
　　责任编辑　刘向荣
　　责任印制　胡　南

◆ 人民邮电出版社出版发行　　北京市丰台区成寿寺路 11 号
　　邮编　100164　　电子邮件　315@ptpress.com.cn
　　网址　https://www.ptpress.com.cn
　　固安县铭成印刷有限公司印刷

◆ 开本：787×1092　1/16
　　印张：13.25　　　　　　　　　　2024 年 8 月第 1 版
　　字数：321 千字　　　　　　　　2025 年 9 月河北第 3 次印刷

定价：49.80 元

读者服务热线：(010)81055256　印装质量热线：(010)81055316
反盗版热线：(010)81055315

编委会人员名单

党的二十大报告对教育、科技、人才进行统筹部署，强调要"四尊重一培养"，即"尊重劳动、尊重知识、尊重人才、尊重创造""培养德智体美劳全面发展的社会主义建设者和接班人"，突出了劳动教育在高等教育中的重要作用及深远意义，同时为高校开展劳动教育指明了方向和路径。

教育部印发的《大中小学劳动教育指导纲要（试行）》明确要求，高校要开设劳动教育必修课。为进一步提升劳动教育课程的效果和作用，编者编写了本教材。本教材以"懂劳动、爱劳动、会劳动"作为编写目标，致力于培养具备创新思维和劳动创造能力的新时代高校大学生。

本教材分为理论篇和实践篇，通过"模块+主题"的形式呈现。理论部分的内容是"加强马克思主义劳动观教育，普及与学生职业发展密切相关的通用劳动科学知识"，主要体现为"懂、爱、会"三个字，旨在使学生"在理论上懂得劳动，在情感上热爱劳动，在实际中学会劳动"，充分发挥课程建设主战场、课堂教学主渠道作用。"懂"的部分从劳动切入劳动教育，通过案例介绍和习近平总书记关于劳动的系列重要论述引用等，阐明劳动和劳动教育的内涵、特征、内容及意义等基本问题，引导学生热爱劳动、崇尚劳动，尊重劳动者，珍惜和保护劳动成果；领会劳动创造美好生活的内涵，养成良好的劳动习惯，培养良好的劳动品质。"爱"的部分围绕马克思主义劳动观的内容、特征和价值，紧扣劳动精神、劳模精神、工匠精神培育，引导学生树立劳动最美丽、劳动最伟大、劳动最崇高、劳动最光荣的价值理念；弘扬劳动光荣、创造伟大的主旋律，激发学生热爱、崇尚、乐于劳动的内在动力。"会"的部分以目标为导向，从学生未来参与劳动的角度，介绍劳动素养和能力、和谐劳动关系、劳动法律法规和劳动安全等方面的内容，普及劳动科学知识，引导学生更好地了解劳动力市场，不断扩充和完善自身知识体系和结构，学劳动之义、明劳动之理、悟劳动之美。

实践部分是劳动教育的实现方式，通过"日常生活劳动+生产劳动+服务性劳动"的系统化实践方案设定，组织学生亲历劳动过程，通过动手实践、出力流汗、接受锻炼、磨炼意志，形成良好的劳动习惯和劳动责任感，培养正确的劳动价值观和良好的劳动品质。本教材配有实践记录与评价手册，用于指导、评价和考核劳动实践。评价手册贴合学生日常生活、学习和校园活动的实际场景，设计了 10 项实践活动，涵盖日常生活劳动、生产劳动和服务性劳动。每项活动后附带活动记录与评价表，用以记录和考核活动。实践记录与评价手册一方面能够引导学生更加积极地投入劳动实践，另一方面可丰富教学形式，帮助教师更好地构建"课堂一实践一评价"教学体系。

本教材体例构建了知识、思维、能力、素养"四位一体"的劳动教育课程体系，通过丰富的理论知识与多样的实践活动，引导学生"树立正确的劳动观、培养必备的劳动能力、培育积极的劳动精神以及养成良好的劳动习惯和品质"，并在实践中发现问题、整合知识、解决问题。

由于编者水平有限，书中难免存在不足之处，欢迎读者批评指正。

编　者
2024 年 7 月

理论篇

模块一　劳动认知与劳动教育

主题一　劳动认知 \\ 3

一、劳动的概念 \\ 3

二、劳动的特征 \\ 3

三、劳动的分类 \\ 4

主题二　马克思主义劳动观 \\ 7

一、马克思主义劳动观的主要内容 \\ 7

二、马克思主义劳动观的中国化探索 \\ 9

主题三　新时代大学生劳动教育 \\ 16

一、新时代大学生劳动教育的内涵 \\ 16

二、新时代大学生劳动教育的实施

路径 \\ 19

模块二　劳动精神与劳动品质

主题一　培育劳动精神 \\ 24

一、弘扬劳动精神 \\ 24

二、传承工匠精神 \\ 30

三、践行劳模精神 \\ 38

主题二　锻造劳动品质 \\ 47

一、专心致志，坚守梦想 \\ 47

二、吃苦耐劳，迎难而上 \\ 49

三、诚实守信，修身立德 \\ 50

四、团结协作，共享愿景 \\ 51

模块三　劳动知识与劳动技能

主题一　掌握劳动知识 \\ 56

一、劳动心理 \\ 56

二、劳动安全 \\ 65

主题二　培养劳动技能 \\ 78

一、职业分类与职业资格 \\ 79

二、劳动技能分类 \\ 85

三、劳动技能的获得与运用 \\ 89

模块四　劳动法规与劳动保障

主题一　劳动法律法规 \\ 95

一、《中华人民共和国劳动法》 \\ 95

二、《中华人民共和国劳动合同法》 \\ 95

三、《中华人民共和国就业促进法》 \\ 96

四、《中华人民共和国劳动争议调解

仲裁法》 \\ 96

五、《中华人民共和国社会保险法》 \\ 96

主题二　劳动关系与劳动合同 \\ 97

一、认识劳动关系 \\ 97

二、劳动合同 \\ 101

三、构建和谐的劳动关系 \\ 108

主题三　劳动权益保障 \\ 112

　　一、劳动者就业保障 \\ 112

二、劳动者社会保障 \\ 126

实践篇

模块五　劳动探索与劳动实践

主题一　自立自强，做好日常生活
　　　　劳动 \\ 138

　　一、家庭生活劳动 \\ 138

　　二、校园生活劳动 \\ 149

主题二　创造价值，投身生产劳动 \\ 154

　　一、农业生产和中国农耕文化 \\ 155

　　二、工业生产和中国工业文化 \\ 160

　　三、专业实习与职业成长 \\ 165

主题三　担当奉献，践行服务性劳动 \\ 167

　　一、校园公益劳动 \\ 167

　　二、社会志愿服务 \\ 174

模块六　实践记录与评价手册

活动一　职业形象设计 \\ 184

活动二　宿舍内务整理 \\ 186

活动三　教室大扫除 \\ 188

活动四　校园绿化种植 \\ 190

活动五　文明交通志愿服务 \\ 192

活动六　图书管理志愿服务 \\ 194

活动七　勤工助学 \\ 196

活动八　职业技能竞赛 \\ 198

活动九　专业实习 \\ 200

活动十　创新创业方案制作 \\ 202

参考文献 \\ 204

理论篇

模块一　劳动认知与劳动教育

人民创造历史，劳动开创未来。 劳动是推动人类社会进步的根本力量。要实现我们的奋斗目标，开创我们的美好未来，必须紧紧依靠人民、始终为了人民，必须依靠辛勤劳动、诚实劳动、创造性劳动。劳动是财富的源泉，也是幸福的源泉。人世间的美好梦想，只有通过诚实劳动才能实现；发展中的各种难题，只有通过诚实劳动才能破解；生命里的一切辉煌，只有通过诚实劳动才能铸就。

知识拓展

大中小学劳动教育
指导纲要（试行）

模块导读

劳动是人类社会生存和发展的基础。劳动不仅为人类的发展提供了必要的物质条件和精神条件，还为人类的发展搭建了实践平台。本模块主要讲解劳动的概念、特征和分类，马克思主义劳动观，以及新时代大学生劳动教育等问题。本模块旨在引导大学生树立正确的劳动观，积极培养吃苦耐劳、埋头实干的劳动精神，让劳动教育落地生根，开花结果；让劳动教育凸显实效，绽放魅力；让劳动教育为我们的终身发展和人生幸福奠定基础。

学习目标

1. 了解劳动的概念、特征和分类。
2. 了解传统文化中的劳动文化。
3. 了解马克思主义劳动观的主要内容和在中国的继承性发展与创新性发展。
4. 了解新时代大学生劳动教育的内涵及实施路径。

素养目标

1. 树立正确的劳动价值观，塑造正确的劳动态度和情感。
2. 理解和形成马克思主义劳动观，拥有良好的劳动精神面貌和劳动价值取向。
3. 充分认识新时代培养社会主义建设者和接班人对加强劳动教育的新要求。

思维导图

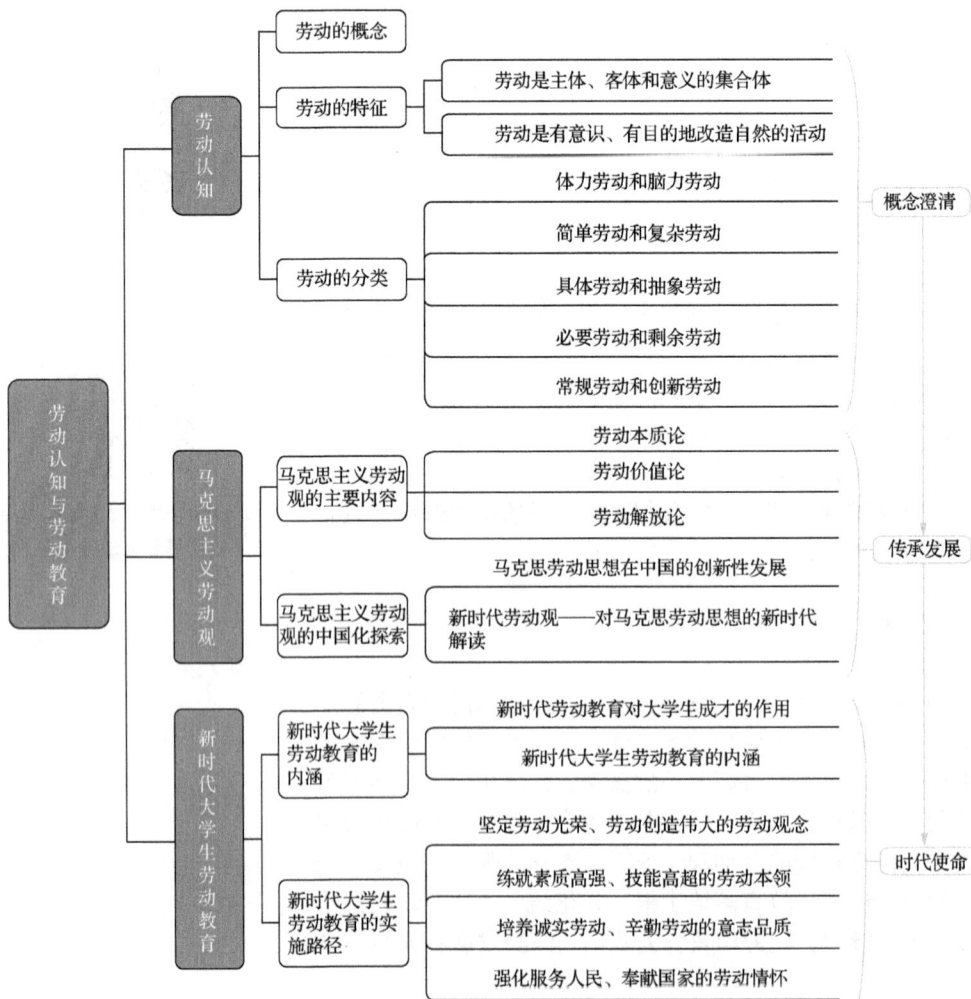

主题一 劳动认知

一、劳动的概念

"劳动"是一个耳熟能详的词语，《辞海》对"劳动"的释义："人们改变劳动对象使之适合自己需要的有目的的活动。即劳动力的支出或使用。人类社会存在和发展的最基本条件。在人类形成过程中起了决定性作用。"这个释义实际上是哲学意义上的劳动和经济学意义上的劳动的"结合体"。

马克思认为，劳动首先是人和自然之间的过程，是人以自身的活动来引起、调整和控制人和自然之间的物质变换的过程。根据上述论断，一般意义的劳动是指处在一定社会关系中的人改造自然或人化自然，服务于物质财富和精神财富的创造，以满足人类需要的、有目的的活动。因此，劳动的概念应该包括以下几个方面的内涵：一是有意识的理性活动；二是借助工具和劳动力（脑力和体力）；三是人与自然（或人化自然）的交互作用；四是服务于创造物质财富和精神财富的活动。

在经济学中，劳动指劳动力（含体力和脑力）的支出和使用。劳动经济学是一门研究劳动力供给、劳动力需求、就业、工资、人力资本、失业、收入分配等内容的学科。

劳动是人们以自主或受雇的方式改造自然界并创造物质财富的直接的物质资料生产活动，是人与自然界直接进行物质、能量、信息的交换和变换的活动过程。这是对劳动内核的最终把握，也就是说，虽然劳动是物质资料生产活动，但并非所有的物质资料生产活动都是劳动，只有活劳动、直接生产活动才是真正意义上的劳动。例如，投资活动、资本运营活动虽是物质资料生产过程和体系中的重要组成部分，也是重要的人类实践活动，但是这些活动不是真正意义上的劳动，原因在于：第一，它们是间接地（而不是直接地）改造自然并创造物质财富的活动；第二，它们不是物质资料生产体系中直接与自然界发生联系的"底层基础"，而是"高层建筑"；第三，资本是死劳动，是对过去劳动的物化、积累和凝结，在历史上，先有活劳动，然后才有死劳动（即资本）。再如，对于"企业管理活动是否是劳动"这个问题，需要分几种情况讨论：在资本雇佣劳动的情况下，企业管理活动主要是一种监督活动；在劳动雇佣资本的情况下，企业管理活动是属于劳动的一部分的"复杂劳动"；在劳资共决或劳资合作的情况下，企业管理活动属于半劳动半监督活动。

在人类历史的开端，劳动是唯一的人类实践。劳动是人类历史的开端和发源地，是打开社会历史大门的钥匙。

二、劳动的特征

劳动是人类社会特有的一种有目的的社会实践活动。这是劳动的基本特征。

（一）劳动是主体、客体和意义的集合体

劳动不仅是谋生的手段，是自然人转化为社会人的基础，也是实现人性至美至善、

彻底自由的必由之路。人类起源于劳动，劳动是人类的基本实践活动。马克思主义认为，劳动是人之所以为人的内在本质特性，是人区别于动物的内在本质属性。人在劳动过程中不仅创造了客体性存在，还构建了人与人之间的社会关系。人的本质不仅仅是单个人所固有的抽象物，还是一切社会关系的总和。一切劳动都是在一定的社会关系下进行的，孤立于社会关系之外的劳动是不存在的。

（二）劳动是有意识、有目的地改造自然的活动

人类的生产劳动都是有意识、有目的的活动。生产生活资料是区分人与动物的关键，动物仅仅利用自然界，简单地通过自身的存在引起自然界的变化，而人则通过其所做出的努力使自然界为自己的目的服务，从而支配自然界。这便是人与动物的本质区别，而造成这一区别的本质原因是劳动。劳动是人在理性支配下进行的有意识、有目的的实践活动，与动物天生的、本能的生命活动有着本质区别。人类以外的其他动物既不会制造工具，也不会自觉地改造自然，更没有改造自然的经验，它们的行为只是一种本能。

◉ **案例分享**　　　　**"佛系""躺平""啃老"**

"佛系"是一个网络流行语，主要意思是无欲无求、不悲不喜，追求内心的平和。"佛系"的生活方式体现了年轻人对非理性争执的反感和对构建和谐生活秩序的渴望。年轻人以"佛系"自嘲，体现的是其求之不得后降低期待值的无奈。"佛系"是一种不可取的消极的生活态度。

"躺平"也是一个网络流行语，指无论对方采取什么行动，自己的内心都毫无波澜，不会做出任何反应或者反抗，是一种畸形的顺从心理。在其他一些语境中，"躺平"也表示：瘫倒在地，不再热血沸腾地渴望成功。"躺平"反映的是人们有选择地放慢脚步，以自己相对舒适的方式去简单维持基本的生活，失去斗志，消极应对，依靠"啃老"或前期积累安逸度日。

"啃老"也是一个网络流行语。"啃老族"（社会学家称之为"新失业群体"）是指已成年并有谋生能力，在经济上却仍未"断奶"，还依靠父母供养的年轻人。"长大不成人"是"啃老族"及社会面临的共同问题。

三、劳动的分类

按照不同的标准，劳动可以进行如下分类。

（一）体力劳动和脑力劳动

根据劳动主体所耗费的生理力的形态，劳动可分为体力劳动和脑力劳动。体力劳动是指以人体肌肉与骨骼的生理力消耗为主、以大脑和其他生理系统的生理力消耗为辅的劳动。脑力劳动是指以脑力消耗为主、以其他生理系统的运动消耗为辅的劳动，其特征在于劳动者在生产过程中运用的是智力、科学文化知识和生产技能。这里需要说明的是，

体力是脑力的基础，脑力劳动支配体力劳动。体力劳动与脑力劳动不可分离，人的任何一种活动都是体力劳动和脑力劳动共同作用的结果。在未来的社会中，人类劳动耗费的体力和脑力会呈现为有机融合状态。

（二）简单劳动和复杂劳动

根据对劳动主体的知识、经验和技能的要求，以及所耗费的体力与脑力综合量的多少，劳动可分为简单劳动和复杂劳动。简单劳动是指在一定的社会条件下，不需要经过任何专门训练，一般劳动者都能胜任的劳动。复杂劳动是指需经过专门训练和培养，劳动者具备一定的文化知识和技能才能从事的劳动。在相同的时间内，复杂劳动创造的价值量是简单劳动创造的价值量的若干倍。

简单劳动生产的产品的剩余价值较低，而复杂劳动生产的产品的剩余价值相对较高。复杂劳动的背后有训练和培养等付出，所以才会在同样的时间内创造比简单劳动更多的价值。需要指出的是，所谓的按劳分配中的"劳"，不只是指处于生产一线的直接劳动者的劳动，还指在技术、知识、管理、数据方面产生的劳动成果，这些劳动属于复杂劳动的物化形态。因此，在包含劳动、资本、知识、技术、管理、数据等要素的收入分配制度中，复杂劳动的成果要想得到体现，就要将上述要素连同生产一线劳动者的成果综合起来作为按劳分配的主体考虑。当然，简单劳动和复杂劳动的区分是相对的，一定条件下的复杂劳动在另外的条件下可能属于简单劳动。

（三）具体劳动和抽象劳动

根据劳动二重性理论，劳动可分为具体劳动和抽象劳动。具体劳动是指在一定的具体形式下进行的劳动，是有形的、看得见的。比如，装修工人粉刷墙壁、木工做家具，就是具体劳动。抽象劳动是指撇开了具体形式的、一般的、没有差别的人类劳动，是劳动力（脑力和体力）在一般生理学意义上的支出或消耗。抽象劳动反映了商品生产者之间的经济关系，是劳动的社会属性。

具体劳动和抽象劳动是对立统一的。对立性体现为具体劳动和抽象劳动是生产商品时劳动的两种不同属性（但不是两种不同的劳动）；统一性体现为劳动者支出具体劳动的同时也支出了抽象劳动，二者在时间上、空间上是统一的，是不可分割的。

（四）必要劳动和剩余劳动

根据劳动者付出劳动的必要性，劳动可分为必要劳动和剩余劳动。必要劳动是指维持和再生产劳动力所必需的劳动。

通俗地讲，必要劳动就是劳动者为了维持自己和家庭的生活所必须付出的那部分劳动。必要劳动所花费的时间就是必要劳动时间。社会必要劳动时间就是一个工作日内一个人的生理活动耗费的价值对应的劳动时间。在必要劳动时间内的劳动是维持和再生产劳动力所必需的劳动。

剩余劳动与必要劳动相对应，是指超过维持劳动力生产和再生产需要的劳动，即生产剩余产品所消耗的劳动。在私有制社会中，剩余劳动即为剥削者所占有的劳动。在社会主义初级阶段，劳动是人们谋生的手段，谋生的范围就是必要劳动的范围。随着社会的进步，劳动者的必要劳动范围扩大，相应地，劳动报酬就有增长的趋势。

（五）常规劳动和创新劳动

根据劳动中新技术、新方法、新知识的含量，劳动可以分为常规劳动和创新劳动。

常规劳动是指在现有的社会正常生产条件下，利用已有的知识、经验和技能以常规方式对劳动对象进行加工或改造的劳动。常规劳动不一定是简单劳动，也可能相当复杂，需要劳动者积累大量的经验、技能与诀窍；而且常规劳动不仅包括体力劳动，也包括常规性的脑力劳动。

创新劳动是指运用新技术、新方法和新知识，以创新方式进行的劳动，其价值的实现必须通过改变当前的社会正常生产条件，将创新性劳动成果向全社会生产结构渗透扩张来完成。

👁 **案例分享**　　　　　**做一颗"小小螺丝钉"的谢坚**

谢坚，1967 年 12 月生，中国邮政珠海市分公司外伶仃邮政营业所主管兼邮递员。

谢坚人如其名，自 1988 年从海军部队退役以来，坚守岗位三十多年。三十多年来，他投递邮件 270 多万件，投送党报党刊 45 万多份，救活"死信" 3 万多封，做到件件有着落，封封有回音。这些都是谢坚在外伶仃岛上的"战绩"。

外伶仃岛因伶仃孤立而得名，民族英雄文天祥的《过零丁洋》就诞生于此。其北距香港长洲岛 6 海里，是珠三角地区进出南太平洋国际航线的必经之地，也是南海要塞。

三十多年前，20 多岁的谢坚从没想到过，缺水少电、条件艰苦的外伶仃岛会成为他奉献整个青春的"新战场"。当年，书信电报是岛上渔民、驻岛官兵与外界联系的唯一方式，谢坚一个人承担了外伶仃岛及周边 6 个海岛的邮政服务，并且一些信上常常只写"外伶仃岛某某收"，谢坚必须跨上邮差包，上渔船、爬渔排挨个儿找人。看着人们收信时的狂喜或痛哭，他有了坚持下去的动力。物质条件的艰苦，越发凸显精神的富饶。本来有几次机会可以轮换回市区工作，但谢坚都放弃了。"以前我送电报，内容不是喜事，就是悲事。无论哪种，接报人大多会抱着我哭，对于伶仃岛的人来说，'家书抵万金'。"谢坚说自己就是想干好本职工作，做一个中国版图上的小小螺丝钉。慢慢地，外伶仃岛上有了公路，有了电话，能上网了，还成了旅游景点，"零丁洋里叹零丁"的恶劣条件一去不复返。

2018 年是谢坚当选全国人大代表的第一年，他在调研偏远地区实际情况、汇集群众心声后，呼吁加快推进海岛等偏远地区公共基础设施建设，很快得到相关部门答复并响应。自从 2018 年当选全国人大代表以来，谢坚多次提出建议，助力偏远地区公共基础设施建设，推动快递进农村，建言海水养殖业发展，等等。这些建议的提出无一不来自基层群众的真切心声，为的都是让父老乡亲的生活更加幸福。

主题二 马克思主义劳动观

一、马克思主义劳动观的主要内容

马克思劳动思想的创立大致经历了三个阶段。第一阶段即奠基阶段，指 1844 年 8 月以前，代表作是《1844 年经济学哲学手稿》，在这个阶段马克思提出了"异化劳动"的思想。第二阶段即发展阶段，指 1844 年 8 月至 1848 年《共产党宣言》发表以前，在这一阶段，马克思逐步认识到了劳动对于人类、人类社会发展的作用，并形成了对资本主义社会本质的初步认识。第三阶段即成熟阶段，指 19 世纪 50 年代至 60 年代，马克思在对政治经济学进行全面、系统、深入研究的同时，进一步丰富和发展了唯物史观和人的解放学说，从而使自己的劳动思想获得较大发展，内涵更加丰富，理论愈加成熟。

劳动是马克思思想体系中的核心观念，是马克思主义理论研究的基础。马克思主义对于劳动的论述，主要表现为劳动本质论、劳动价值论及劳动解放论。

（一）劳动本质论

人的本质是什么？一直是哲学界思考的重要问题。马克思主义认为劳动是人的本质，人的本质是一切社会关系的总和。

1. 劳动创造了人本身

恩格斯在《劳动在从猿到人转变过程中的作用》一文中详细描述了劳动在人类从猿进化为人的过程中的作用：会使用和创造劳动工具把人类社会与猿群世界区分开来；劳动使人学会直立行走，并且劳动创造了语言。

2. 劳动创造了人类生活

劳动的过程就是人通过自身的劳动作用于自然的过程，是人的本质力量与自然之间的一种物质交换过程。马克思、恩格斯在《德意志意识形态》中明确地指出："全部人类历史的第一个前提无疑是有生命的个人的存在。"而这一"有生命的个人"之所以能够存在，主要是因为他们通过自己的劳动来创造和生产物质生活资料。正是因为这些物质生活资料维持了人类的生存和发展，并衍生出了政治、文化、科技，丰富了人类的物质生活和精神生活，所以说劳动创造了人类生活。

3. 劳动是一切价值的创造者

马克思认为只有劳动才赋予已发现的自然产物以一种经济学意义上的价值。恩格斯认为劳动和自然界联系在一起才是一切财富的源泉，自然界为劳动提供材料，劳动把材料变为财富。

4. 劳动创造了社会关系

劳动不仅创造了人与自然的关系，还形成了人与人之间的关系（即劳动资料的占有和使用关系，劳动的分工和协作关系，劳动产品的交换、分配和消费关系，等等）以及人与主观意识之间的关系，这些关系是人类社会的基本关系。社会是人类劳动的产物，是劳动活动的开展形式。

（二）劳动价值论

劳动价值论是马克思关于劳动创造商品价值以及商品的生产、交换遵循价值规律的理论，它详细阐述了商品经济的本质和运行规律。

1. 生产商品的同一劳动可分为具体劳动和抽象劳动

具体劳动创造商品的使用价值，抽象劳动创造商品的价值。具体劳动和抽象劳动是生产商品劳动的两种形态，是同一劳动的两个不同方面，不是生产商品的两次劳动。

2. 抽象劳动的内在属性和外在属性

抽象劳动的内在属性是生产商品过程中人类脑力或体力的支出（人类的一般劳动），外在属性则是生产商品过程中创造价值的劳动。抽象劳动创造的价值则是商品经济社会特有的经济特征。马克思认为，在一切社会状态下，劳动产品都是使用物品，只有在它具有价值的时代，劳动产品才转化为商品。

3. 抽象劳动内化为商品的价值，外化为商品的交换价值

正如马克思所述："我们实际上也是从商品的交换价值或交换关系出发，才探索到隐藏在其中的商品价值。"这种体现了商品生产者之间平等交换劳动的社会关系正是以抽象劳动为内核的。

（三）劳动解放论

劳动解放论是从劳动本质论和劳动价值论中得出的对科学社会主义的深刻表述，它认为劳动的发展过程推动了人类在自然和社会两个方面的不断解放。

1. 关于异化劳动

马克思在《1844年经济学哲学手稿》中以异化劳动为逻辑起点，探索劳动解放、人的解放的途径。根据马克思的观点，异化可以理解为一种人与自己的创造物相对立的状态：被人创造出的客体反而外在于人，不以人的意志为转移，甚至转过来支配人、奴役人。同样，劳动本应是体现人类本质的自由自觉的活动，是人类社会得以形成、发展的源泉，但是在资本主义社会，劳动却是异化的。劳动成了工人外在的、被迫的、与人相对立的活动，人类的本质变成了异己的本质。在以私有制为基础的资本主义社会中，劳动者及其劳动是异化的、不自由的。要实现劳动解放，首先要推翻资本主义生产关系，使劳动从资本的束缚中解放出来；其次要大力发展生产力，为劳动解放提供物质基础；再次要促进自由时间的不断生成；最后要使劳动成为目的本身。

2. 劳动解放与自由时间

马克思认为，所谓的自由时间是不被生产劳动吸收而由人自由支配并用于自身发展的余暇时间。在自由时间里，人们不只是休息、娱乐和消费，还应从事自己爱好的科学研究、艺术创作等高级活动，进而达到自愿劳动、充分发展人类自由本质的目的。

劳动解放、人的解放内在地要求对自由时间的追求和运用，自由时间的生成反过来又会促进劳动解放的实现。从这个意义上说，劳动解放、人的解放也依赖于时间的解放。人必须通过提高劳动生产率、缩短工作时间来创造更多的自由时间。

3. 劳动解放与人的解放

劳动解放是实现人的解放的一个必然环节。人的解放是一个系统，本身包含多个方面的内容，人的解放不只是劳动解放，还包括政治解放、社会解放、文化解放等内容。

因此，劳动解放是人的解放的重要内容，但并不是唯一内容。促进劳动解放是实现人的解放的重要方面和必然环节。

👁 **案例分享**　　　　　"抓斗大王"包起帆

"工人不仅要用汗水来辛勤劳动，更要用智慧创造性地劳动。"坐落于上海第二工业大学校区内的包起帆创新之路陈列馆的参观者络绎不绝，有高校师生，有企业工人，有党员干部……他们来到这里的共同目的都是寻找一个答案：创新的持续动力来自哪里？

20世纪70年代末，包起帆还是一名普通的码头修理工，改革开放的春风给他带来半工半读学文化的机会，包起帆就把学到的知识用于工作岗位上，发明了"起重机变截面卷筒"技术，使钢丝绳的损耗从过去1个月换3根减少至3个月换1根。前来交流的日本专家告诉他，这项技术可以在日本申请专利，包起帆由此拓宽了视野，增强了搞发明的兴趣和信心，也开启了不断创新、昂扬奋进的人生历程。

1981年，包起帆发现码头木材装卸全靠人工，不仅存在极大的危险，还无法提高效率。为此，他发明了"双索门机抓斗"，用抓斗取代人工装卸木材。

6年后的1987年，包起帆在抓斗研发领域持续创新，凭借"15吨滑块式单索多瓣抓斗"项目获第15届日内瓦国际发明与新技术展览会金奖，由此他成为远近闻名的"抓斗大王"，他的科技成果不仅在国内20多个行业、1000多家企业推广应用，还出口到20多个国家和地区，创造了显著的经济和社会效益。

从业40多年中，围绕码头自动化、信息化、智能化和节能减排的新需求，"抓斗大王"包起帆的创新版图不断扩大。

1996年，包起帆任上海龙吴港务公司经理，提出中国港口内贸标准集装箱水运工艺系统理念，在1996年12月15日开辟了中国水运史上第一条内贸标准集装箱航线。

进入21世纪，包起帆作为港口装卸自动化的创新者，其科研和建设成果更加丰富：主导建成中国第一座全自动集装箱无人堆场，并在全球范围内首创散货自动化装卸系统；在巴黎国际发明博览会上一举获得4项金奖，成为105年来在该展会获金奖数量最多的人；提出并在世界上首次实现了公共码头与大型钢铁企业间无缝隙物流配送新模式，使中国成为资源节约型、环境友好型码头建设的优秀典范，为中国工程界首度斩获世界工程组织联合会"阿西布·萨巴格优秀工程建设奖"；领军发明的集装箱电子标签系统上升为国际标准ISO 18186，实现了中国在物流、物联网领域领衔制定国际标准零的突破。

这就是"抓斗大王"包起帆。从码头工人，到技术骨干、企业管理者，再到国际标准的领衔制定者，在众人眼里，他的人生充满传奇色彩，但在他自己看来，他只是从未给创新画上句号。

二、马克思主义劳动观的中国化探索

马克思劳动思想和中华传统美德是中国共产党劳动观的理论源泉。中国共产党劳动观不仅继承了马克思主义的基本观点，还结合了我国传统美德，根据我国社会主义革命、建设和改革开放的具体情况，创造性地发展了马克思劳动思想。

我国自古以来就有"勤于劳动"和"尊重劳动"的传统美德，"勤于劳动"被看作修身、齐家、治国、平天下的基本道德品质。博大精深的中华传统美德为中国共产党劳动观提供了理论滋养。

不仅如此，20 世纪以来，"勤于劳动"和"尊重劳动"的传统美德得到了中国共产党人的继承和弘扬。中国共产主义的伟大先驱李大钊在 1919 年发表的《现代青年活动的方向》一文中论述了劳动对于人生的意义："我觉得人生求乐的方法，最好莫过于尊重劳动，一切乐境，都可由劳动得来，一切苦境，都可由劳动解脱。"自中国共产党成立以来，中国共产党人在坚持马克思劳动思想的过程中对其进行了发展。

教育与生产劳动相结合，这是马克思主义的传统观点。在《共产党宣言》中，马克思主张把教育同物质生产结合起来。在《资本论》中，马克思进一步从社会财富的创造和全面发展的人的培养两个方面来分析其作用和意义：生产劳动同智育和体育相结合，它不仅是提高社会生产的一种方法，而且是造就全面发展的人的唯一方法。因此，我国的教育从小学就开始培养学生爱学习、爱劳动的好习惯；各级各类学校对学生参加劳动的类型、劳动教育的时间安排、劳动教育与课堂教学结合的方式等问题做了全面研究和周密部署。

（一）马克思劳动思想在中国的创新性发展

随着我国各领域改革的深入，特别是社会主义市场经济体制的提出、确立和完善，当代劳动以及与劳动相关的一些问题发生了一些新变化，呈现出诸多新特点。

1. "尊重劳动"是"四个尊重"的核心

为了引领正确的社会风尚，党的十六大报告明确提出"尊重劳动、尊重知识、尊重人才、尊重创造"（即"四个尊重"）的重大方针。"四个尊重"充分体现了党在新时期、新形势下对劳动、知识、人才和创造在中国特色社会主义建设中的重要作用的高度重视，是对马克思劳动思想的新发展。

（1）"四个尊重"是一个有机的整体，尊重劳动是核心

尊重劳动首先强调了对不同类型的有益劳动的尊重。党的十六大报告强调："要尊重和保护一切有益于人民和社会的劳动。不论是体力劳动还是脑力劳动，不论是简单劳动还是复杂劳动，一切为我国社会主义现代化建设作出贡献的劳动，都是光荣的，都应该得到承认和尊重。"不管人类社会进步到何种程度，体力劳动和脑力劳动、简单劳动和复杂劳动都是并存的，都在社会发展中发挥着不可或缺的作用。在我国，由于生产力发展不平衡，各种不同类型的劳动的作用都不可忽视。普通农民和工人所从事的生产和服务性劳动尽管是简单的体力劳动，但在创造社会财富的过程中依然发挥着基础性作用，理应受到尊重。知识分子所从事的复杂的脑力劳动，代表着社会劳动的发展方向，在未来竞争和创造社会财富的过程中将发挥更大的作用，同样应受到承认和尊重。

（2）尊重劳动，同样强调了对知识、人才和创造的尊重

科技在社会进步中发挥着越来越大的作用，经济发展的知识性特征也越来越明显。因此，在社会发展中发挥更大作用的劳动将是那些掌握大量知识的人才所进行的创造性劳动。"尊重知识、尊重人才、尊重创造"也包含着尊重劳动。尊重知识，强调了知识就是财富的价值理念，强调了知识在劳动和社会发展中的巨大作用；尊重人才，强调了优

秀的劳动者在社会进步中的突出作用；尊重创造，强调了科技人才的创造性劳动在推动社会进步中的巨大作用。尊重知识、尊重人才、尊重创造其实就是尊重具有知识性、创造性的人才的劳动，是尊重劳动的时代精神的体现。

2. "合法的非劳动收入"的论断是对劳动价值论的发展

收入分配问题事关劳动者的切身利益和劳动的积极性，也将影响社会发展和稳定。党的十六大报告明确指出："一切合法的劳动收入和合法的非劳动收入，都应该得到保护。"

合法的劳动收入是指劳动者通过劳动投入所获得的工资、奖金和各种津贴等收入。合法的非劳动收入主要是指通过劳动之外的资本、知识、技术和管理等生产要素参与分配所获得的收入，如资本投资的效益红利、技术参股的股份红利和经营管理红利等收入。保护合法的非劳动收入的目的在于，调动劳动之外的一切资本、知识、技术和管理等生产要素参与中国特色社会主义建设的积极性，让一切创造社会财富的源泉充分涌流，以造福人民。合法的非劳动收入的论断既是对马克思按劳分配原则的继承，又是对该原则的发展。

3. 体面劳动体现了对劳动者权益的保障

体面劳动不仅被赋予了公平正义和人文关怀的色彩，还涉及劳动的全过程。首先，体面劳动体现为就业机会的平等。这就要求政府推行积极的就业政策，创造更多的就业岗位，满足更多劳动者的就业需求，使劳动者获得平等的就业机会。其次，体面劳动体现为工作环境和工作条件的保障。政府和工会要督促企业改善工作环境和工作条件，确保劳动者在安全、舒适和健康的劳动场所中进行劳动。最后，体面劳动体现为与劳动报酬相关的社会保障的落实。政府和工会要以《中华人民共和国劳动法》（以下简称《劳动法》）等法律为武器，严禁企业克扣和拖延发放劳动者工资报酬等现象，真正维护劳动者的基本社会保障权益，严惩相关的违法企业或个人。

👁 **案例分享**　　**国际劳工组织及我国学者对体面劳动的研究**

国际劳工组织亚太局针对亚太地区的实际情况，从体面劳动的四个战略目标出发，确立了一套包含 21 项指标的体面劳动测度体系。其中，工作中的权利方面的指标涉及工作场所的妇女、诉诸劳工法庭或国际劳工组织的案件等内容；就业方面的指标包括劳动力参与率、就业人口与总人口的比率、劳动贫困者、工资、失业、青年失业、非经济活动青年、与工时相关的不充分就业、依据就业职位和经济活动部门的就业、劳动生产率、实际人均收入；社会保护方面的指标包括非正规经济和社会保护、职业伤害事故的比率（致命的/非致命的）、工作时间；社会对话方面的指标包括工会会员率、雇主组织的企业数、集体谈判覆盖率、罢工和闭厂（不工作）的天数。

北京市总工会职工大学有关课题组针对体面劳动提出的指标体系颇具典型性，该课题采用访谈的方法，通过多侧面的探索与追问，获得了受访者内心深处对体面劳动内涵越来越丰富的理解；通过对受访者的相关表述的概念化，再将这些概念归纳为 7 个结构维度，分别定义为工资收入体面感、就业保障体面感、工作氛围体面感、劳动强度体面感、民主参与体面感、职业发展体面感、社会地位体面感，如图 1-1 所示。

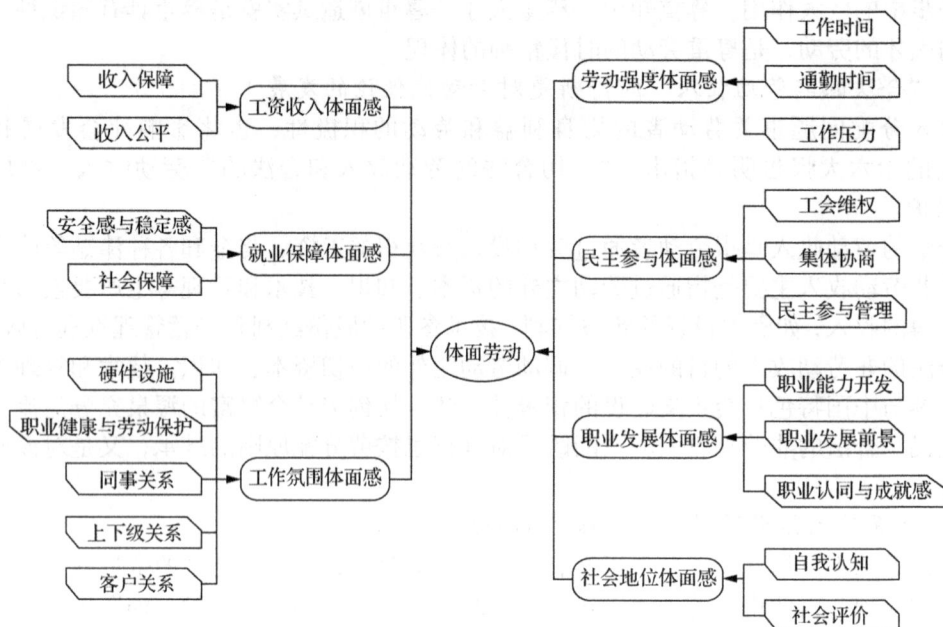

图 1-1　体面劳动的结构维度和构成要素

（二）新时代劳动观——对马克思劳动思想的新时代解读

劳动观反映着劳动者对劳动的态度，决定着劳动者在劳动过程中的行为。党的十八大以来，习近平总书记每年在"五一"国际劳动节来临之际都要就劳动问题发表重要讲话。他以马克思劳动思想为指导，汲取中华传统文化精华，针对当前我国面临的重大现实问题，从历史观、社会观、政治观、发展观、人生观、价值观、理想观、成才观等不同视角对劳动进行了多维阐释，形成了内涵丰富、系统而成熟的劳动观。新时代劳动观是对马克思劳动思想的新时代解读，是对中华传统劳动美德的现代诠释，更是对一系列相关的社会关切的重大现实问题的有针对性的回应。

1. 劳动历史观的涵义

劳动历史观即"劳动是推动人类社会进步的根本力量"。劳动历史观是劳动观的理论基石和方法论基础，为新时代的劳动观确定了马克思主义的方向性原则。

劳动历史观准确把握马克思主义唯物史观的真谛，充分领悟劳动在社会历史发展中的作用，断言"人类是劳动创造的，社会也是劳动创造的"，劳动是推动人类社会进步的根本力量。伟大的中华民族及其灿烂的民族历史都是中华儿女用辛勤劳动创造出来的，中国人民的辛勤劳动创造了今天的中国。中国人民还将依靠脚踏实地的劳动开创"国家富强""民族振兴""人民幸福"的美好未来。劳动在推动历史进步的过程中所发挥的作用是通过主体劳动者，即人民群众来实现的。人民作为历史的创造者在推动我国经济社会发展中的基本作用应该得到充分的认识和肯定。

2. 劳动历史观在国家和社会治理层面的运用和体现

劳动社会观、劳动政治观、劳动发展观是劳动历史观在国家和社会治理层面的运用和体现。

（1）劳动社会观——"构建和发展和谐劳动关系，促进社会和谐"

劳动关系是最基本的具有决定性质的社会关系，劳动关系的和谐程度将直接影响整个社会关系的性质。劳动社会观主要从以下两个方面着手构建和谐的劳动关系。

一方面，政府及相关部门要从法制上确立劳动者的基本权利，不断增加劳动者的劳动报酬，切实保障劳动者的合法权益；要从组织上建立健全由党和政府主导的各种社会机制，妥善处理好劳动过程中涉及的就业、分配、社会保障、安全、卫生、技能培训、社会参与等各种社会问题，真正实现劳动者的"体面劳动"，主动协调、正确处理、及时化解各种劳动矛盾纠纷，最大限度地"构建和发展和谐劳动关系，促进社会和谐"。

另一方面，劳动群众要树立大局意识，正确处理社会发展中个人利益与集体利益、局部利益与全局利益、眼前利益与长远利益等多种利益关系，理性对待社会变革中的利益格局的调整，自觉维护社会和谐稳定。

（2）劳动政治观——共产党人保持政治本色的重要途径

共产党人只有真正理解并接受马克思主义的劳动政治观，才能准确理解劳动对于人类和社会的存在和发展的意义，才能真正尊重劳动和劳动者，才能带头弘扬劳动精神，才能加深同劳动人民的感情，才能全心全意为劳动人民服务，才能在劳动中保持政治机体的健康，保持政治本色。基于这样的劳动政治观，全心全意为劳动人民谋福祉，是党和国家的神圣职责。工会作为联系党和职工群众的桥梁，要充分发挥作为职工合法权益的代言人和维护者的作用，把工会建设成在政治上关心职工、在生活上全心全意服务于职工的"职工之家"。

（3）劳动发展观——劳动破解"发展中的各种难题"

当前，我国社会主义建设事业还面临诸多问题。基于这样的劳动发展观，可以得出结论："发展中的各种难题，只有通过诚实劳动才能破解。""两个一百年"奋斗目标伟大而艰难，发展过程中的矛盾繁多而复杂，前进征途上困难重重且难以预测。只有始终坚持"尊重劳动、尊重劳动者"的核心价值理念，才能"以劳动托起中国梦"。

3. 劳动历史观在个人层面的拓展和运用

劳动人生观、劳动价值观、劳动理想观、劳动成才观是劳动历史观在个人层面的拓展和应用。

（1）劳动人生观——"辛勤劳动、诚实劳动、科学劳动"

我们并不否定吃、喝等行为的意义，但如抛开人的其他活动，把这些机能性活动作为人的"唯一的终极目的"，人就与动物毫无区别。马克思认为，人应该而且必须依靠劳动而生存，只有劳动才是人的根本存在方式。劳动人生观的基本观点是人世间的一切幸福都需要靠辛勤的劳动来创造。人生的幸福和成功与劳动存在着内在的必然联系，即幸福和成功是劳动的收获；事业成功是劳动的回报。人生为之奋斗、为之追求的幸福和成功归根到底要靠"辛勤劳动、诚实劳动、科学劳动"来赢得。

（2）劳动价值观——"劳动最光荣、劳动最崇高、劳动最伟大、劳动最美丽"

价值评价以求善求美为目的，对人们的行为具有激励、制约和导向作用，对正确价值观的确立起着重要作用。马克思根据劳动是人类的基本实践活动以及劳动对社会发展和人的自由全面发展的决定性作用，确定了"劳动优先"的价值观。新时代的劳动价值观可以通俗地表述为"劳动最光荣、劳动最崇高、劳动最伟大、劳动最美丽",以引导社会确立"崇尚劳动""尊重劳动者"的价值共识。

（3）劳动理想观——"劳动铸就梦想"

实现中华民族伟大复兴是中华民族新时代的伟大梦想。中国梦的最终实现要靠每个人的个人梦想的实现来完成。梦想不会自动成真,其实现也不可能一蹴而就。人世间的美好梦想,只有通过诚实劳动才能实现。

（4）劳动成才观——立足岗位,"在劳动中发现广阔的天地"

人的成长成才需要实实在在的平台,这个平台就是劳动者日常的工作岗位。在工作岗位上辛勤劳动是劳动者成长成才的有效途径。"只要踏实劳动、勤勉劳动,在平凡岗位上也能干出不平凡的业绩。"基于新时代的劳动成才观,学校和家庭要高度重视对青少年的劳动教育,充分利用和创造各种教育手段和多种教育途径,努力培养青少年热爱劳动的思想和习惯,使青少年在劳动实践中磨炼劳动意志,在劳动收获中体验劳动的乐趣,从而最终帮助青少年形成"通过劳动和创造播种希望、收获果实"的正确劳动成才观。

4. 新时代劳动观的现实意义

当前,我国正处于努力实现"两个一百年"奋斗目标的关键时期,深入研析新时代劳动观具有重要的社会现实意义。

（1）突出劳动的社会价值,指明实现中国梦的现实途径

新时代劳动观继承了马克思关于劳动推动人类社会进步的唯物史观的基本观点,将劳动的这一根本性作用放在中华民族的发展历程中加以理解。中华民族的历史是中华儿女用辛勤劳动创造的,因此,要实现中华民族伟大复兴的中国梦仍然要靠各行各业人们的辛勤劳动。

实现中国梦要靠辛勤劳动,更要靠科学劳动。在科学劳动中,创造性劳动是本质和核心。勤劳和创新是中华民族鲜明的民族禀赋和优良的道德传统。为了在国际竞争中掌握主动权,我国正在实施创新驱动发展战略:一是完善人才发展机制,努力造就一批高水平的科技人才,努力培养规模宏大的高素质劳动者大军;二是引导广大劳动者以科学劳动为历史使命和人生追求,立足各自岗位,"肯干、肯学、肯钻研",练就"真本领",掌握"好技术"。

（2）集中阐释和推动社会主义核心价值观的培育

社会主义核心价值观体现了社会主义意识形态的本质要求。新时代劳动观结合当前一些重大的现实问题,从国家的价值目标、社会的价值取向、个人的价值标准三个层面对社会主义核心价值观进行了集中阐释,有力地批判了当今社会存在的各种错误的价值观念,回应了社会关切的问题。

国家的价值目标（富强、民主、文明、和谐）层面。劳动是财富的源泉,国家的富强必须建立在劳动者辛勤劳动的基础上。以国家富强为基石的中国梦是每个劳动者的个人梦的有机统一。要保障劳动者的基本权利,发展社会主义民主:推进基层民主建设,健全职工代表大会制度,有效落实职工群众的知情、参与、表达和监督等权利,切实保障和不断发展劳动者的民主权利;要通过加强全社会的马克思主义劳动观教育、中华传统劳动美德教育、劳模精神教育以及职工的思想道德及科学文化素质教育,建设社会主义文明;要最大限度地及时、正确处理劳动过程中出现的各种矛盾纠纷,通过构建和谐劳动关系来促进社会和谐。

社会的价值取向（自由、平等、公正、法治）层面。第一,人的自由实质上就是劳

动自由，人只有通过劳动才能摆脱自然和社会的各种束缚而获得解放。第二，劳动是人的"天职"，要保障人们平等地拥有劳动机会和获得劳动成果的权利。第三，劳动是我国当前社会保持公平正义的原则，是合理分配和享受社会财富的依据，是衡量人们事业成功与否的标准。第四，反复强调"诚实劳动"，就是要求人们在诚信和法治的框架下付出辛劳和获得回报。

个人的价值标准（爱国、敬业、诚信、友善）层面。首先，高度赞扬劳动模范"干一行、爱一行、专一行、精一行"的敬业精神，告诫人们要立足岗位赢得事业成功。其次，强调诚实劳动的意义。诚实劳动是中国传统义利观和当今社会主义市场经济规则对劳动者的基本道德要求。"美好梦想"的实现、"各种难题"的破解、"一切辉煌"的铸就，都要依靠"诚实劳动"。最后，要通过切实保障广大劳动者的民主权利，实现和维护好广大劳动者的根本利益，来促进社会和谐，实现公民友善相处。

（3）激发中华传统劳动美德的内在活力，弘扬优秀传统文化

传统文化是一个民族的标签。中华传统劳动美德是中华优秀传统文化的重要组成部分。在对待中华传统文化的问题上，新时代劳动观实现了真正的文化自觉。其一，准确把握传统文化自身的发展规律，清醒地认识到传统文化自身的优点和缺点，区别对待传统文化中的精华和糟粕。对传统文化中的糟粕要坚决抛弃，而优秀传统文化是民族的"根"和"魂"，是社会进步的根基，必须传承和弘扬。其二，根据时代变迁，从博大精深的中华优秀传统文化中提炼出"勤于劳动""善于创造""诚实守信""爱岗敬业"等传统劳动美德，使之同社会主义市场经济、中国梦等时代话题结合起来，赋予中华传统劳动美德新的时代内涵。这些对传统劳动美德的现代诠释，为传统劳动美德注入了时代的源头活水，从而激发了其内在活力。

👁 案例分享　　　　　**"工人院士"罗昭强的创新路**

罗昭强，1972年12月生人。在中车长春轨道客车股份有限公司高速动车组制造中心调试车间，罗昭强可谓大名鼎鼎。罗昭强勤于钻研、勇于创新，先后解决难题340项，取得创新成果200余项，荣获国家发明专利4项、实用新型专利7项，累计为公司节省费用2400余万元。

面对耀眼的成绩，罗昭强却总是谦虚地说："产业报国，勇于创新，是我们每一位高铁工人的本色。"

2015年，罗昭强经过深思熟虑，从维修电工转岗至高铁生产调试一线。面对全新领域，罗昭强躬身从"学徒"做起，手机和电脑里存满各种图纸，早晚乘坐班车的时间都在研究图纸。功夫不负有心人，罗昭强厚积薄发，很快成为高速动车组制造中心调试车间技术团队负责人，率领团队先后完成一系列国家和企业重点项目的试制和调试攻关工作，取得了数十项调试方法的创新，保证了动车组"零故障"出厂。

"新时代的技术工人，不仅要埋头苦干，还要懂技术、会创新"，这是罗昭强一直奉行的工作法则。罗昭强研制了具有自主知识产权的列车端部模拟器等动车组关键调试装备，打破国外市场垄断，将设备成本缩减为原来的1/10，将调试技术牢牢掌握在自己手里。中华技能大奖是国家颁发给技术工人的最高荣誉，获奖者常被尊称为"工人院士"。2016年，罗昭强获得中华技能大奖。

成功的喜悦让罗昭强在创新之路上越战越勇。他将目光锁定在城铁车和出口车项目上，先后研制出"城铁车调试模拟装置"和"海外高端市场地铁列车模拟调试装置"。其中，"海外高端市场地铁列车模拟调试装置"以每套100万美元的价格成功打入海外市场，开创了中国工人发明创造登陆海外高端市场的先河。

2018年，得知国家科技进步奖开始申报评选的消息，罗昭强兴奋不已，他利用丰富的动车组网络、牵引、制动等调试经验，以及列车故障判断和逻辑分析绝活儿，主持完成了高速列车整车调试环境模拟技术及应用项目，填补了国内外在该领域的技术空白，荣获2018年度国家科学技术进步奖二等奖。

在罗昭强看来，企业进步、高铁事业发展需要大量技能人才来支撑。为此，他依托公司组建的首席操作师工作站和劳模创新工作室广募学员。为把自己多年所学倾囊传授给青年人，罗昭强采取"量体裁衣""分类塑造"的方法，带领徒弟做攻关项目、写创新论文，为徒弟设计不同方向的职业生涯晋升渠道，让徒弟各展所长、百花齐放。除现场教学外，他还充分利用互联网技术，开辟"技能微培""微课堂"等，通过微信群无私分享经验，随时教、随时学、随时论、随时解。在他的微信群里，来自本企业外的学员遍布全国各地30多家企业。

如今，罗昭强工作室的成员已由最初的10人发展到75人，囊括各类顶尖技能人才，其中具有高级职称的就有59人。

主题三　新时代大学生劳动教育

一、新时代大学生劳动教育的内涵

（一）新时代劳动教育对大学生成才的作用

1. 有助于培养热爱劳动的美德

马克思说过，体力劳动是防止一切社会病毒的伟大的消毒剂。脑力劳动者参加一些体力劳动是有利于身心健康的。向社会提供劳动是光荣的生存方式。树立正确的劳动观，坚持劳动正义感，在社会上广泛传播正能量，有助于促进社会的和谐发展，是实现中华民族伟大复兴、全面实现共产主义事业的推进器。

2. 有助于通向成功，实现理想

青春是用来奋斗的。劳动最光荣，劳动是财富的源泉，也是幸福的源泉。再宏伟的目标、再美好的愿景，只有靠脚踏实地的诚实劳动、勤勉工作，才能一步步变成现实。要想实现中华民族伟大复兴的中国梦，必须依靠知识，必须依靠劳动，必须依靠广大人民群众，特别是广大青年要紧跟时代、肩负使命、锐意进取，把自身的前途命运同国家和民族的前途命运紧紧联系在一起，努力为实现共同理想和目标而团结奋斗。

3. 有助于形成积极向上的就业创业观

许多青年学生在毕业就业过程中存在眼高手低、有择业偏见、不能胜任工作等问题。

青年学生只有树立正确的劳动观，才能形成积极向上的就业创业观，培养优良品质，实现积极就业；才能正确认识社会分工的本质，树立劳动平等观。新时代劳动观有利于促进青年学生积极在基层就业，加强锻炼，为以后的发展奠定良好基础。

4. 有助于使生活丰富而充实

"劳动是世界上一切欢乐和一切美好事情的源泉。"这是高尔基对劳动的诠释，也是劳动的真谛。生活中，劳动是一笔难得的人生资源和财富。人生的绚丽和精彩都是在不断劳动并勇于创造的过程中产生的。劳动能使生活丰富而充实。劳动的成果能使我们认识到自己生存的价值，对生活充满信心。

5. 有助于促进个人全面发展

作为社会主义建设者和接班人，青年学生是"以劳动实现中国梦"的劳动者，既是辛勤的劳动者，也是敬业的劳动者，更是创造性的劳动者。树立正确的劳动观，有利于青年学生在劳动中增强体魄、磨炼意志、提升品质，实现以劳树德、以劳增智、以劳强体、以劳育美的目标，促进个人全面发展。

◎ 案例分享　　　　　　　　"北斗科学家"徐颖

　　一直以来，很多人分不清楚北斗卫星导航系统和全球定位系统（Global Positioning System，GPS），直到科学家徐颖做了一场有关北斗卫星导航系统的科普演讲，大家才明白北斗卫星导航系统原来是保护我们国家安全的天网。徐颖也因此被大家称为"北斗女神"。

　　通过徐颖的科普演讲，很多人知道了，现在全球一共有4套全球卫星定位系统，分别为美国的GPS、欧盟的伽利略卫星导航系统、俄罗斯的格洛拉斯和我们国家的北斗卫星导航系统。北斗卫星导航系统已经应用到我们生活的方方面面，比如导航、天气预报、海洋监测、捕鱼作业等，给人们的生产生活带来了极大的便利，也给国家安全提供了强大的保障，但是北斗卫星导航系统的研制过程却充满了曲折和艰辛，是无数科学家花了几十年的时间和心血，耗资数百亿元才完成的。

　　以前我们没有北斗卫星导航系统的时候，多数用的是美国的GPS，常会受到一些制约。因此，我国意识到要保证国防安全，给人民生活带来便利，必须研发自己的全球导航系统，于是"北斗"横空出世。

　　徐颖是一名"80后"，在16岁时就考上了北京信息工程学院，因为成绩非常优异，很快又以基层研究者的身份开始接触北斗卫星导航系统的研发工作，成为北斗团队的一员，至今已经为北斗卫星导航系统奉献了10多年的青春。她在演讲中说："当年我第一次在西昌卫星发射中心看到北斗卫星升空的时候，那种激动的心情至今都难以忘怀，作为一名青年科研工作者，遇上了祖国科技飞速发展的时代，我们能够真正地做一点对祖国有用而人民需要的东西，这样的工作所带来的满足感、自豪感和归属感，是难以描述和无与伦比的。"

　　正是无数像徐颖这样的科研工作者，数十年如一日地工作，才有了北斗卫星导航系统，才有了我们国家飞速发展的科技水平、强大的国防力量，让我们有幸福安定的生活。

（二）新时代大学生劳动教育的内涵

1. 育人作用

（1）培养艰苦奋斗精神

当前，社会对人才的要求越来越高，不仅要求其专业素养达到相应的水平，还要求其具有艰苦奋斗的精神，这样才能更好地提升工作质量。职业教育中的受教育者在劳动文化的感染下也会更加注重对艰苦奋斗精神的培养。通过有效的锻炼，受教育者的耐力及吃苦精神都会增强，可以更好地服务于相关职业。

（2）增强实践操作能力

职场竞争中，实践操作能力是非常关键的，当前很多职场人士虽然理论知识丰富，但实践操作能力相对欠缺，因此难以在职场中取得优势。职业教育中的劳动文化能够影响受教育者参与相关劳动实践，使其实践操作能力和职场竞争力得到有效增强。因此，当前很多职业院校都非常注重教育过程中劳动文化的渗透。

2. 时代价值

在我国进入新时代的大背景下，培育和弘扬劳动文化具有重要的时代价值。"空谈误国，实干兴邦""撸起袖子加油干""社会主义是干出来的"等提法则发出了新时代劳动文化的最强音。

（1）有利于营造脚踏实地、踏实肯干的社会风气

改革开放以来，我国的经济水平和人民生活水平都有了质的提高。劳模精神、工匠精神的践行者用实际行动引导广大劳动者用心劳动，从而使整个社会的劳动文化向善向好。积极向上的劳动文化培养出来的一定是尊重劳动、热爱劳动、崇尚责任与奉献的新时代劳动者，在全社会范围内广泛传播"劳动最光荣、劳动最崇高、劳动最伟大、劳动最美丽"的劳动认知，使劳动者从劳动中获得物质上和精神上的满足。

劳动文化中的劳动精神、劳模精神、工匠精神相辅相成，会对劳动者产生积极的影响，促使他们以更好的工作态度、更大的工作热情、过硬的工作能力投入劳动实践，从而对营造脚踏实地、踏实肯干的社会风气产生巨大的推动力，激励劳动者在诚实劳动中提升劳动热情和劳动创造的积极性。

（2）有利于提升劳动者的专业和职业道德素养

通过弘扬劳动文化，广大劳动者会懂得，要想在事业上迈向更高的台阶，须具备过硬的技术能力、管理能力等，只有自己有真才实学，肯劳动，才能在职场上获得发展。弘扬劳动文化，倡导依靠劳动、尊重劳动，可以激发广大劳动者的劳动热情和创造活力，引导广大劳动者积极、主动地提高技术技能水平，树立正确的职业道德观念，不断提升职业素养。

新时代的技术能手、能工巧匠在工作中精益求精、专注执着、锲而不舍地坚持创新劳动实践活动，对工作一丝不苟，将时间、精力和心血融入劳动实践，在劳动实践中感知自身价值，追寻精神上的满足。更有数不清的优秀劳动者、劳动模范在各个行业与各个岗位中以身作则、严于律己、吃苦耐劳的精神不断激励劳动者提升职业道德素养，在劳动的精神层面上严格要求自己，恪守行业规范。

（3）有利于为实现中华民族伟大复兴培养劳动人才

大力传播和弘扬劳动文化，培养具有高素质的劳动者和技术技能人才，鼓励他们在

劳动实践中投入更多的智力、技能和高科技以提高我国产品的品质，对于打造高质量的知名品牌，形成品牌效应，推动我国由经济大国走向经济强国具有重要意义。

实现中华民族伟大复兴的中国梦需要一代又一代的中国劳动者付出勤劳、智慧与勇气。培养大量的受劳动文化熏陶的劳动者有助于在全社会树立正确的劳动价值观，使劳动者成长为具备爱岗敬业、认真负责、乐于奉献等优良品质的优秀劳动人才。劳动文化的广泛传播能切实增强劳动者的劳动意识，鼓励他们通过参加劳动技能培训不断提高劳动效率和质量，教会他们处理工作中的相关劳动关系，从而促进他们根据自身条件和能力水平在平凡的岗位上创造更多的劳动成果，为社会发展做出贡献。

提高产业工人队伍的整体素质，建设知识型、技能型、创新型劳动者大军，将推动我国实现由传统工业化路子向先进工业文明转变，为我国全面建设社会主义现代化国家提供重要的人才支撑。

二、新时代大学生劳动教育的实施路径

新时代青年大学生是实现中华民族伟大复兴的中国梦的主力军，要从热爱劳动、参加劳动、崇尚劳动、练就过硬的劳动本领等方面树立正确的劳动观。

（一）坚定劳动光荣、劳动创造伟大的劳动观念

青年学生一是要提高对劳动的认识，要充分认识到劳动既是人的本质特点，也是每个人实现美好梦想的必由之路，要切实把劳动置于个人成长、社会进步、国家发展和民族复兴的现实境遇中认识其重要性。二是要培养热爱劳动的感情，树立正确的劳动荣辱观，坚定"以热爱劳动为荣，以好逸恶劳为耻"的劳动观念，以情感认同涵养劳动观念。三是要树立平等的劳动观。虽然职业有分类，岗位有条件和环境的差别，但劳动本身是没有高低贵贱之别的。不管是体力劳动还是脑力劳动，不管是简单工作还是复杂工作，也不管是重要的工作还是一般性的工作，其地位都是平等的。青年学生只有理解了这一点，才能客观地看待自己的岗位，在本职工作中建功立业。四是要自觉抵制贪图享乐等错误思想和行为，旗帜鲜明地破除一切"等靠要"的思想，将劳动光荣的思想融入自己的血脉。

（二）练就素质高、技能强的劳动本领

劳动素质和劳动技能是衡量劳动能力的重要因素，也是劳动价值的核心所在。这既是新时代青年学生劳动的努力方向，也是立身之本、成长之基、成功之法。对青年学生而言，首先，要加强学习，掌握科学文化知识，特别是要掌握马克思主义的观点、立场、方法，做到常学常新，用科学知识修炼自我、开阔视野、丰富自我、提升自己的内在素质，为锤炼过硬的劳动本领，做好思想上、理论上的准备。其次，要发扬工匠精神，以精益求精的工作品格、追求卓越的工作态度，练就高超的劳动技能，树立"干一行、爱一行、精一行"的观念，在劳动中体现价值，展现风采。最后，要做到理论与实践相结合，自觉地将理论运用于实践，并在实践中锤炼本领，增长才干，做知行合一的实干家。

（三）培养诚实劳动、辛勤劳动的意志品质

诚实守信是中华民族的优良传统，辛勤劳动是人类社会的永恒主题。诚实劳动是每个劳动者的安身立命之本，辛勤劳动是每个劳动者的美好生活之基。新时代青年学生要做到：自觉践行社会主义核心价值观，用社会主义核心价值观涵养劳动品格，提高劳动素养，始终在劳动实践中体现为国奉献的劳动境界、为社会发展的劳动使命担当、为个人幸福生活的劳动价值，做诚实劳动、辛勤劳动的表率；树立正确的义利观，传承中华传统美德，在劳动实践中培养正确的劳动价值取向，正确处理个人利益和集体利益、眼前利益和长远利益、局部利益和整体利益的关系，视国家利益和人民利益高于一切，以集体利益为重，自觉强化奉献意识；以劳动模范为榜样，主动学习劳动模范的道德风范，使劳模精神成为鞭策自己、激励自己的精神力量，激发自己甘守清贫、乐于奉献、追求卓越的劳动潜力；增强劳动定力，善于抵制诱惑，同拜金主义、享乐主义、不劳而获的错误思想划清界限；严守劳动纪律，主动拒绝投机取巧，用自己辛勤劳动的双手和诚实守信的劳动品质创造美好生活。

（四）强化服务人民、奉献国家的劳动情怀

新时代青年学生拥有无比广阔的创新创业天地，又身处较好的发展时期，可以说是生逢其时、重任在肩。因此，新时代青年学生要实现青春抱负，就要强化服务人民、奉献国家的劳动情怀，做一名有理想、有本领、有担当的新时代青年。一方面，新时代青年学生要积极响应国家号召，扎根基层，服务人民，"到边疆去、到祖国和人民最需要的地方去"，永远和人民想在一起、干在一处，密切和群众的联系，始终坚持以人民为中心的发展思想，把服务人民作为自己劳动的价值追求。另一方面，新时代青年学生要树立远大理想，自觉、主动地把个人的梦想融入中华民族伟大复兴的生动实践，通过积极参加志愿服务、实习见习、科技创新、家务劳动、班级值日、义务劳动等劳动活动，增强劳动认识、丰富劳动技能、强化劳动体验、涵养劳动情怀，为实现中华民族伟大复兴的中国梦谱写新时代青年学生的劳动之歌。

👁 **案例分享** "大国工匠"王军：宝钢蓝领科学家 一线工人中的创新奇才

中国宝武钢铁集团有限公司（下文简称"宝钢"）作为中国现代化程度最高、最具竞争力的钢铁联合企业之一，自成立以来为国家经济发展做出了巨大贡献。其辉煌成就的背后是努力拼搏、攻坚克难的千千万万优秀一线工人，被同事称为"蓝领科学家"的王军就是其中非常具有代表性的一位技术工人。

王军于1985年到宝钢工作，摸爬滚打30余年，从一名普通的岗位辅助工逐渐成长为新时代的技术工人。宝钢技校毕业，同济大学"夜大"专升本，这些在现代大学生看起来很不起眼的学习经历，却是王军成为高级技师、宝钢技能专家的重要基础。他不受岗位的限制，用自己的不懈努力和勤奋思考去追求人生的价值和高度，走出了一条不平凡的成才和创新道路。

"像科学家一样做工人"是王军的座右铭，也是他的人生信条。他用时 10 年研究的"层流冷却关键装备技术"攻克了世界级行业难题，彻底打破了以往此类核心装置长期依赖进口的局面，实现了我国在此方面由空白到国际领先水平的跨越式提升。在不断努力的人生道路上，王军在国内外的发明展中获奖 35 项，其中金奖有 18 项。王军的诸多创新成果替代进口产品并达到了国际先进水平，创造直接经济效益超 6 亿元。王军带徒经验丰富，被聘为宝钢人才开发院兼职教授，为社会培养了大量技能人才；主持国家级技能大师工作室，所在部门获国家专利 750 项，国内外各类创新成果奖 87 项，创造直接经济效益超过 13 亿元。

拓展活动

活动主题：树立劳动致富的信仰。

活动目标：通过讨论，树立劳动致富的信仰。

活动时间：建议 25 分钟。

活动流程：

1. 教师将学生按照 4～6 人划分小组。

2. 每组分别针对不同的论题作答，并举例加以说明。备选论题如下。

（1）劳动剥削是资本主义的社会本性。

（2）按劳分配是实现社会正义的重要原则。

（3）如何看待合法的非劳动收入？

（4）如何看待炒房致富、炒股致富、拆迁致富等现象？

3. 每个小组推选一名代表选择一个现象进行总结，并谈谈自己对非劳动致富的看法，以及要如何树立劳动致富的信仰。

4. 教师分析、归纳和总结。

书影同行

1. 纪录片：《青春逆流而上》《中国建设者》

2. 电影：《工夫》《天渠》《杨善洲》

3. 书籍：

（1）邱杨、丘濂、艾江涛等著，《匠人匠心：用一生，做好一件事》，中信出版集团

（2）白英著，《中国手艺人》，五洲传播出版社

模块二 劳动精神与劳动品质

大力弘扬**劳模精神、劳动精神、工匠精神**。"不惰者,众善之师也。"在长期实践中,我们培育形成了爱岗敬业、争创一流、艰苦奋斗、勇于创新、淡泊名利、甘于奉献的劳模精神,崇尚劳动、热爱劳动、辛勤劳动、诚实劳动的劳动精神,执着专注、精益求精、一丝不苟、追求卓越的工匠精神。劳动精神、工匠精神、劳模精神是以爱国主义为核心的民族精神和以改革创新为核心的时代精神的生动体现,是鼓舞全党全国各族人民风雨无阻、勇敢前进的强大精神动力。

模块导读

自古以来劳动便是中华民族赖以生存的道德根基与思想基础,是中华民族永续发展的重要精神支柱与不竭动力。本模块以劳动精神与劳动品质为核心,分别阐释了劳动精神、工匠精神、劳模精神的历史渊源及新时代内涵,并从专心致志、吃苦耐劳、诚实守信、团结协作四个方面讲述了劳动者应具备的品质,引导大学生以优秀劳动者为榜样,培育积极的劳动精神,养成良好的劳动品质,懂得劳动最光荣、劳动最崇高、劳动最伟大、劳动最美丽,积极投身劳动实践,真正蜕变为优秀的社会主义接班人,为实现中华民族伟大复兴的中国梦贡献自己的力量。

学习目标

1. 了解劳动精神、工匠精神、劳模精神的形成与发展。
2. 掌握劳动精神、工匠精神、劳模精神的内涵和三者之间的关系。
3. 能够在日常学习、工作中自觉弘扬劳动精神，传承工匠精神，践行劳模精神。
4. 能够在劳动实践中锻造良好的劳动品质。

素养目标

1. 培养尊重劳动、崇尚劳动的精神。
2. 树立吃苦耐劳、坚韧不拔的品质。
3. 培育创新意识与创新能力。

思维导图

主题一　培育劳动精神

大学生作为时代新人，应该主动承担实现国家繁荣、民族复兴、社会发展、人民幸福的重大历史责任。要想合格地承担这些责任，大学生必须深刻理解"社会主义是干出来的，新时代是奋斗出来的"，并培育劳动精神、工匠精神、劳模精神，发出时代新人的最强音。

一、弘扬劳动精神

劳动精神是一种对待劳动的态度，是每位劳动者为创造美好生活而在劳动过程中秉持的劳动态度、劳动理念及其展现出的劳动精神风貌。作为当代大学生，我们要大力弘扬劳动精神，努力通过辛勤劳动、诚实劳动、创造性劳动来实现人生的梦想和改变自己的命运。

（一）劳动精神的积淀与升华

从古至今，尊重和热爱劳动的精神一直流淌在中华民族的血脉中，其蕴含的丰富内涵和优秀品质是中华民族宝贵的精神财富，激励着一代又一代中华儿女砥砺前行。

1. 劳动精神与中华民族优良传统

中华民族是勤劳的民族，自古以来就崇尚劳动、鼓励奋斗。中华优秀传统文化历来重视和崇尚勤俭与劳动，认为勤劳是立身之基、成才之本。千年的劳动实践，创造了我国光辉的历史和灿烂的文化，锻造了中国人民热爱劳动、勤劳勇敢的优秀品格。

中华民族从远古的先民开始就已经形成崇尚劳动的光荣传统，神农氏教民稼穑、大舜耕田、大禹治水、精卫填海、愚公移山等劳动故事广为流传，回顾灿烂的中华文明史，中国人民劳动精神的形成与中华民族崇尚劳动的传统文化密不可分。

我国古代劳动人民创造的辉煌成就和灿烂文化，不仅体现了劳动人民对劳动创造的热爱，还展现了人们对劳动精神的推崇，对劳动文化的继承和发扬。《左传》中记载"民生在勤，勤则不匮"，认为勤劳是民生的根本。墨子通过人与动物的区别，说明劳动是人生存的根本："今之禽兽、麋鹿、蜚鸟、贞虫，因其羽毛以为衣裘，因其蹄蚤以为绔屦，因其水草以为饮食。故唯使雄不耕稼树艺，雌亦不纺绩织纴，衣食之财，固已具矣。今人与此异者也，赖其力者生，不赖其力者不生。"动物可以依赖身体和环境来维持生存，而人必须依靠自己的劳动才能维系基本的生存。《管子》中有"彼民非谷不食，谷非地不生，地非民不动，民非作力毋以致财"的论述，认为劳动是财富创造的源泉，劳动人民是财富的最终创造者。北宋沈括所著的《梦溪笔谈》详细记载了古代劳动人民进行辛勤劳动、创造性劳动的历史事迹，反映出我国古代劳动人民在科技、人文等方面的劳动创造。明代的《天工开物》是世界上第一部关于农业和手工业生产的综合性著作，全书收录了农业、手工业诸如机械、兵器、火药、纺织、染色、制盐、采煤等生产技术，集中体现了我国古代劳动人民的劳动创造和发明成就。中华民族在辛勤劳动中凝结智慧，创造出许多令世人惊叹的劳动成果，万里长城、京杭大运河、都江堰等伟大的工程无不凝结着劳动者的汗水与智慧。事实证明，中华民族是勤于劳动、善于创造的民族。因为劳动人民的劳动创造，我们才能从历史中走来；也正是因为劳动人民的劳动创造，才形成了今天催人奋进的劳动精神。

劳动精神与中华民族优良传统一脉相承，深刻反映了我国劳动人民从古至今对于劳动实践的尊重和认同，融会贯穿于中华民族千百年来的精神血脉当中，最终使中国人民形成了热爱劳动、勤劳朴实、吃苦耐劳的劳动精神和劳动品质。

劳动不仅对个人的存在和发展意义重大，对家族兴旺和国家发展的意义也至关重要。明末清初学者颜元认为"一身动，则一身强；一家动，则一家强；一国动，则一国强；天下动，则天下强"。晚清名臣曾国藩认为懒惰是导致人生和家族败落的重要原因，"一家之中勤则兴，懒则败"，因此他反对给子孙留财产，希望以此激发家族子孙的自强自立之志。他在家书中警训后辈："享福太早，将来恐难到老""少劳而老逸犹可，少甘而老苦则难矣"。左宗棠把"勤耕读"作为传家之本，他曾写下"要大门闾，积德累善；是好子弟，耕田读书"楹联，作为对家族子嗣的劝勉。

2. 劳动精神与中国革命

劳动精神体现了唯物史观的真谛，凝聚着中国共产党的初心和使命，贯穿于中国共产党的百年奋斗史。

抗日战争时期，为了粉碎敌人对陕甘宁边区的经济封锁，解决粮食和生活必需品紧缺的困难，党中央和毛泽东发出"自己动手，丰衣足食"的号召。毛泽东率先垂范，在杨家岭的办公楼下亲手开辟了一片荒地，种上各色蔬菜；朱德组织生产小组开垦菜地，他本人背着箩筐到处拾粪积肥；周恩来则成为了纺线能手。1941 年，党中央再次强调必须走生产自救之路。同年，八路军第 359 旅开赴陕北南泥湾，边区军民一起上阵，撸起袖子拼命干，边开垦荒地，边兴修水利，边畜牧养殖……用自己辛勤劳动的汗水浇灌出千亩良田，把一片荒芜的不毛之地变成了"到处是庄稼、遍地是牛羊"的"陕北江南"。

正是在中国共产党领导下，劳动运动和群众的劳动观念才发生了微妙而实际的变化。这个时候，劳动被真正地尊敬着，向着不是为了少数人，而是为了每个劳动者自己和全体社会的幸福而创造的方向发展。后来，毛泽东在总结大生产运动时列举了军队生产自给 6 个方面的益处，其中一个很重要的益处就是增强了劳动观念。在陕甘宁边区局部执政条件下的生产劳动运动，磨炼了共产党人和革命军队自力更生、艰苦奋斗的革命意志，培育了革命军民的劳动观念，为日后全国执政时开展建设社会主义国家、捍卫和促进社会主义制度发展意义上倡导的劳动精神做了思想奠基和实践准备。

◎ 案例分享　　　　　　　开发南泥湾

"花篮的花儿香，听我来唱一唱。唱一呀唱——来到了南泥湾，南泥湾好地方，好地呀方。好地方来好风光，好地方来好风光——到处是庄稼，遍地是牛羊……"这是歌曲《南泥湾》的歌词。这首经典红色歌曲的旋律响起，总能让人们的脑海中呈现出一番热火朝天的劳动场景，把人们带回那个艰难困苦又激情无限的年代，让人们重温一段"自己动手，丰衣足食"的故事。

南泥湾位于延安城区的东南方。清朝中期，这里回、汉民族聚居，经济繁荣。后来，由于封建统治者挑动民族纠纷，加上连年战乱，方圆百里富庶的土地变成了人烟稀少、树木繁茂的荒僻之所。在那段艰苦的抗战岁月里，这里的情况雪上加霜。由于日本帝国主义的疯狂进攻和"扫荡"、国民党反动派的军事包围和经济封锁，整个抗日根据地财政经济陷入极大困难。为此，中共中央在延安专门召开了生产动员大会，毛泽东号召陕甘宁边区军民"自己动手，生产自给"，要求部队在不妨碍作战的条件下参加生产运动。

事不宜迟，说干就干。1941 年春，八路军 359 旅在旅长王震的率领下，身负厚望，进驻了这片荒芜之地，同时也面临着一个又一个的困难。荒山里没有房子住，他们就自己搭草棚、挖窑洞；没有蔬菜吃，就在山里挖野菜；粮食供应不够，就到百里之外去背粮；没有口袋，就用床单缝或者把裤子扎起当口袋；工具不够用，就收集敌人扔下的弹片，打铁造农具。战士们身背钢枪，手握镢头，发扬自力更生、艰苦奋斗、无私奉献、开拓进取的革命精神，开始了轰轰烈烈的大生产运动，用一把把镢头刨出了个"陕北好江南"。

359 旅将士们的努力更体现在一个个令人惊叹的数字上：大生产运动期间，359 旅先后办起了 1 家纺织厂、1 家被服厂、2 家机械厂、2 家纸厂、4 家木工厂、3 家军鞋厂、3 家铁厂、1 家肥皂厂、2 个油坊、8 个粉坊、6 个豆腐坊，挖了 7 口盐井、2 个煤窑。此外，他们还开办了商店、客栈、军人合作社等。到 1943 年，全旅组织运输队有 400 多人、骡马 800 多头、骡马店 68 家。1940—1944 年，三五九旅使农业生产种植面积翻了百倍（从 2450 亩到 261000 亩，1 亩≈0.67 公顷），收获的粮食从 200 石（1 石≈60 千克）增加到 37000 石，实现了肉油菜 100%自给和粮食 200%自给。

在当年那样艰苦的环境中，面对敌人的围堵封锁，边区军民依靠自己勤劳的双手，打下了一个能完全自给自足的经济基础。如今面对越来越复杂的全球性问题，面对百年未有之大变局，我们仍要保持"自己动手、丰衣足食"的态度，继承南泥湾老一辈垦荒人的精神品质，做新时代的"垦荒人"。

3. 劳动精神与社会主义现代化建设

自 1949 年中华人民共和国成立以来，新中国的发展史可以划分为"站起来""富起来""强起来"三个历史阶段。在"站起来"阶段，中国人民在中国共产党的领导下团结一心，积极生产、斗志昂扬，在一张张"白纸"上画出了靓丽的色彩，取得了一个个令人瞩目的建设成就：第一架自己制造的飞机首飞成功，第一辆自主研发的汽车试制成功，武汉长江大桥正式通车，第一艘万吨级远洋货轮"东风号"下水，成功研发并引爆第一颗原子弹、第一颗氢弹，成功发射第一颗人造地球卫星……每一项建设成就的背后，都蕴含着中国人民的勤劳智慧，体现着劳动精神的珍贵。

党的十一届三中全会开启了中国人民由"站起来"到"富起来"的历史，改革开放极大地激发了全国人民的劳动积极性。从 20 世纪 70 年代末 80 年代初到 21 世纪的前 10 年间，我国的国内生产总值、国家财政收入和城乡居民人均收入都有了很大的增长，全国农村贫困人口大为减少。2010 年，我国一跃成为世界第二大经济体，实现了从生产力相对落后到经济总量跃居世界第二的历史性突破，实现了人民生活从温饱不足到总体小康、奔向全面小康的历史性跨越，推动了中华民族从"站起来"到"富起来"的伟大飞跃。

党的十八大以来，在党中央坚强领导下，政府出台了一系列重大方针政策，推出了一系列重大举措，推进了一系列重大工作，战胜了一系列重大风险挑战，解决了许多长期想解决而没有解决的难题，办成了许多过去想办而没有办成的大事，推动党和国家事业取得历史性成就，发生历史性变革。中华民族迎来了从"站起来""富起来"到"强起来"的伟大飞跃。2020 年，在全党全国各族人民的共同努力下，我国脱贫攻坚战取得了全面胜利。改革开放以来，我国 7.7 亿农村贫困人口摆脱贫困。这些都离不开全国人民的艰苦奋斗，每一项成就的取得都是广大劳动群众撸起袖子发挥劳动精神进行苦干、实干、巧干的成果。

在世界格局加速演变的时代背景下，要实现中华民族伟大复兴的中国梦，必须继续发扬劳动精神，依靠"辛勤劳动、诚实劳动、创造性劳动"开创美好未来。

（二）劳动精神的内涵

劳动精神的主体是劳动者，正是因为广大劳动者的一致行动和共同努力，才产生了劳动精神。在长期的实践中，我们培育形成了"崇尚劳动、热爱劳动、辛勤劳动、诚实劳动"的劳动精神。

1. 崇尚劳动

崇尚劳动的价值取向源于劳动的本源性价值。劳动是光荣和神圣的，我国《宪法》明确规定我国公民"有劳动的权利和义务"。劳动的成果是神圣的，劳动者通过劳动创造满足人类社会进步发展需要的各种产品，从中体会成功和梦想的能量，获得满足感、成就感和尊严感。劳动成了人类最美好、最崇高的存在。只有尊重劳动并崇尚劳动，才能通过劳动创造实实在在的价值。

2. 热爱劳动

"知之者不如好之者，好之者不如乐之者。"热爱劳动，不仅仅是对劳动成果的美好向往，更体现在遇到阻力、挫折时的坚持与奋斗。对待劳动，我们应该保有积极的态度和足够的热情。中华民族是艰苦奋斗、热爱劳动的民族，中华民族的灿烂文化是广大劳动者通过辛勤劳动获得的。中华儿女要用足够的劳动热情迎接中国梦的实现和美好未来的到来，为民族振兴、国家富强和人民幸福而奋斗。

◎ 案例分享　　　　　　　　　　**热爱的模样**

"很荣幸陪伴您一起度过 2 小时的空中旅程，这是我最后的飞行时光，把大家安全送达后我将告别蓝天……"2023 年 10 月 27 日，在从上海虹桥飞往重庆江北的 MU9271 航班上进行这段机上广播的正是即将退休的全国劳动模范、东航首席技师李文丽，说到动情处她不禁有些哽咽。这段谢幕蓝天的广播也被很多网友评价"这正是热爱的模样"。

当天一早，一如过去36年的每一次航班任务，李文丽整理妆容和制服，系上丝巾，同往常一样与组员一起预习航线知识，了解旅客信息，重申安全服务要点。上机后，在李文丽的带领下，乘务组有条不紊地开展工作，客舱中都是他们忙碌的身影。18岁时，李文丽第一次踏上飞机，到现在不知不觉已飞行3万多个小时，带出多位全国五一巾帼标兵、全国青年岗位能手。"回望每一段旅途，它们都历历在目。在飞机上，我见过很多温馨感人的瞬间，抱过很多可爱的孩子，与很多萍水相逢的旅客结缘。飞过半生，我更确认自己对这份事业的热爱。把青春挥洒在蓝天之上，我无怨无悔。"李文丽如是说。这一刻，临别的泪水因热爱而闪光。

3. 辛勤劳动

勤劳是中华民族引以为豪的优良传统和美德。从愚公移山、大禹治水的躬耕劳作，到悬梁刺股、焚膏继晷的寒窗苦读，无不勉励后人要秉持勤奋的精神，不断学习和自我提升，为社会贡献自己的价值。我们弘扬劳动精神，不仅要肯定辛勤劳动，更要践行辛勤劳动，摒弃一夜暴富和不劳而获等错误思想。社会主义和新时代的发展成果都是通过真抓实干得来的，只有通过劳动才能开创未来，只有通过奋斗才能实现梦想。

◎ 案例分享   **我只是一名普通的外卖员**

2023年6月，一名女子在杭州西兴大桥落水，正在送外卖的彭清林恰好途经此处，他从10余米高的桥上一跃而下，将女子从死亡边缘拉了回来。同年11月底，正在送外卖的周海见落水者"已经快没力气了"，情况紧急，果断跳桥，救人之后匆匆离去，继续送餐……关于外卖员见义勇为的新闻不时见诸网络报端。危急时刻的勇敢之举为他们带来了荣誉和奖励，彭清林入选第三季度"中国好人榜"，落户杭州，还成了一名在读大学生；外卖平台为周海申请了"先锋骑手"荣誉，提拔他为储备站长，还给予了他物质奖励……

褪去繁华、远离聚光灯后，这些外卖员依然穿上外卖员制服，穿梭在大街小巷，一单接着一单，为了美好生活努力奔跑。彭清林说："要活好当下，不要去想那么多，想太多有时候就容易'飘'，还是要脚踏实地走好每一步。"周海说："我只是一个平凡的普通人，站好每一班岗，日子才会越来越好。"他们如此赤诚而朴实。

2023年12月28日，首届"最美外卖配送员"在京发布，10位外卖配送员获此殊荣，彭清林位列其中。

4. 诚实劳动

以诚为先、以诚为重、以诚为美，这才是劳动的应有之义。诚实劳动是劳动价值的基本追求，是应当传承并发扬光大的中华美德。诚实劳动不仅关乎劳动价值，更关乎道德底线，影响人民的生命和生活。不讲诚信的劳动，与我们优秀的传统文化相背离，与社会主义核心价值观相背离，甚至会成为危害社会的行为或违法犯罪行为。

（三）劳动精神的弘扬

1. 树立劳动的自觉意识

在一般语义上，"自觉"解释为主体自身的认识和觉悟，指人们在实践活动中，处于有觉悟、有目的、有计划、有远大目标的状态，并能预见自己活动的后果。劳动自觉，指劳动者对劳动价值、劳动意义的认知和参与劳动的态度。

青年作为弘扬新时代劳动精神的主力军，要树立劳动的自觉意识。从个人层面看，劳动是创造幸福和获得幸福的源泉，青年只有自觉地参与劳动，才能在劳动中收获幸福。中华民族伟大复兴的征程给每个人都提供了发展的机会，只要参与进去便可分享时代发展的红利。如果青年没有自觉劳动的意识，就永远只能作为旁观者。《国际歌》中有一句振聋发聩的歌词："从来就没有什么救世主，也不靠神仙皇帝。要创造人类的幸福，全靠我们自己！"同样的，要创造自己的幸福，也全靠自己。只有树立劳动的自觉意识，在劳动过程中锐意进取、开拓创新，才能在劳动中成就美好人生。

青年应树立正确的劳动观，坚守"劳动崇高、劳动光荣"的信仰。信仰的力量是无穷的。抗战时期，成千上万的青年之所以不远万里冒着生命危险也要去延安，是因为延安作为革命的圣地，是中国革命的希望所在，革命信仰让他们勇往直前。人生前进需要精神力量的支撑，青年要自觉培养和保持勤俭、奋斗、创新、奉献精神，在实践中增见识、长才干，进而增强劳动的自觉意识。行动上的自觉来源于理论上的清醒，青年要不断强化对劳动理论的学习，正确认识劳动在创造财富和实现个人价值、社会价值等方面的作用，尊重劳动，热爱劳动。一个不尊重劳动、不热爱劳动的人是不可能自觉劳动的，而不劳动就会阻碍个人的发展。因此，青年要树立正确的劳动观，建立正确的世界观、人生观和价值观，更好地去认识世界和改造世界。

青年应学习劳动技能，积极参与劳动实践。青年要努力学习专业相关理论知识，提高自身劳动素质和劳动能力。只有提高自身素质与能力，才能更好地应对发展中出现的困难与挑战。青年要知行合一、真抓实干，积极参加社会实践，在实践中运用掌握的知识和技能，在实践中提升劳动技能。

2. 增强劳动的能力本领

青年时期是苦练本领、增长才干的黄金时期，青年应不负青春，苦练本领、增长才干，成长为国之栋梁。回顾五四运动百年以来的历程，正是因为一代又一代的青年前赴后继、奋勇投身时代洪流，才有了中华民族的不断进步。

我们所处的新时代，是平凡人通过努力也可以活出精彩的时代。时代的发展为青年提供了机遇，为青年实现梦想提供了广阔的舞台。但当今时代是知识更新极快的时代，各种新技术层出不穷，对青年的综合素质也有了更高要求，青年面临着巨大的挑战。因此，青年一定要珍惜时光，学习各种新知识，牢牢掌握科学文化知识，使自己的知识水平跟上时代的发展。100多年前梁启超就说过，"少年智则国智""少年强则国强"；周恩来则说"为中华之崛起而读书"。时代为个人发展提供了机遇，青年要勇于担当实现国家富强的使命，在逐梦时代贡献自己的力量。青年要珍惜时间，刻苦努力学习，掌握真才实学，否则只能"少壮不努力，老大徒伤悲"。

在知行合一中增强劳动的能力本领。学习促进知识的积累，实践则是检验知识的试剂和标准。只有把理论学习与实践结合起来，才能充分发挥学习的作用，真正体现学习的效果。舞台再大，不参与就永远只是旁观者。因此，青年要积极参与社会实践，在社会实践中检验所学知识，积累实践经验，在劳动中增强能力本领。

活到老、学到老，学习永远只有进行时，而没有完成时。青年要把在劳动中学习、增强能力本领当成一种生活方式。只有不断掌握新知识，人生方能绽放出绚丽光彩。

3. 反对错误的劳动价值观

正确的劳动价值观对人的成长有正向的导向作用，有助于建立正确的世界观、人生观和价值观。"宝石布满大地，不动手就到不了怀里。"幸福是奋斗出来的，任何不以辛勤劳动为前提的财富梦想都是不切实际的。受西方社会消费主义、功利主义、拜金主义等不良思潮的影响，一些青年的劳动价值观受到影响，如产生不劳而获、幻想一夜成名与暴富、铺张浪费等错误思想，过度消费更是让一些大学生深陷"校园贷"，给个人和家庭带来无穷危害。人生只有拼搏奋斗出来的精彩，没有等出来的辉煌。青年要想有成功的人生，就要有咬定奋斗不动摇的决心，始终保持一往无前的奋斗姿态。生活中要正确处理苦与乐、得与失的关系，自觉抵制拜金主义、享乐主义、个人主义等不良思想的侵蚀，以一颗奋斗之心积极参与劳动。只有牢固树立正确的劳动价值观，用辛勤的劳动去收获成果，才能与贪图享乐、好逸恶劳的错误思想划清界限，为社会进步、国家富强做出应有的贡献。

一些青年认为，接受了高等教育就要从事"体面、活轻、收入高"的职业，看不起体力劳动。这些想法是错误的，既不现实也无益于社会。万丈高楼平地起，任何时代的青年在事业的开端都必须面对现实，要先取得生存发展的条件，再坚持理想不动摇，以坚定的人生信念和坚韧的劳动意志克服一切人生困难和障碍，以自己的辛勤劳动托起青春的梦想，而不是在幻想一夜暴富、不劳而获、少劳多得中虚度年华。

三百六十行，行行出状元。职业不分高低贵贱，青年要摒弃劳动分三六九等、看不起普通劳动者的观念。无论是从事体力劳动还是从事脑力劳动，只要服务于社会主义事业，就是崇高的工作，都值得我们尊重。在庆祝中华人民共和国成立 70 周年大会群众游行环节，快递员、外卖员首次亮相国庆群众游行队伍。互联网的发展改变了我们的生活方式，如今我们的生活几乎离不开他们。还有很多劳动者都和快递员、外卖员一样，如清洁工、建筑工等，他们平凡简单，却如同城市的毛细血管，城市的正常运转、人们的正常生活都离不开他们。每一种工作、每一个劳动者都是值得尊敬的，每一个劳动者都是美好生活的创造者、守护者，他们在城市的每个角落用自己的汗水浇灌平凡与幸福。

错误的劳动价值观不是短时间内就能形成的，而正确的劳动价值观也不是一时就能树立的。青年一定要保持清醒的自我认知，不要让低级的、短暂的快乐毁掉光明的未来。青年要向劳动模范学习，学习他们兢兢业业、精益求精的敬业精神，让劳动模范成为人生前进方向的指向标，把平凡的事情做到极致，因为平凡的劳动中也蕴藏着伟大。

二、传承工匠精神

工匠精神是每个劳动者都可以具有的劳动品质。不甘平庸的劳动者在平凡的工作中只要不断对自己提出更高的要求，并不断自我超越、自我提升、自我完善，始终追求做更好的自己，就有可能成为工匠。在这一过程中表现出的工作态度、工作境界、工作习惯及整体工作精神面貌便是工匠精神。大学生作为国家建设与发展的重要力量，要积极传承工匠精神，努力把自己锻造成高素质的技术技能人才、能工巧匠、大国工匠。

（一）工匠精神的历史演变

"工匠"一词来源已久，《说文解字注》中记述："匠，木工也。工，巧饰也。百匠皆称工，称匠。独举木工者，其字从斤也。从木工之称引申为凡工之称也。"随着历史的发展，"工"和"匠"合为一体，具有专门技术的人都可以称作匠。鲁班、墨子、宋应星、庖丁等都是中国古代杰出的工匠代表，他们呈现出来的精神正是工匠精神。从原始社会到现代社会，工匠精神经历了一个漫长的演变过程。这一方面展现了不同时期我国工匠精神的不同特点，另一方面在一定意义上创造了举世瞩目的古代技术文明。

1. 孕育阶段：注重简约朴素，切磋琢磨

在原始社会末期，手工业从农业中脱离出来。此后，出现了专门从事手工劳动的生产者，也就是现在所说的手艺人或者工匠。然而，由于当时物质生产相对落后、科技文明相对不发达，人们往往以天然产物为原料加工制造生产工具或生活用具。从粗糙、不规则的"打制"石器到光滑、匀称的"磨制"石器；从简单的石器、骨器、木器等工艺制作到复杂的制陶、纺织、房屋建筑、舟车制作等原始手工业，无不体现了早期工匠艺人朴素的工匠精神。《诗经·卫风·淇奥》中就用"如切如磋，如琢如磨"的佳句来表彰工匠在对骨器、玉石进行切料、糙锉、细刻、磨光时所表现出来的认真制作、一丝不苟的精神。

2. 产生阶段：崇尚以德为先，德艺兼修

春秋战国时期，以儒家思想为核心的政治伦理文化开始受到人们的广泛关注，"德为先，重教化"逐渐成为中华民族传统文化的重要内涵。"志于道，据于德，依于仁，游于艺""君子喻于义，小人喻于利"这类道德价值观，得到了工匠们的认同。崇尚以德为先，已在潜移默化中成为工匠的职业准则和价值导向。

此外，对于工匠艺人来说，"德行"还需要"技能"的陪衬。所谓"德艺兼修"就是指工匠艺人不仅要有一种道德精神作为内在熏陶，还要具备一种精益求精的技术精神。《庄子》中对"庖丁解牛"高超技艺的描写，正是展现了古代工匠在工作中不断提升技能、追求极致的工匠精神。

✈ 知识链接　　　　　　　　　**庖丁解牛**

庖丁为文惠君解牛，手之所触，肩之所倚，足之所履，膝之所踦，砉然向然，奏刀騞然，莫不中音。合于《桑林》之舞，乃中《经首》之会。

文惠君曰："嘻，善哉！技盖至此乎？"

庖丁释刀对曰："臣之所好者，道也；进乎技矣。始臣之解牛之时，所见无非牛者；三年之后，未尝见全牛也。方今之时，臣以神遇而不以目视，官知止而神欲行。依乎天理，批大郤，导大窾，因其固然，技经肯綮之未尝，而况大軱乎！良庖岁更刀，割也；族庖月更刀，折也。今臣之刀十九年矣，所解数千牛矣，而刀刃若新发于硎。彼节者有间，而刀刃者无厚；以无厚入有间，恢恢乎其于游刃必有余地矣！是以十九年而刀刃若新发于硎。虽然，每至于族，吾见其难为，怵然为戒，视为止，行为迟。动刀甚微，謋然已解，如土委地。提刀而立，为之四顾，为之踌躇满志；善刀而藏之。"

文惠君曰："善哉，吾闻庖丁之言，得养生焉。"（摘自《庄子·养生主》）

3. 发展阶段：主张心传体知，师徒相承

进入封建社会以后，随着经济水平的提高和社会发展的需要，起初以家庭为单位的技艺传授扩大到邻里之间，父子相传逐渐演变为拜师学艺，"师徒如父子""一日为师，终身为父"的说法就源自于此，"心传身授"的教育模式逐渐成为培养工匠的主要途径。"一切手工技艺，皆由口传心授"，精工良匠们依靠言传身教的自然传承，在传授手艺的同时，也传递了耐心、专注、坚持等精神特质，而这些特质的培养，只能依赖于工匠艺人之间"以心传心，心心相印"的情感交流，以及"体察领悟，身知体会"的行为感染，这是现代大工业的组织制度与操作流程无法实现的。

4. 传承阶段：提倡开放包容，勇于创新

创新是一个民族进步的灵魂，是一个国家兴旺发达的不竭动力，是现代工匠艺人应当具备的精神特质。2016 年 3 月，政府工作报告中指出："鼓励企业开展个性化定制、柔性化生产，培育精益求精的工匠精神，增品种、提品质、创品牌。"在机械化生产与互联网产业日益发达的今天，创新变得容易，同时又变得非常困难。现如今人们更加注重的是产品的规模化和批量化生产，流水车间工人机械地重复同一个动作。固然生产效率的提升能够促进经济效益的增长，但是这些产品终究少了一些技艺的沉淀和凝练，而如今提倡的"工匠精神"便是在产品里注入创新和活力。

💬 话题互动　　　　　　　　　国外的工匠精神

德国：德国工匠精神是其制造业崛起的法宝，其信奉标准主义、专注主义和实用主义，并具有百年传承的灵魂根基，"专注、精致、谨慎"是德国工匠精神最令人印象深刻的特点，德国优秀工匠的特征也正是这种精神的延伸——耐心专注、精益求精、严格严谨。德国工匠精神的产生或许源自德国人的工作伦理观，马克斯·韦伯（Max Weber）认为德国人并不把工作视为维持生活的必要手段，而是把它看作自己人生的一项使命，专注于此并倾尽毕生心血，这种对质量和技术的狂热远大于对利润的追求，更是成就德国百年企业的钥匙。

日本：日本的工匠精神也被称为匠人精神，最早出现在日本学者秋山利辉的著作中，他指出匠人精神就是"执着"，即对事情不放弃的态度。这种不放弃表现为淬炼心性，养成自己，追求卓越的精神。日本工匠秉承精益求精、精雕细琢、持之以恒的理念，并能够将这些理念、态度和情怀与产品融合，表现出对职业敬畏、对产品负责、对工作执着的精神，他们不仅仅把工作当作赚钱营生的手段，更是在内心深处形成了一种对工作敬畏以及注重细节、追求完美和极致的信仰。

讨论内容：德国、日本的工匠精神有什么特点？它们与我国的工匠精神有什么共通之处？

（二）工匠精神的内涵

工匠精神发展至今，其内涵有了新的定义，从古代对"庖丁解牛"熟能生巧的推崇，到如今在全国劳动模范和先进工作者表彰大会上的进一步解读，工匠精神指的是执着专注、精益求精、一丝不苟、追求卓越的精神品质。

1. 执着专注

执着专注是工匠的做事态度和行为习惯，这种优良品质既是一种锲而不舍的追求，又是一种淡泊宁静的心境。在工作中耐心、静心、专注可以最大限度地发挥个人的潜力。一个人的能力有限，将有限的精力集中于一个领域，每天做好一件事，干一行、爱一行、钻一行，日积月累才能成就伟业。对工匠而言，执着专注指的就是不心浮气躁，对自己的工作耐心、执着和坚持，把执着融入血脉，将专注作为使命，在每一个平凡的岗位上建功立业。

👁 **案例分享** 　　　　**择一事、终一生的钟表人生**

故宫钟表修复师王津因为纪录片《我在故宫修文物》的走红，意外成为"故宫男神"。

1977 年，王津的爷爷去世，16 岁的他接班到故宫工作。最开始，他以为自己会像爷爷一样，在故宫图书馆做古籍修复，但是没想到被师父马玉良选中，成了"钟表学徒"。钟表是故宫博物院中非常特殊的藏品，堪称世界博物馆同类收藏中的翘楚。钟表的修复技艺是唯一在故宫里一直绵延下来、没有断层的非物质文化遗产。钟表馆展览的 82 件钟表，王津动手修复过的占 80%，看到这些钟表，他经常想起过去在故宫的岁月。"每天都在修复，一件一件地干。"王津说，有的古钟表只需要保养维护，有的则要由内到外地修复，所以每次修复所用的时间不一样，但大都是几个月到一年。王津记不清到底修复了多少件古钟表，只有一个概数：40 多年、300 余件。但是经他手的每一件钟表，一提名字，很多细节他都记得清清楚楚。

很多人将王津看作"择一事，终一生"的传奇人物，但他却不这么看。"择一事容易，终一生很难。"王津认为，任何行业都有工匠精神，他没什么了不起的，只是故宫文物的巨大吸引力，以及修复文物的责任心和成就感让他几十年如一日地坚持了下来。

2. 精益求精

"精益求精"出自南宋朱熹的《论语集注》，原意表示已经很精致了，还要更加精致，比喻已经很好还求更好，注重细节，追求完美和极致，不惜花费时间精力，孜孜不倦，反复改进产品。工匠以工艺专长造物，在专业的不断精进与突破中演绎着"能人所不能"的精湛技艺，凭借的是精益求精的能力素养。精益求精的能力素养是工匠精神的核心。它对每一位工匠提出了"苛刻"的要求，要求他们追求品质，注重细节，不断提升做工技艺和产品质量，甚至达到"技可进乎道，艺可通乎神"的境界。如果要成为一名优秀的工匠，长期学习和钻研技术是必不可少的，这就需要敬畏和热爱自己的职业。正是对职业的敬畏和热爱，工匠才养成了精益求精的工作作风，并最终练就了精湛的技术。精益求精可表现为对技术的狂热追求，对细节的精准把控，对产品质量的苛刻要求，等等。长期精益求精会使工匠形成精湛的技术，而精湛的技术最终会成就完美的产品。

◎ 案例分享　　　　　　　　　**给高铁穿上"中国跑鞋"**

山西太原，太重铁路工业园区的巨大厂房里，操作工人面对屏幕，轻点鼠标，一个个烧红的车轮便完成一道处理工序，缓缓移动到下一个工位。这里有一条智能化车轮生产线，重达 600 多千克的钢坯经过重重淬炼，成为时速 350 千米高速列车的合格"跑鞋"。"10 年前，经国外技术专家调试投产后，这条生产线月产能只有 5000 余片。这些年，我们勇闯智造'无人区'，不断进行升级改造，现在生产高峰期的月产能可以达到 4.3 万片。"宋志伟骄傲地告诉记者。

2010 年，宋志伟入职太重集团，他入职时正值集团高速列车关键零部件国产化项目建设的关键期，为了迅速掌握相关的自动化技术，他一入职就跟随德国工程师扎根现场，利用专业书籍、网络资源多渠道如饥似渴地学习生产线应用技术。凭借着一股子"钻"劲和"狠"劲，他的技术水平在短时间内有了突飞猛进的提升，他解决了生产线运行过程中的无数难点，动车车轮淬火工艺便是其中之一，这一工艺使得生产能耗降低 20%，车轮解剖成本下降 35%，每年为公司节省的成本达 600 万元以上。

"勇于创新，精益求精"是宋志伟坚守的信条。12 年光阴流转，12 载技术锤炼，宋志伟靠着不停揣摩的刻苦钻研精神，从刚参加工作时的技术"小白"，逐渐成长为轨道交通行业智能制造工程应用的"设备首席专家"，而那些正在世界各地奔跑的太重车轮，更是他引以为傲的勋章。

3. 一丝不苟

"一丝不苟"出自清代吴敬梓《儒林外史》第四回，形容做事认真细致，一点儿也不马虎。一丝不苟主要体现为工匠敬业担当、集中精神、心无杂念、钻研技能的职业精神。差之毫厘，谬以千里。工匠们对质量持有精准态度，坚持精准原则，对自己所从事的工作及岗位认真负责、严谨细致、注重细节、心无旁骛，不允许自己有一分一厘的偏差、一分一秒的疏忽、一丝一毫的失误，不断地追求完美。

◎ 案例分享　　　　　　　　　**100 分才及格**

99 分这个成绩如何？对于大多数人而言，得了 99 分应该是非常优秀的。但对于航天人来说，99 分只代表 3 个字——不及格。"上天产品，99 分就是不及格，相当于 0 分。100 分才及格，及格了还要评好坏！"这句"名言"来自我国著名自动控制、陀螺及惯性导航技术专家，"七一勋章"获得者陆元九院士。

1996 年，长征三号乙运载火箭发射失败，原因未明。作为该火箭的惯性器件的负责人，76 岁的陆元九赶赴西昌。在接下来的几个月里，他抽丝剥茧般地层层分析，最终在千丝万缕的线索中找到了一根小小的"金丝"——双向可控硅，这个零件的偏差就是问题的关键。问题解决后，第二年长征三号乙运载火箭成功升空。由此，上面那句"名言"至今在我国航天界广为流传。在同事和学生眼中，陆元九是个极其倔强的人。这种倔强，"本质特征就是要求严"。不过，在陆元九看来，"严"是一种督促和希冀："我们的产品是要上天的，一定要保证质量。要求严格，可以进步快一点。"

4. 追求卓越

"卓越"表示高超出众，追求卓越是一种精神状态和工作要求。追求卓越就是要积极进取、超越自我、追求极致，不断提升自己的职业素养。工匠精神，是敬业态度、严谨作风、担当精神与卓越品质的综合涵养和素质积淀。当今社会是一个高速发展的时代，推动高质量发展，满足人民日益增长的美好生活需要，离不开工匠们推陈出新，突破传统思维的限制，在追求极致中挑战技术难题。每一个产品的开发、每一道工艺的更新、每一项技术的革新，都需要工匠们对自己的岗位、职业与行业有极度的敬畏与热爱，全身心地投入，尽职尽责地参与，只有这样才能实现从跟跑、并跑到领跑。

👁 **案例分享**   **永不停歇的探索者**

2022 年，第 24 届国际摄影测量与遥感大会在法国尼斯召开，会议宣布本届布洛克金奖授予中国科学家李德仁院士，世界上仅有 17 位科学家获此殊荣，他是中国获此殊荣的第一人。李德仁院士表示，这个奖是对中国科学家自立自强、坚持追求卓越的肯定。

1985 年，心怀科技报国的信念，留学德国两年多的李德仁学成归国，祖国的需要就是他努力的方向。功夫不负有心人，李德仁取得了一个又一个创造性成果。2008 年汶川地震，李德仁院士曾奔赴汶川参与救援。"72 小时黄金救援时间分秒必争，但我们当时花费几十个小时都获取不了震中图像。那种心急如焚的感觉让我触动很大。"李德仁院士回忆道。经过此事，李德仁等专家痛感我国遥感领域的不足，暗下决心：加快研究高分辨率对地观测系统，把卫星、航空、地面系统做好，达到世界水平！经过 30 多年的努力，李德仁的科研团队使中国测绘科学的水平得以与美国、德国并驾齐驱，位居世界三强之列。截至 2022 年，李德仁和团队一共参与研制了 50 多颗高分辨率卫星，分辨率从 5 米、3 米、2 米、1 米提升到 0.5 米，这一连串数据直观记录了我国测绘卫星从无到有、从有到优的整个过程。

当前，智慧地球时代已经来临。"智慧地球是基于数字地球、物联网和云计算建立的数字世界和现实世界的融合，这都赋予了测绘学科新的使命。"李德仁说，"这也是我的新追求，瞄准学科未来发展方向，真正实现测绘学科在智慧地球时代的大集成、大融合和大智慧"。

（三）工匠精神的传承

1. 勇做优秀技艺的传承人

新时代工匠精神的传承，核心内容在于大力传承和发扬优秀技艺。技艺的传承具有特殊性。技艺是一种非物质形态的技能、知识，技艺的传承往往通过人作为中介来完成。无论是历史悠久的传统技艺，还是当代新技艺，大多采用师徒传习的方式，通过师徒之间的口耳相传、手把手教授来实现技艺在人与人、代与代之间的传播和流传。

传承技艺，需要发扬勤奋刻苦的学艺精神。要想学好优秀技艺，自然容不得半点懒惰。入门学艺，学生首先体会到的是对该项技术及其所属行业的敬畏之心，这是师傅自身的技术垂范和高尚艺德的影响造成的。在教授技艺的过程中，师傅不仅要展示娴熟的技术，还要展现出认真的劳动观念、严谨的行业规范，使学生在耳濡目染中形成严肃的学艺态度，并贯穿其习艺的过程始终。在深入学习技术的过程中，学生要发扬勤奋刻苦的精神，全身心投入学习中，专心聆听师傅的技术要点讲解，认真观察师傅的技术动作示范，大胆实施个人的技术操练，培养耐心和定力，在反复练习中掌握要领，习得技艺。

传承技艺，应热爱该项技术，并熟悉其背后的知识、文化。在学习和传承一项技艺的过程中，人们常常会说兴趣和热爱是最好的老师。在兴趣和热爱的引导下，人们在传承技艺时往往会倾注更高的关注度、体现出更大的耐心，同时也更容易产生愉悦和满足的情感，这些特质反馈到行为上便能收获良好效果。可见，兴趣和热爱在技艺传承中能够起到重要的推动作用。那么，如何培养对技艺的热爱之情呢？可以从两个方面入手：一是深入了解技艺背后的知识和文化，将技艺从冷冰冰的参数、标准还原为技术、知识、文化三位一体的立体系统，此系统中的知识和文化，或者是以往人们生活经历和文明发展的经验总结，或者是现代科技进步的智慧结晶，充满了人的温度和情感；二是善于在技艺工作中给予自己积极的暗示，技艺的习得和传承是一个需要长时间坚持的过程，考验人的耐心和恒心，这就需要工匠及时总结自己的工作所得、发现自己的点滴进步，以此激励自己投入更大的热情进入下一阶段的技艺工作。

案例分享　　让内画艺术走出去、传下来

王自勇，中国内画艺术大师、河北省工艺美术大师、国家级非物质文化遗产项目（衡水内画）省级代表性传承人、正高级工艺美术师、河北大工匠年度人物。王自勇自幼随父亲王习三大师学习内画，创作以内画肖像、山水为主。肖像刻画细腻高雅，气韵生动，形神兼备，肖像作品两次作为国礼赠送给外国元首；山水作品气势磅礴，墨色深厚，开创"内画浓墨山水画法"之先河；他还首创"人生·故事"题材系列。

身为非遗推广大使的王自勇，经常随团外出展演、交流。"每次看到老外那惊奇的眼神，听到他们啧啧的赞叹，我都为博大精深的中华文化感到骄傲。"王自勇决心将内画艺术推广到全世界，让内画艺术生生不息、代代相传。王自勇带头启动衡水内画"走出去"战略，将世界各地的名胜古迹元素"浓缩"至内画载体上。他绘制的夏威夷风情系列鼻烟壶一经推出便热销全球，受到国内外的内画爱好者的追捧，真正实现了小小鼻烟壶，融入大世界。北京冬奥会上，他的冬奥会系列内画作品让各国运动员大开眼界……

为了让衡水内画得到更好的传承和发展，王自勇多方发力，多形式创新，首创非物质文化遗产保护传承的"内画博物馆模式"，建立了世界首个内画专业博物馆，并创建了首个国家承认学历的内画艺术培训学校，先后培养了4000多名学生。为了让衡水内画后继有人，王自勇不仅培养了30多名亲传弟子，形成了内画的人才梯队，还积极与众多院校建立内画人才培养合作关系，把内画技艺纳入部分高校教学体系选修课，解决了人才培养周期长、专业水平跟不上等问题。

内画艺术鬼斧神工的技艺，让很多年轻人不敢相信它是通过小小的瓶口伸进画笔绘制出来的，甚至怀疑是用"黑科技"把画面打印进去的。让不了解内画的人有这种想法是一种"骄傲的尴尬"。"下一步，我准备采用大数据'溯源'技术，把每一个作品的制作过程一五一十地记录下来，呈现在一个小程序上，让大家一扫二维码就能看到内画的真实制作过程，把内画的魅力传播出去。"王自勇有了更深远的打算……

2. 勇做技术创新的弄潮儿

技术创新，是人类文明发展的必然要求和内驱动力。新时代工匠精神契合了这一要求和动力，鼓励人们努力成为技术创新的弄潮儿。

以知识武装头脑，以扎实的专业知识作为技术创新的坚强后盾。创新并非空喊口号就能完成的，而要通过实际行动稳步推进。技术创新万里长征的第一步是由精深的专业知识来推动的。掌握一门技术，实质就是掌握该行业涉及的知识和技能。在现有知识、技能的基础上进行革新，需要新方法、新知识的介入。这就要求人们通过多种手段不断更新自己的知识储备，包括："他山之石，可以攻玉"的方法，借助其他学科行业的知识解决自身的技术难题；"拿来主义"的方法，向掌握先进技术者学习；"自主创新"的方法，根据现有技术困境有针对性地进行知识攻关。尤其在以信息科技著称的当今时代，知识的更新迭代日益频繁和迅速，青年大学生应紧跟时代步伐，及时扩充自己的知识库。可以说，要传承新时代工匠精神，就要永不停歇地学习新知识和进行技术创新。

敢于突破既定技术范式，用发展的眼光来促成技术创新。人们常用"长江后浪推前浪"来形容事物发展的动态过程。"前浪"即事物原有的样貌和范式，是事物经一定阶段发展后形成的成熟形态，但成熟便意味着趋于定式，甚至可能导致墨守成规，此时便希冀新力量冲破旧范式的束缚，开创出新样貌和新形态，这就是"后浪"的形成。经过一段时间的发展，曾经的"后浪"取代"前浪"的位置，变成如今的"前浪"，此时将会有全新的"后浪"涌现并替代"前浪"。"前浪""后浪"反复循环，促成了事物的向前发展。技术的发展亦是如此，任何技术的发展和传承都隐藏着创新这一内在驱动力，某一技术范式仅适应某一特定时期劳动生产和产品的特点、要求，随着下一时期出现的对产品需求发生的变化，必然要求生产技术进行相应改变，自然就出现了技术范式的新变革。因此，传承新时代工匠精神，应以发展为前瞻，大胆打破陈规，用技术创新改善人们的生活品质，实现对美好生活的愿景。

大学时期是苦练本领、增长才干的黄金时期。大学生作为实现第二个百年奋斗目标的建设者，是工匠精神传承和践行的主力，要在大学时期充分发挥主观能动性，努力学习专业知识，不断提升专业能力，积极参加专业学科竞赛、创新创业类竞赛，参与大学生科研项目、各类社会实践和志愿服务活动等，多钻研、多学习、多锻炼，在提升技能的同时不断提升自己的职业素养和职业操守，在点滴中培养"执着专注、精益求精、一丝不苟、追求卓越"的工匠精神。

◎ 案例分享　　　　　　　　**"互联网+"时代的无限可能**

第八届中国国际"互联网+"大学生创新创业大赛自 2022 年 4 月启动以来，共有来自国内外 111 个国家和地区、4554 所院校的 340 万个项目、1450 万名学生报名参赛，参赛人数首次突破千万。

在总决赛中，南京理工大学的"光影流转——亿像素红外智能计算成像的开拓者"项目与来自北京大学、浙江大学、北京航空航天大学、卡内基梅隆大学和苏黎世联邦理工大学的 5 个项目同台竞技，最终获得总冠军。该项目定位于远距离宽视场智能探测感知成像系统创新，采用编码孔径的思想来实现图像超分辨率成像，以有效解决图像像素化的问题，提升对远距离弱小目标的探测精度与作用距离，打破了国外高端热像仪产品的垄断。据悉，该产品体系已完成从处理芯片到机芯模组，再到系统整机的全方位覆盖，仪器产品在成像分辨率、灵敏度等核心指标上独占鳌头，核心部件全部国产化，达到"全链路"自主可控。

中国国际"互联网+"大学生创新创业大赛是由教育部、中央统战部、国家发展改革委、中华人民共和国人力资源和社会保障部（简称"人力资源社会保障部"）、共青团中央等17个部委单位主办的全国顶级科创赛事，共分为高教主赛道、"青年红色筑梦之旅"赛道、职教赛道、产业命题赛道和萌芽赛道5个赛道。大赛不仅为大学生们提供了一个创新创业的平台，更帮助大学生们在创新创业中增长智慧才干，在艰苦奋斗中锤炼意志品质。许多优秀的项目和团队脱颖而出，他们用智慧和勇气诠释了"互联网+"时代的无限可能。

💬 **话题互动**

2023年9月16日，中华人民共和国第二届职业技能大赛在天津开幕。本届大赛以"技能成才、技能报国"为主题，设置109个比赛项目，共有4000多名选手参赛。这是新中国成立以来赛事规格最高、竞赛项目最多、参赛规模最大、技能水平最高、影响范围最广的综合性国家职业技能赛事。技术工人队伍是支撑中国制造、中国创造的重要力量。职业技能竞赛为广大技能人才提供了展示精湛技能、相互切磋技艺的平台，对壮大技术工人队伍、推动经济社会发展具有积极作用。

讨论内容：你是否有兴趣参加职业技能大赛或者类似的比赛？你觉得大赛对传承工匠精神有何重要意义？

三、践行劳模精神

劳动模范之所以被称赞，是因为他们在平凡岗位上做出了不平凡的业绩，他们坚持坚定的基本信念、价值追求、人生境界及其展现出的整体精神风貌便是劳模精神。作为新时代大学生，要通过学习劳动模范的先进事迹感受他们的崇高品质，并以实际行动践行劳模精神，为国家建设贡献力量。

（一）劳模与劳模评选

劳模们以高度的职业素养和精湛的技能水平，在各自的岗位上默默奉献，用实际行动诠释了劳动最光荣、劳动最崇高、劳动最伟大的真谛。

1. 劳模

劳模，即劳动模范。"劳"，表示劳动，这是劳模的基本前提。"模"，体现了一种"示范"和"楷模"的价值导向，是一种可敬、可亲、可信、科学的榜样作用。"劳模"是生产建设中先进人物的一种崇高称号，以表彰劳动中有显著成绩或重大贡献，可以作为榜样的人。

劳模是千千万万奋斗在各行各业的劳动群众中的杰出代表,他们在平凡的岗位上创造了不平凡的业绩,以自己的聪明才智和奉献精神为国家经济建设默默无闻地做贡献,以自己的创造性劳动推动着社会进步,以自己的崇高思想和先进事迹为全国人民树立了学习的榜样和光辉的旗帜。

劳模分为全国劳动模范与省、部委级劳动模范、市级劳动模范和县级劳动模范等,一些大型企业也评选企业劳动模范。"全国劳动模范"荣誉称号由中共中央、国务院授予,旨在表彰在社会主义建设事业中做出重大贡献者。

◎ 案例分享　　　　　**14位劳模先进登上春晚舞台**

2024年央视春晚节目《看动画片的我们长大了》中,14位劳模先进惊艳亮相,演唱歌曲《劳动最光荣》。"工人蓝""钢铁灰""外卖黄",五颜六色的工装装点了春晚的舞台。

他们其中有全国"最美"外卖配送员范铁明、雪线邮路的"幸福使者"其美多吉、高压线上的电力"手术师"王月鹏、全国石化行业技术"大拿"张恒珍以及从事自闭症儿童及各类残障人士康复事业的赵星、非遗项目"'京作'硬木家具制作技艺"传承人刘更生……

他们是各行各业在工作岗位上的奋斗者的缩影,用奋斗谱写出劳动赞歌,更是用歌声与深情演奏出了劳动最光荣的时代强音,让劳动精神、工匠精神、劳模精神在春晚舞台上夺目闪耀。

2. 劳模评选制度

劳模作为时代领跑者,在不同时期、不同岗位上,用自己的劳动书写了绚丽的篇章。从新民主主义革命时期的"边区工人的一面旗帜"赵占魁,到社会主义革命和建设时期的"铁人"王进喜、"宁愿一人脏,换来万人净"的时传祥,再到改革开放和社会主义现代化建设新时期的"蓝领专家"孔祥瑞、"新时期铁人"王启民……一个个平凡却闪光的名字,一个个埋头苦干、忘我奉献的劳动者,一砖一瓦建设起社会主义雄伟大厦。评选和表彰劳动模范,继而宣传和弘扬劳模精神,是一种有效的社会动员方法。回顾历史,我国对优秀劳动者的评选表彰可以分为4个阶段。

(1)革命战火中的"劳动英雄"(1931—1949年)

劳模评选最早产生于中华苏维埃共和国临时中央政府时期开展的群众性劳动竞赛。虽然时间不长,仅有3年左右,但通过劳动竞赛和模范评比来树立劳动榜样、推动经济发展,这种创造性的办法影响深远。

进入抗战时期,为了打破日本侵略军对陕甘宁边区的经济封锁,保障军事供给、减轻群众负担、改善人民生活,毛泽东同志在陕甘宁边区第一届参议会上发出"自己动手,发展生产"的号召,大生产运动拉开帷幕。陕甘宁边区政府陆续发布相关奖励条例,全面指导和规范劳动模范表彰活动的开展,调动人民群众的生产积极性。大生产运动涌现出的以吴满有、赵占魁等人为代表的一大批劳动英雄,为革命根据地建设做出了突出贡献。1943年11月26日,陕甘宁边区第一届劳动英雄与模范生产工作者代表大会正式召开。这次大会被誉为"中国历史上第一次出现的，是中国劳动人民空前荣典的大会"。

◎　**案例分享**

边区英雄赵占魁

赵占魁是一位用革命者的态度对待工作的"新式劳动者"，于 1896 年出生在一个农民家庭。他是抗日战争时期陕甘宁边区农具厂的化铁工人，是在生产竞赛中涌现出来的劳动英雄。

赵占魁于 1938 年到延安参加抗日并加入中国共产党。经过在中国人民抗日军事政治大学的学习，他清楚地认识到：自己的命运与共产党、与革命是血肉相连、分不开的，边区公营工厂是为抗战而生产的，工厂本身就是革命的财产，作为工人应当尽力爱护它。在高达 2000℃的高热熔炉面前，他每时每刻都认真工作着，毫不懈怠。他每天早晨上工都先把当天的一切工作准备妥当，晚上放工都把工场收拾清爽，始终"冲锋在前，退却在后"。赵占魁在工作上不怕艰苦繁重，始终站在最前面，做得最多最好，但他从来不自夸、不贪功，每遇论功行赏总是让开，认为那是大家努力的结果。他说，为革命多做些工作，是自我牺牲精神的应有体现，为了抗战与人民的需要增加生产，心甘情愿地在工作中发挥最大的劳动热忱。他从来不计较个人的待遇与得失，克己奉公。赵占魁这种埋头苦干、大公无私、自我牺牲的精神，大大地鼓舞了边区工人的劳动热情，有力地推动了整个边区工业建设向前发展。在赵占魁的身上，体现了一种新的劳动态度，那就是能够认识到自己的主人翁地位，把自己锻炼成一个劳动英雄、技术能手、节约模范，一个团结和学习的标兵。在赵占魁身上，还有一种自觉爱护工厂、团结工人、努力生产、提高技术，一切为了革命利益、不计较个人得失的无产阶级的宝贵品质。

赵占魁于 1939 年被边区政府评为模范工人；1942 年，边区总工会在工厂开展"赵占魁运动"，号召全边区工人向赵占魁学习；1943 年，赵占魁被评为边区特等劳动英雄，成为边区工人的一面旗帜；1950 年 9 月，被授予"全国劳动模范"称号。新中国成立后，赵占魁先后担任西北总工会、陕西省总工会副主席，继续为社会主义建设做贡献。

（2）新中国建设的"老黄牛"（1950—1976 年）

中华人民共和国成立后，"爱劳动"被写进《中国人民政治协商会议共同纲领》，成为新中国倡导的公德之一。"人民当家作主""劳动光荣""人人平等"的新观念，使劳动人民获得了从未有过的尊重和尊严，他们迸发了对新中国的无限热爱，对中国共产党的无限感恩，以主人翁的姿态、以百倍的干劲投入到了新中国的建设中。

1950—1960 年间，党中央、国务院共举行了 4 次劳模表彰工作会议，表彰对象来自工、农、教、文、卫、体等各条战线。这一阶段涌现出了李凤莲、孟泰、钱学森、王进喜、时传祥、史来贺等一大批先进模范，他们自力更生、埋头苦干、艰苦奋斗、不计名利，对社会主义建设和国家经济发展起到了重要促进作用。1966 年以后，受当时大环境的影响，全国范围内的劳模评选活动也中止了。

👁 案例分享 　　　　　　　**宁愿一人脏，换来万家净**

　　"咱要一人嫌脏，就会千人受脏，咱要一人嫌臭，就会百家闻臭。俺脏脏一人，俺怕脏就得脏一街。"这是掏粪工人时传祥常挂在嘴边的话。

　　时传祥，1915 年 9 月出生在大胡庄一个贫苦农民家庭。1930 年初，他逃荒流落到北京城郊，受生活所迫当了一名掏粪工，在"粪霸"手下受尽了压迫与欺凌。中华人民共和国成立后，时传祥进入北京市崇文区（现为"东城区"）清洁队工作。在此后的十七八年时间里，他无冬无夏，挨家挨户掏粪扫污，几乎没有闲暇时间。老北京平房多，四合院里人口密度大，茅坑浅，粪便常溢出来，气味非常难闻。时传祥总是不声不响地找来砖头，把茅坑砌得高一些。哪里该掏粪，不用人来找，他总是主动去。不管坑外多烂、坑底多深，他都想方设法掏干扫净。

　　当时，北京市人民政府为了体现对清洁工人劳动的尊重，不仅规定他们的工资高于别的行业，还想办法减轻他们的劳动强度，把过去送粪的轱辘车换成汽车。运输工具得到改善后，时传祥合理计算工时，挖掘潜力，把过去 7 人一班的大班改为 5 人一班的小班。他带领全班由过去每人每班背 50 桶增加到 80 桶，他自己则每班背 90 桶，最多每班掏粪背粪达 5 吨。管区内的居民享受到了清洁优美的环境，而他背粪的右肩常年肿胀，被磨出一层厚厚的老茧。

　　时传祥干工作从不分分内分外，谁家的墙头倒了，他就主动给砌好，谁家的厕所没有挖坑，他就带上工具给挖好。时间一长，他不仅成了百姓尊敬和信赖的朋友，还赢得了全社会的尊重。1956 年 11 月，时传祥加入中国共产党；1958 年，当选北京市政协委员；1959 年，被评为全国劳动模范；1964 年，当选第三届全国人大代表。

　　时传祥不仅自己一生投身环卫事业，还非常关心环卫事业的后继与发展。在他提议下，自 1962 年开始，清洁队陆续分来一批初高中毕业生，时传祥担任原崇文区清洁队"青年班"班长，担负起这些年轻人的"传帮带"任务。他通过言传身教，帮助青年树立了"工作无贵贱，行业无尊卑"的为人民服务的思想，带出了一个思想过硬、业务一流的青年班。而在时传祥感召下，他的 4 个子女全部进入环卫战线工作。他的孙女时新春也成为时家的第三代环卫工人，继续发扬"宁愿一人脏，换来万家净"的时传祥精神。

　　（3）改革开放的"弄潮儿"（1977—2011 年）

　　1977 年，劳模评选工作恢复，在这期间随着改革开放步伐加快，劳模队伍结构也悄然发生着变化，在继续提倡吃苦耐劳、苦干实干的"老黄牛型"劳模的同时，也开始重视树立经营管理、科技、文化和体育等各方面的榜样人物，用他们的聪明才智为大变革的时代蓄力赋能。袁隆平、陈景润等知识分子和科研工作者成为劳模队伍中的新成员。从 1977 年 4 月到 1979 年 12 月，党中央、国务院举行了 5 次全国劳模表彰大会。

　　1989 年，全国劳动模范和先进工作者表彰大会在北京召开，此后劳模表彰制度愈加规范。从 1995 年开始，全国劳动模范和先进工作者表彰大会固定为每 5 年召开一次，这标志着劳模表彰进一步走向制度化、程序化、规范化，成为国家治理中不可或缺的制度安排。"蓝领专家"孔祥瑞、"金牌工人"窦铁成、"新时期铁人"王启民、"新时代雷锋"徐虎、"知识工人"邓建军、"马班邮路"王顺友、"白衣圣人"吴登云、"中国航空发动机之父"吴大观等一大批劳模和先进工作者，干一行、爱一行，专一行、精一行，带动群众锐意进取、积极投身改革开放和社会主义现代化建设，为国家和人民建立了杰出功勋。

（4）新时代"最美奋斗者"（2012年至今）

党的十八大以来，中国特色社会主义迎来新时代，尊崇劳模、弘扬劳模精神的声音越来越响亮。2015年、2020年中共中央、国务院先后召开了两次全国劳动模范和先进工作者表彰大会。"劳动模范是劳动群众的杰出代表，是最美的劳动者""劳模精神生动诠释了社会主义核心价值观，是我们的宝贵精神财富和强大精神力量""向劳模学习，以劳模为榜样"，这些观点和倡议是对党的劳模表彰工作的继承和发展。

知识链接   **"最美奋斗者"称号**

2019年，为隆重庆祝中华人民共和国成立70周年，培育时代新人，中央宣传部、中央组织部、中央统战部、中央和国家机关工委、中央党史和文献研究院、教育部、人力资源社会保障部、国务院国资委、中央军委政治工作部决定，授予张富清等278名个人、西安交通大学"西迁人"爱国奋斗先进群体等22个集体"最美奋斗者"称号。

幸福是奋斗出来的。新中国70年的辉煌成就，我们今天的幸福生活，是亿万人民努力奔跑、不懈奋斗的结果。在社会主义建设、改革的每一个历史时期，在伟大祖国的每一寸土地上，到处都是挥洒汗水、忘我拼搏的人们，到处都留下了奋斗者披荆斩棘的光辉足迹。奋斗的人生最幸福，奋斗的姿态最美丽。"最美奋斗者"名称主题鲜明、内涵深刻，简练生动、易于传颂，充分体现了党中央对一代又一代奋斗者的深切关怀，体现了我们党始终为人民不懈奋斗、同人民一起奋斗的初心使命，体现了广大干部群众奋斗新时代、共筑中国梦的非凡勇气和昂扬姿态。

（二）劳模精神的内涵

劳模精神体现了劳动者对工作的热爱与执着，对社会的责任与担当，激励着广大劳动者奋发向前，为实现中华民族伟大复兴的中国梦贡献自己的力量。

1. 爱岗敬业，争创一流

"爱岗敬业"是职业道德的源头活水，是劳模精神的基本特征，体现了中国人民从古至今对劳动的热爱与坚持，对工作岗位的坚守与忠诚。具备爱岗敬业的优秀品质是成为劳模的基础条件，当代劳模无不是践行爱岗敬业的典范。爱岗敬业要求劳动者对自己的本职工作勤勤恳恳、兢兢业业、忠于职守、尽职尽责，无论从事什么职业，身处何种岗位，都干一行爱一行，努力从本职工作中获得幸福感和荣誉感。

"争创一流"是指当代劳模以最高的标准要求自我，在工作中不断强化自身的竞争意识，善于比、敢于拼的状态，关键在于追求先进与进步。劳模们攻坚克难，达到行业的高标准、高目标，同时树立对标一流、争创一流的意识，永不僵化、永不停滞，提升工作标准，创造一流业绩，从而促使我国进入世界高水平行列。

👁 **案例分享** 　　　　　　**做好一名人民建筑师**

　　陕西历史博物馆、大唐芙蓉园、西安钟鼓楼广场……这些西安著名"打卡"地都出自张锦秋院士之手，她用建筑写诗，为西安这座古老的城市留下了不少印记。时光荏苒，白驹过隙，如今已两鬓斑白的张锦秋仍对建筑设计饱含热情，她说："我们建筑业的人，工作的最终目的就是为人民拓展幸福空间。"

　　2018 年 5 月，在入院治疗期间，张锦秋仍不愿意放下手中的图纸。在病房里，她用铅笔勾画出扬州中国大运河博物馆的布局与轮廓。后来，她又多次前往江苏扬州，从基地选址、现场踏勘到方案评审、开工建设等，这位 80 多岁的老人没有丝毫松懈。2021 年 6 月，扬州中国大运河博物馆正式开馆，张锦秋坚持亲临现场，带着相机去"打卡"。在张锦秋心里，每一座她亲手设计的建筑都是她的"孩子"。她也在建筑之林中争得了一个个"第一"——入选首批中国工程设计大师，当选为首批中国工程院土木、水利与建筑工程学部院士，获得首届国家建筑界最高奖项梁思成建筑奖……

　　如今，年近九旬的张锦秋，依然带领团队在一张张图纸上勾勒、孕育着心目中的理想建筑，不断推敲论证每一个设计细节，倾尽全力为人们生活的城市注入更多的美好和诗意。

　　2. 艰苦奋斗，勇于创新

　　"艰苦奋斗"是通过劳动实践改造物质世界、开展生产活动的方式，是劳模自强不息精神的集中体现，也是中华民族伟大的精神财富。新中国成立之初，一穷二白、百废待兴，在物资极度匮乏的时期依靠的正是中国人民敢闯、敢拼、敢干的精神。无数劳动者在吃苦耐劳中用自己坚强的意志、不屈的品格，以一种锲而不舍的坚定信念把活干好，把事做实。当代劳模在艰苦奋斗中磨砺意志、坚定信念，生动地诠释着劳模精神。

　　"勇于创新"是敢于有目的、有计划地改变现存客观事物，是对简单模仿、一味重复的常规性劳动批判性、革命性的否定。创新活动是一种更高级的实践活动，需要劳动者投入更多的时间和精力，能够创造更多的财富，带来更大的经济效益。当今世界，创新创造能力是衡量一个国家核心竞争力强弱的关键因素。从"中国天眼"（FAST）的正式开放运行到"天问一号"行星探测，从"神舟"飞天到高铁奔驰，从中国制造到中国智造，创新创造已成为中国一张亮丽的名片。这种革故鼎新、敢为人先的精神体现了体力劳动和脑力劳动、简单劳动和复杂劳动的结合，是劳动者创造力的体现。

👁 **案例分享** 　　　　　　**博学创新，铸舰为国**

　　20 世纪三四十年代，潘镜芙在跟随父亲沿水路辗转逃难的途中，看着黄浦江上一艘艘军舰和巨轮，却没有一艘是中国造的，受到深深触动，从此便立下了读书造舰的志向。

1952 年夏，潘镜芙以优异成绩从浙江大学电机系毕业后，进入第一机械工业部船舶工业管理局产品设计分处工作，开始了他为之奋斗不止的船舶设计事业。在没有设计经验可以借鉴，缺乏计算机设备、技术资料乃至技术标准的情况下，潘镜芙瞄准国际最先进水平，勇攀高峰、攻坚克难，带领团队做了许多开创性工作。创新是潘镜芙一贯倡导的科学态度。20 世纪 60 年代初，我国开始自行研制护卫舰，潘镜芙负责电气设计。他敢为人先，提出将直流电制改为交流电制。成功尝试后，国内的所有水面船舶和舰艇都开始使用交流电制，追赶上了当时的世界技术潮流。

20 世纪 80 年代，我国的军舰设计建造水平落后于世界。潘镜芙受命担任了第二代导弹驱逐舰的总设计师。彼时，在素有"火炉"之称的武汉市，夏天酷热难当，室内温度常常高达 40℃。没有空调的办公室里，灯光却夜夜通明。担心汗水浸湿图纸，每个人的身边都放着一条毛巾。4000 多个日日夜夜，以潘镜芙为总设计师的 112 舰设计群体，靠着小型计算机和铅笔，在一张张绘画板上绘制着他们的"铸舰梦"。

1994 年 5 月 8 日，112 舰正式交付海军使用，被命名为"哈尔滨号"。此后，在 112 舰的研制基础上，潘镜芙带领团队立足国产化，采用国内新技术和新设备，研制出了 113 舰，其交付海军使用后，被命名为"青岛号"。自此，我国自主设计的导弹驱逐舰实现了从无到有的突破，一扫中国海军装备落后的旧貌，制空能力得到了较大提高，两舰均已经达到区域防空水平。

3. 淡泊名利，甘于奉献

"淡泊名利"是中国传统名利观的集中体现，是劳模精神的价值引领。正确的义利观不反对人对名利富贵的追求，但强调这种追求应服从于仁义道德。正所谓"君子喻于义，小人喻于利"，一个人的能力有大小、职业有不同，但要坚持把个人梦与中国梦紧密结合，学习劳动模范安贫乐道、不求闻达的豁达态度和谨守本分、淡泊名利的精神境界。

"甘于奉献"是中华民族传统美德与中华文明绵延发展的根基，是对社会主义道德的弘扬。集体和社会是由个体组成的，集体和社会的利益是多数人的利益。劳模们自觉地把个人之小我融入社会之大我，以社会和集体的根本利益和长远利益作为自己的价值导向，默默无闻地干好本职工作，不计个人得失，不为利益所惑，在奉献中实现人生价值，在奉献中收获尊敬与爱戴。

◎ 案例分享　　**誓干惊天动地事，甘做隐姓埋名人**

2017 年 11 月 17 日，习近平总书记在与全国精神文明建设表彰大会代表合影时，紧紧拉住了一位白发苍苍，已过鲐背之年却精神矍铄的老人的手，执意邀请他坐在自己身边。这一温暖的场景通过媒体传遍大江南北，直抵人心。这位老人名叫黄旭华，是我国第一代核潜艇总设计师、我国第一代中国工程院院士、共和国勋章获得者，被誉为"中国核潜艇之父"。

"美国、苏联都有核潜艇，为了保卫新生的人民政权，我们必须有自己的核潜艇。如果完成不了任务，就一辈子不能回家。你们能做到吗？""能！"。因为国家需要，黄旭华隐姓埋名，倾心竭力于核潜艇事业，30年没有回过家。1970年12月26日，我国首艘核潜艇"长征一号"成功下水，成为继"两弹一星"后的又一国之重器、国之利器。我国成为继美、苏、英、法之后世界上第5个拥有核潜艇的国家。如今，第一艘核潜艇已退役，年过九旬的黄旭华仍在"服役"，致力于为新一代核潜艇的研制献计献策，同时将个人获得的逾2000万元各级各类奖项奖金几乎全部捐献出来用于国家的教育、科研及科普事业，以激励更多优秀人才脱颖而出。

他的一生就像在水底的核潜艇一样，寂静无声，默默地为国家的安全保驾护航。他奉献一生，激励着中国一代又一代的科研工作者砥砺前行，再创佳绩。

（三）劳模精神的践行

1. 争当新时代的奋斗者

新时代劳模精神不仅体现在艰苦奋斗、踏实苦干上，更表现为不断学习新知识，刻苦钻研新技术，努力掌握新本领，不断加强学习能力、创新能力、竞争能力和创业能力。青年大学生要学习劳模精神，努力掌握新知识、练就真本领、拥有好技术；要像劳模那样锐意进取、勤奋努力、忘我工作，展现新时代青年大学生的智慧、担当以及崇高的价值追求。

中国特色社会主义已经进入新时代，正如党的十九大报告所说："这个新时代，是承前启后、继往开来、在新的历史条件下继续夺取中国特色社会主义伟大胜利的时代，是决胜全面建成小康社会、进而全面建设社会主义现代化强国的时代，是全国各族人民团结奋斗、不断创造美好生活、逐步实现全体人民共同富裕的时代，是全体中华儿女勠力同心、奋力实现中华民族伟大复兴中国梦的时代，是我国日益走近世界舞台中央、不断为人类发展作出更大贡献的时代。"新时代是奋斗者的时代。实现中华民族伟大复兴的中国梦，需要青年大学生为之发奋图强、顽强拼搏、艰苦奋斗，需要青年大学生用智慧、用双手、用劳动实现一个个梦想，用干劲、闯劲鼓舞更多人争做新时代的奋斗者。

◎ **案例分享　1.8万名赛会志愿者展示青春风采，这是"双奥之城"最好的名片**

在体育竞赛、场馆管理、语言服务、新闻运行等41个业务领域，1.8万余名赛会志愿者以阳光、活力的面貌和专业、敬业的服务，为北京冬奥会注入了温暖与感动。

北京冬奥会上，无论是在寒冷的滑雪场还是嘈杂的室内，无论是说中文还是英语，只要你有问题，都可以找志愿者帮忙。正如北京冬奥组委志愿者部部长腾盛萍所说，他们就像一朵朵热情洋溢的小雪花，在各自的岗位上展示着开放、阳光、向上的青春风采。用阳光、活力的面貌和专业、敬业的服务为冬奥盛会注入温暖与感动，向世界展现中国青年一代的风采。

北京冬奥会开幕式上，担任标兵志愿者的孙泽宇的一句"Welcome to China"（欢迎来到中国），让美国运动员泰莎热泪盈眶。来自河北地质大学的志愿者刘瑶在张家口赛区的班车站前为记者们指路，寒冷的天气让她的面罩上结了霜。一名美联社记者拍下了这一幕，并且写文章向坚守岗位的志愿者表达敬意。

在场馆的混合采访区，有专门负责语言翻译的志愿者，不管采访哪个国家（地区）的运动员，都不会遇到语言障碍；在一轮比赛结束后，志愿者会及时送来相关统计数据；如果想要采访外国记者，服务台的志愿者会帮忙寻找外国代表团新闻官的联系方式……

腾盛萍介绍，北京冬奥会共录用了1.8万余名赛会志愿者，其中北京赛区约占63%，延庆赛区约占12%，张家口赛区约占25%，35岁以下的青年占了94%。所有志愿者在正式上岗服务前都接受了比较系统的培训，包括通用培训、场馆培训和岗位培训等，冰雪运动等方面的知识也有专门培训。一些特殊岗位还有特殊要求，如一些语言类志愿者需要具备英语专业八级水平，医疗类志愿者要具备一定的医疗知识，雪上项目的志愿者要会滑雪等。

"当我看到'90后''00后'们能够扛起责任，成为服务支撑冬奥盛会的主力军时，我看到的是无比宏大的青年力量，我看到了国家和民族的未来！"一名高校负责人激动地说。

在各方努力下，志愿者的服务赢得了中外记者的肯定，得到了运动员和观众的表扬，也受到了国际奥委会主席巴赫的赞赏。北京冬奥组委新闻发言人严家蓉说，志愿者已经成为"双奥之城最好的名片"。

2. 争当社会主义核心价值观的践行者

劳模精神是对社会主义核心价值观的生动诠释。劳模精神与社会主义核心价值观在文化传承、道德提升、爱国情怀等方面具有一致性。劳模是遵循社会主义核心价值观的典范样本，是社会主义核心价值观的模范实践者、生动传播者和最有说服力的检验者。培育和践行社会主义核心价值观，贵在坚持知行合一、坚持行胜于言，在落细、落小、落实上下功夫。要注意把社会主义核心价值观日常化、具体化、形象化、生活化，使每个人都能感知它、领悟它，把它内化为精神追求，外化为实际行动，做到明大德、守公德、严私德。价值观不是一朝一夕就能形成的，它是一个精神生成的过程，需要持续努力与积累，也需要具备自主性和创造性。

新时代青年大学生要以劳模精神为榜样，主动自觉遵循并践行社会主义核心价值观。一方面，要把劳模精神融入专业学习、日常生活和社会实践中去，深刻领会社会主义核心价值观的要义，使社会主义核心价值观由枯燥的理论变为具象的实例，拉近与社会主义核心价值观的距离，在潜移默化中自觉践行社会主义核心价值观。另一方面，要主动在各个地方、各种场合传播劳模事迹、劳模精神，宣传正能量，使劳模精神得到弘扬和辐射，使人们争当社会主义核心价值观的学习者、思考者、宣传者和践行者。

3. 争做堪当大任的时代新人

时代召唤使命，使命承载梦想，新时代正在呼唤能够担当民族复兴大任的时代新人。在中华民族伟大复兴中国梦的实践中，时代新人是新时代中国特色社会主义事业的建设者和接班人，是决胜全面建成小康社会时期的重要力量。青年大学生是接力新时代的主要力量，其顺利成长成才是中华民族兴旺发达的象征，其昂扬奋进的精神境界对提高整个社会价值体系的健康指数具有重要影响。

新时代大学生处在一个百舸争流、日新月异的时代，要想成为时代的先锋，就必须有胸怀时代、胸怀民族、胸怀使命的大格局，要自觉学习和弘扬新时代劳模精神，以劳模精神为精神向导和行动指南，努力提高综合素养和增强本领。要主动投身于时代潮流之中，呼应时代需要，以劳模精神激发出来的精神动力自觉克服狭隘的"小我"意识，以"大我"姿态为祖国和民族的前途命运着想，站在更高层次、从更广阔的视野进行思考，将"小我"融入"大我"之中，树立远大的抱负与理想，坚持知行合一，并在实践中学真知、悟真谛，丰富阅历、加强磨炼、增长本领，承担起新时代青年大学生的使命责任，为实现中华民族伟大复兴的中国梦而不懈奋斗，真正成为一个对自己负责、对国家和民族负责的人，成为一个合格的、堪当大任的时代新人。

我们今天拥有的一切无不凝聚着劳动者的聪明才智，浸透着劳动者的辛勤汗水，蕴含着劳动者的牺牲奉献。新时代大学生应以劳动模范为榜样，从中汲取力量，以拼搏赓续传统，以奋斗开创明天。

主题二 锻造劳动品质

劳动品质是劳动者在劳动过程中展现出的综合素质，体现了劳动者的精神风貌和职业素养。新时代大学生应该在日常学习生活中不断锤炼自己的劳动品质，专心致志，吃苦耐劳，诚实守信，团结协作，共同为实现中华民族伟大复兴的中国梦贡献自己的力量。

一、专心致志，坚守梦想

在劳动的道路上，要以坚定的信念和执着的毅力，不断磨砺自己的意志，提升劳动技能。每一滴汗水都铸就着未来的辉煌，每一次坚持都书写着梦想的力量。

（一）什么是专心致志

1. 专心致志是一心一意

"专心致志"是我们日常生活中经常使用的一个成语，意指做事要一心一意，集中精神，把心思和精力都投入某一项活动中。孟子曰："今夫弈之为数，小数也；不专心致志，则不得也。"意思是说，下棋虽然只是一种小技艺，但如果不专心致志地学习，也是学不会的。孟子随后举了个例子：弈秋是全国闻名的下棋能手，他同时教两个人下棋，其中一人专心致志，认真听讲，另一人却心有旁骛，一心想着天上可能会飞来天鹅，想着如何张弓搭箭将它射落。这两个人的学棋效果可想而知，一心多用的人肯定不如专心致志的人。劳动也和学棋一样，只有专心致志，才能开花结果。

2. 专心致志是一种长期坚守

专心致志不仅是短时的聚精会神，还是一种长期的坚守。我们都很熟悉愚公移山的故事，在面对质疑时，愚公回应："虽我之死，有子存焉。子又生孙，孙又生子，子又有

子，子又有孙；子子孙孙，无穷匮也；而山不加增，何苦而不平？"其表达的意思就是：只要专心致志，长期坚守心中的梦想，任何艰难险阻都不在话下。体力劳动如此，脑力劳动也是这样。《资本论》是一部无产阶级政治经济学的辉煌巨著，也是马克思主义的百科全书，更是研究资本主义社会经济形态的巅峰之作，它照亮了人类探索历史规律和寻求自身解放的道路，至今仍然具有重要的理论价值和实践指导意义。马克思撰写《资本论》历时近 40 年，耗费了毕生精力，直到他去世的时候都没有写完。人生有了志向，心中有了梦想，就要一心一意地长期坚守，为之奋斗。专心致志，方能成就大事，乃至创造伟业。

◎ 案例分享 　　　　　　　　**轧最好的钢，挑最重的担**

　　2008 年，材料工程专业毕业的荣彦明成为京唐热轧作业部的一名顶岗实习生，参与到了 2250 热轧生产线的建设之中。出于对知识匮乏的"本领恐慌"，荣彦明分秒必争，自学了 33 本技术书籍，熟记 2000 多个热轧专业单词，写下了十几本工作心得，练就了"眼、心、手"合一，"快、准、稳"的轧制基本功。一般人需 3 年才能独立操作，他仅用一年就成为一名优秀轧钢工，成了轧钢操作的"活词典"。

　　"只有不断挑战极限、追求极致，工作才更有意义。"这是荣彦明常挂在嘴边的一句话。高难度轧制的钢种生产，对工艺路线、设备精度、生产操作都是极大的考验。荣彦明凭借着对轧钢精湛技能的执着追求，不断攻坚克难，取得了一个又一个新突破：第一个轧制出高强度汽车用钢；第一个轧制出 SPA-H 极限规格集装箱板；第一个轧制出出口瑞士的高表面等级的汽车外板。

　　2018 年，世界首条多模式全连续铸轧生产线——MCCR 生产线项目落地。作为金牌轧钢工的荣彦明义无反顾地投身到建设之中。由于 MCCR 生产线为世界首例，许多解题方法需要突破性的思考，毫无经验可借鉴，调试过程异常艰辛。为了快速突破调试瓶颈，荣彦明与建设团队成员夜以继日扑在产线上。功夫不负有心人，快速变厚控制、动态窜辊、负荷分配等一系列外方专家都难以破解的技术难题被他们逐一攻克。经过他们的不懈努力，MCCR 产线仅用了两年时间便完成了达产目标。

　　十五年如一日，荣彦明一直专注岗位，与轧机生产线朝夕相伴，从"首钢技术能手""首钢劳动模范""北京市劳动模范"到"全国劳动模范""全国五一劳动奖章"……一个个沉甸甸的荣誉，组成了他职业生涯中的明亮轨迹。

（二）培养专心致志的劳动品质

1. 从价值层面培养

　　我们在学习和工作中，在体力劳动和脑力劳动的过程中，不能让专心致志成为一种被迫的、无奈的选择，而是要让专心致志成为我们内心深处的一种自然冲动。要诱发这种冲动，就需要我们树立正确的劳动价值观，通过学习和思考，真正认识到劳动改变人生、劳动改变世界、劳动创造美好生活、劳动托起中国梦的价值内涵，并发自内心地尊重劳动、热爱劳动、享受劳动，自发自愿地培养专心致志的劳动品质。

2. 从精神层面培养

在劳动过程中，人的精神发展与劳动是紧密联系、相互影响的。劳动创造的成果能够增强劳动者的满足感，提高劳动者的幸福指数。具有较高精神追求的劳动者一般具有更强的劳动能力和更高的劳动效率。作为新时代的劳动者，我们不应该只把劳动当作获取基本生存资源的工具，而应该将劳动视为自我实现的路径，培养自己专心致志的劳动品质，让自己的心灵在劳动中得到陶冶，让自己的精神在劳动中得到升华。

3. 从心理层面培养

无论是专业知识的学习、劳动技能的发展、劳动工具的使用，还是劳动场所的搭建，都需要劳动者从心理层面上培养一心一意、心无旁骛的劳动意志。人是一个有血有肉的社会存在，必然会受到周围环境的影响，在困难面前可能会退缩，在失败面前可能会气馁，在顺境之中可能会迷失，在诱惑面前可能会分心。因此，要做到专心致志，必须要有一种价值观的引领、一种精神的激励、一种心理的自我约束、一种习惯的长期养成。无数事实说明，我们只有全身心投入工作，专心致志，精益求精，不畏劳苦，百折不挠，才能摘得"最美"的劳动果实。

4. 从实践层面培养

有些人似乎生来就能专心致志，无论做什么事都能全身心投入，聚精会神地认真做好每件事，但大多数人专心致志的品质需要在后天的日常实践中培养。劳动是人类社会生存和发展的基础，是人维持自我生存和实现全面发展的重要途径。在马克思、恩格斯看来，劳动形成人的本质，劳动也是发生在人身上的教育。劳动教育具有修德、益智、健体和育美的功能。教育家苏霍姆林斯基认为，劳动教育是对年轻一代参加社会生产的实际训练，同时也是德育、智育和美育的重要因素。从这个意义上说，劳动具有教育功能，能够提升人的综合素养，锻造人的劳动品质。在学习、工作的过程中，我们要增强专心致志的意识，逐渐养成专心致志的习惯，淬炼专心致志的劳动品质。

二、吃苦耐劳，迎难而上

在劳动的征程中，要以坚韧的品格和不屈的精神，不断挑战自己的极限，锤炼自己的毅力。每一份艰辛都孕育着成功的希望，每一次挑战都彰显着勇者的风采。

（一）什么是吃苦耐劳

"吃苦耐劳"是我们耳熟能详的日常用语。在 5000 年的历史长河中，中华民族历经了无数的苦难与忧患，在这些大灾大难面前，英勇的中国人民不仅没有被吓倒，而且铸就了坚韧顽强、无坚不摧、吃苦耐劳的民族精神，战胜了艰难与困苦。作为一种优良品质，吃苦耐劳以历史积淀的方式为中华民族世代相传，并对中华民族在磨难中奋起发挥着巨大的作用。因此，吃苦耐劳关系着中华民族的伟大复兴，关系着国家的繁荣昌盛。

苏轼在《晁错论》中说："古之立大事者，不惟有超世之才，亦必有坚忍不拔之志。"一个人如果想有一番作为，首先需要能吃苦，即把自己可以支配的时间、精力都用于对自身能力、素质的提升，在这个过程中，需要付出汗水来解决遇到的艰难险阻，需要牺牲休闲娱乐的时间来提升自我；其次，需要能耐劳，主要体现在意志力层面，任何突破都需要前期不断积累，禁得住诱惑，面对困难和挫折时永不言弃。

随着时代的变迁，虽然吃苦耐劳的外在表现形式逐渐多样化，同时人类文明的不断进步也丰富着吃苦耐劳精神的内涵，但其内在的本质却是永恒不变的。

（二）培养吃苦耐劳的劳动品质

1. 端正劳动态度

我国正处在经济发展和社会转型的加速期，思想领域日趋多元化，各种思潮相互交锋，各种思想观念并存，复杂的社会处处充满诱惑，特别是随着经济一起迅速发展起来的互联网，深深地影响着当今社会的每一个人。很多大学生由于缺乏足够的劳动实践经历，产生了"怕苦、怕累、怕劳动""只想收获果实，不想付出汗水""只想出彩，不想出力"的错误思想。同时，部分大学生受西方错误思想观念的影响，出现了"拜金""享乐""泛娱乐化"等集体性"缺钙"状况，少部分人甚至妄想通过选秀、直播等博眼球的方式实现一夜"暴富"。这些错误思想如果得不到及时纠正，将会阻碍社会的发展和进步。劳动教育的及时提出，为破解此类难题提供了有效途径。劳动教育倡导通过诚实劳动创造美好生活、实现人生梦想，反对一切不劳而获、崇尚暴富、贪图享乐的投机思想。当代大学生应充分认识劳动的价值，深刻理解劳动的内涵，培养热爱劳动、尊重劳动者、珍惜劳动成果的意识，树立正确的劳动价值观和人生观。

2. 增强自立意识

目前，大多数大学生是独生子女，即使不是独生子女，家庭条件相对来说也比以前优越许多。很多学生从小到大都是父母的掌中宝，有些甚至过着饭来张口、衣来伸手的生活。进入大学或者社会之后，部分人不知道何去何从，不知道自己的目标是什么，盲目地随大流。培养吃苦耐劳的品质有利于增强自立意识，摆脱对父母的依赖，磨炼坚强意志。如果我们能够做到吃苦耐劳，就能从意识上正视自己存在的依赖性问题，通过吃苦的行动和耐劳的思想积极寻找解决问题的方法。每当成功解决一个问题，我们就会增加一点自信心和自豪感，从而远离由家庭或者其他因素营造的舒适圈，进而更加自立自强。

3. 树立理想信念

人是生活在社会中的，人的需要包括物质需要和精神需要两个方面。在物质需要得到满足的基础上，人们需要在精神层面有更高的追求。理想信念对当代人来讲是精神生活的内在需求，是人安身立命的精神寄托。战国时期，我国著名的思想家、哲学家孟子认为："富贵不能淫，贫贱不能移，威武不能屈，此之谓大丈夫。"对于大学生来说，如果没有理想信念，就会缺乏生活的目标和动力，不知道每天需要做些什么、为什么要做这些事情，脚下没有力量，手中没有力气。树立崇高的理想信念对培养吃苦耐劳的劳动品质具有重要意义。崇高的理想信念可以敦促大家以求真的态度脚踏实地学习、生活，在实现社会理想的奋斗过程中实现个人价值，在实现个人现实理想的过程中推进社会理想的实现。大学生应从自己做起，坚持建设社会主义的正确方向，崇尚文明、健康、进步的生活方式，在学习、工作、生活等方面以身作则，带动周围人，共同创建健康和谐的社会环境，在建设和谐社会过程中发挥积极的引领作用。

三、诚实守信，修身立德

在劳动实践中，要以诚信为本，以品德为魂，不断锤炼自己的道德情操，提升个人修养，用诚信赢得他人的尊重和信任。

（一）什么是诚实守信

通俗地讲，诚实守信就是待人处事要诚实、守信用。诚实守信是中华民族的传统美德。中华民族的诚信之风质朴醇厚，早已融入我们民族的文化之中，成为文化基因中不可或缺的重要一环。随着时代的发展变化，诚实守信也不断被赋予新的时代精神。在当今社会，它更应该成为我们的一种生活态度，一种处世的基本原则。

诚实守信是立身之本。诚信是赢得信任、获得友谊、创造财富、融入社会、走向未来的通行证。孔子说"言必信，行必果"，这里的"信"即诚信，表明了人要守信用，在社会中才有立足之地。诚实守信是人与人之间建立纯真友谊以及和谐关系的基础。相反，对于不讲诚信，孔子道"人而无信，不知其可也"，说明一个人没有诚信，就会失去立足之本，失去发展的空间，失去坚强有力的支持。

诚实守信是立国之本。诚信是赢得尊严、树立礼仪之邦风范、立国强国之根本。中国自古就有"民惟邦本，本固邦宁""得民心者得天下，失民心者失天下"等明训。如果一个国家诚信从政，为政清廉，取信于民，则政通人和。反之，如果一个国家弄虚作假，言而无信，这个国家将无定时，人民将无宁日。中国古代有商鞅立木建信的佳话美谈，也有因不讲信誉烽火戏诸侯而自食其果的周幽王。

（二）培养诚实守信的劳动品质

1. 端正诚实守信的劳动态度

诚实守信要求对人做事都要诚恳实在，实事求是，而不是弄虚作假，见利忘义。它既是一个人安身立命、为人处世应遵循的基本准则，也是做人的一项基本道德准则。大学生应端正态度，做一个诚实守信的劳动者。

2. 树立诚实守信的劳动意识

在新时代，我们更要强调诚实守信的劳动意识，将"诚信"二字内化于心、外化于行。要将诚实劳动视为道德义务。诚实劳动可以是对社会、对他人的期望，但首先应该是对自己的要求。树立诚实守信的劳动意识要从每个人做起。一个有责任感的公民，应当身体力行，用自身的诚实劳动去影响周围的人。社会由个体组成，如果每个人都坚持以诚信要求自己，那么社会就会成为一个诚信的社会。

3. 贯彻诚实守信的劳动信念

我们要在全社会树立诚信光荣、失信可耻的社会风气和强有力的舆论氛围。在日常生活中，言必信，行必果，已诺必诚，"小信成则大信立"，我们必须从大处着眼，从小处入手，从日常生活抓起，有意识地以诚实守信的态度去劳动、实践。

四、团结协作，共享愿景

团结协作，共享愿景，是铸就劳动品质的核心。在劳动的过程中，要以协作的精神和共同的追求凝聚团队的力量，携手共创美好未来。

（一）什么是团结协作

1. 劳动分工与协作

现代社会的劳动分工日益细化，有分工，就有协作，分工越细，就越需要加强协作。

劳动分工和协作是不可分割的整体，是人类创造财富的基本运作方式。

劳动协作是指劳动者或劳动群体为达到共同的目标，彼此相互配合的一种联合行动。马克思在《资本论》中指出，许多人在同一生产过程中，或在不同的但互相联系的生产过程中，有计划地一起协同劳动，这种劳动形式称为协作。

2. 团结协作的内涵

团结协作是指在明确共同的劳动目标和劳动任务的基础上，人们相互支持与配合，积极主动协同做好各项分工任务。团结协作的内涵包括两点：一是要有统一的目标；二是要有科学的规划、合理的分工。团结协作不仅意味着要凝聚力量，还意味着要有合理的分工和周密的配合。心不在一处，即使汇聚在一起，也只是乌合之众；只有心往一处想，劲往一处使，才能发挥团结协作的力量。

拥有共同的目标是团结协作的起点，也是核心。在共享经济和大规模集成作业的模式下，团结协作具有现实意义。团结协作首先需要有明确统一的劳动目标，没有目标的协作就像一盘散沙，无法形成合力。

科学规划、合理分工是团结协作发挥力量的关键。随着社会进程的加快，行业分工趋于精细，单打独斗已经不能适应当前社会发展的要求，团结协作显得尤为重要。"没有人是一座孤岛，每个人都是大陆的一片，整体的一部分"，在整体规划下，多个主体按照统一标准分工，才能在有序的"轨道"上行驶，实现不同工作任务的有效对接，团队协作才能发挥出真正的聚合效应。

（二）培养团结协作的劳动品质

1. 培养集体荣誉感

集体荣誉感体现为对集体的热爱、对身边人的关心，是一种积极的心理品质，是激发人们奋发上进的精神力量。集体荣誉感也是一种约束力，它能使人感到不为集体争光或做了有损集体荣誉的事是一种耻辱，产生一种自谴自责的内疚感，从而使人们为维护集体的荣誉和利益而服从集体的决定，克服自身的缺点。

2. 积极参与集体活动

集体活动可以使参与者相互了解，增进彼此的情谊，使参与者团结协作的意识和能力得到加强。首先，集体活动能够强化参与者的平等意识、宽容意识、团队意识、协作意识和自我发展意识；其次，集体活动，尤其是户外活动，能提高参与者的社会适应能力和决策力，锻炼参与者的领导力；最后，在集体活动中，为了一个共同的目标和任务，每一个参与者会主动找准自己的位置，自觉进行分工和协作，在遇到各式各样的问题时及时、正确地做出决定。

3. 学会信任

互相信任是团结协作的基石。如果团队成员之间不能信任彼此，团队内部就容易产生冲突。研究人员发现，真正对一个团队的成功起到关键作用的，不是团队里有谁，而是团队成员之间的合作方式。一个优秀的团队的基石是信任。团队建设过程中，第一个且最为重要的步骤就是建立信任。在团队成员之间建立信任并非易事。首先，要学会倾听，要尊重每一个人的想法和感受；其次，信任源于真实，要学会表达自己真实的想法，展示真实的自我，坚持言行一致；再次，要保持谦虚，懂得适当地宽容他人，坦率地提出问题、解决问题；最后，要学会分享，尽量保持信息公开透明。

• 拓展活动 ◦◦◦◦◦◦◦◦◦◦◦◦◦◦◦◦◦◦◦◦◦◦◦◦◦◦◦◦◦◦◦◦◦◦◦◦◦

活动主题：寻找身边的劳动模范、最美工匠。

活动形式：实地走访、线上采访、劳动实践。

活动要求：

1. 学生以 5～7 人为一组，以小组为单位参加活动。

2. 各小组自行设计活动方案，撰写活动策划书和访谈提纲。

3. 小组内成员自由分工，但每位成员的劳动付出均要有所体现。

4. 每个小组选择一位劳动模范或者优秀工匠，通过访谈、参观劳动场景等方式，对其典型事迹进行记录、整理并汇报展示，汇报的具体形式自选。

5. 每名学生反思劳动经历和收获，以小组为单位在课堂上汇报、分享、交流活动过程和心得体会。

• 书影同行 ◦◦◦◦◦◦◦◦◦◦◦◦◦◦◦◦◦◦◦◦◦◦◦◦◦◦◦◦◦◦◦◦◦◦◦◦◦

1. 纪录片：《大国工匠》《我在故宫修文物》

2. 电影：《袁隆平》《铁人》《黄大年》

3. 书籍：

（1）中国共产党百色市委员会宣传部：《黄文秀扶贫日记》，广西科学科技出版社

（2）申赋渔：《匠人》，北京十月文艺出版社

（3）葛亮：《瓦猫》，人民文学出版社

模块三 劳动知识与劳动技能

通过理论学习和实践锻炼，巩固马克思主义劳动观，丰富劳动科学知识，大学生可养成良好的劳动习惯，提高创新创业的意识和能力。高校大学生劳动教育的核心体现在"育"上，重在强调内化于心、外化于行的价值观的培养，帮助大学生养成积极的价值观念，塑造完善的道德品格，引导他们学习劳动科学知识，练就过硬的本领，坚定理想信念，激发劳动意识的内生动力，不断累积经验，提升解决问题的实践能力。

知识拓展

安全生产法

模块导读

当我们谈论劳动时，我们在谈论什么？ 2020 年 3 月，中共中央、国务院印发了《关于全面加强新时代大中小学劳动教育的意见》。"劳动教育"一词成为全社会热烈讨论的话题。不少人认为所谓劳动教育就是社会实践活动课，即春游、秋游和参观等；还有许多人认为劳动技术仅仅就是信息技术。面对这样的看法，我们需要尽快更新观念。新时代的"劳动"被赋予了新的价值和内涵。新时代的劳动者们更多开始关注自我在劳动中的舒适感和个人成长，这也成为他们多元个性的体现，以及梦想和个人价值的寄托。

劳动技能的培养是一个系统性的过程，其中包括多个环节，而学习劳动知识就是这个过程的起点。劳动者的知识和才能积累越多，创造能力就会越强。劳动者通过努力工作，可以实现自己在工作经验、意志、力量、思维方法、行为风格和决策能力等诸多心理和技能方面的全面优化和提升，更好地调整心态，形成不断完善自我的动力和热情，在面对劳动过程中的挑战和困难时，才能够保持积极向上的心态，构筑健康人格。

　　身处物质条件丰富、人工智能飞速发展、社会服务便捷的时代，我们究竟希望通过劳动教育获得什么呢？仅仅是学会洗衣、做饭、打扫卫生这些生活技能吗？也许，我们更期待的是能够从劳动中感受到自己拥有创造美好生活的能力。

学习目标

　　1. 理解劳动心理学的含义，树立健康、积极的劳动心态。
　　2. 明确劳动安全的内涵，掌握劳动防护知识，提升劳动安全意识。
　　3. 了解劳动职业分类，职业资格以及劳动技能的分类，培育劳动素养。
　　4. 明晰大学生劳动技能的提升路径，增强个人综合素质。

素养目标

　　1. 通过学习劳动知识逐步形成适应个人终身发展和社会发展需要的正确价值观，提升人文和科学素养。
　　2. 在掌握劳动技能的同时增强创新意识，培养善于发现问题、分析问题、解决问题的能力，进一步塑造良好的习惯和品格。

思维导图

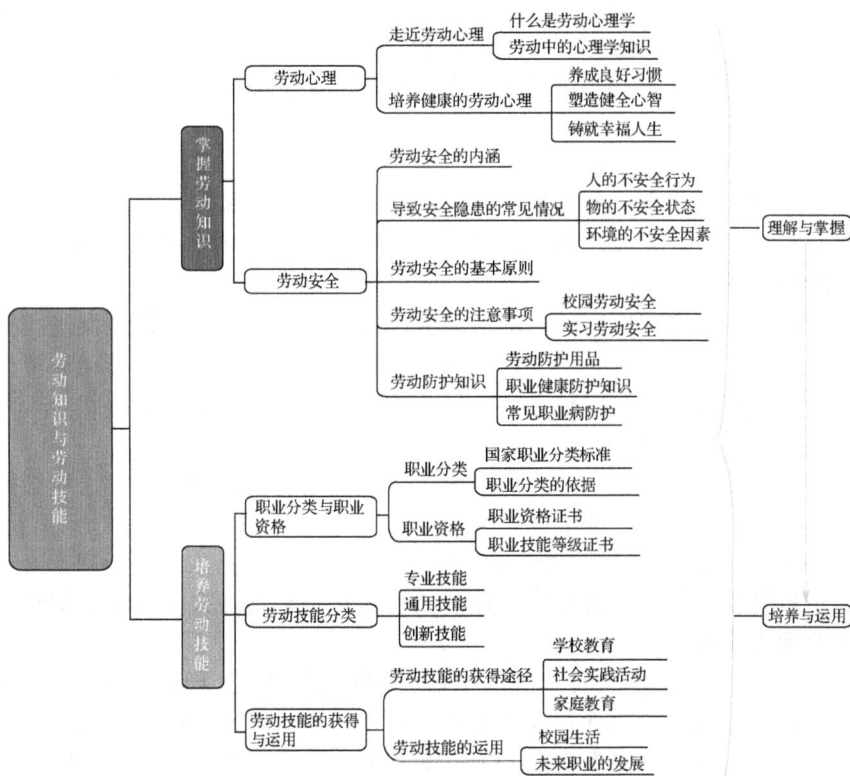

主题一   掌握劳动知识

劳动者在生产劳动过程中，因为生产环境、条件、方式以及人际关系等诸多因素的不同，心理状态和心理活动或多或少都会发生一些变化，这些变化对人们的生产活动以及健康都会产生影响。提高劳动者的心理素养，激发劳动者的劳动热情，保障劳动者的身心健康，最大限度地提高劳动效率是劳动心理范畴应该关注的几个重要方面。

一、劳动心理

（一）走近劳动心理

在现代社会，科学技术是第一生产力，劳动不再只是机械的、体力的劳动，而是一种创造性的实践。劳动中包含了更多的认知成分和心理成分，需要劳动者随时对自身的行为进行监控、调节、评价和优化，获取正确的自我意识，进而自我发现、自我更新，以便进行更好的自我完善。

1. 什么是劳动心理学

劳动心理学是研究人在劳动过程中的心理活动的特点和规律的学科，它是应用心理学的一个分支，研究的是在劳动过程中人的心理活动和行为规律，并应用这些规律来解决劳动过程中的实际问题，致力于将心理学的成果和理论应用到劳动实践中去。劳动心理学来自劳动实践的过程，既是一门科学，又是一种实践活动。其目的在于调动劳动个体和组织的生产积极性，发挥劳动个体的才能，促进劳动个体之间关系协调融洽，提高劳动中个体和组织的生产效益，保持劳动者的身心健康，实现劳动个体和组织的可持续性发展。

劳动心理学也研究劳动环境，如色调、照明、音响、温度等因素与劳动者工作效率的关系。劳动心理学还研究如何根据不同的工种，合理地安排工作时间和休息时间，使劳动者既能充分发挥劳动积极性和创造性、提高工作效率，又能得到充分的休息。

2. 劳动中的心理学知识

将心理学的知识和原理应用到劳动活动和实际工作中，可以更好地促进我们理解自己和他人，保持良好的心理状态，以积极的心态培养劳动技能，改善劳动环境，发挥最大的生产力，从而提高工作效率和生活质量，实现个人和社会的和谐发展。

（1）影响劳动的心理因素

劳动者的心理因素包括很多方面，这里主要对劳动者的认知、人格、情绪的个体差异对劳动效果产生的影响进行简单的介绍。

① 认知。认知是指人们获得知识或应用知识的过程，它是人由表及里、由现象到本质地反映客观事物特征与内在联系的心理活动。认知过程是由人的感觉、知觉、记忆、思维等认知要素组成的。

• 感觉是人们对客观事物的个别属性（比如物体的颜色、形状、声音等）进行直接反映的过程。感觉分为外部感觉和内部感觉。每个人的感受性和感觉阈限并不相同，影响劳动者的感觉阈限的因素很多。在生理方面，遗传和疾病都会影响正常的生理功能，比如先天性近视的人视觉阈限较高，人们患感冒时嗅觉阈限也会升高。在心理方面，劳动者的情绪、责任心、兴趣以及生活中的重大事件等都会对感觉阈限产生不同程度的影响。在工作环境和工作条件方面，长时间、负荷轻的工作容易使劳动者感觉阈限升高，例如长途运输车司机、仪表监工员等，由于长时间受到单调的环境刺激，很容易使感觉产生适应现象而升高感觉阈限。

- 知觉是大脑对不同感觉信息进行综合加工的结果，对于人类的生理需求有着深刻的影响。例如，荧光亮度会对人类产生直接的影响，太亮的光线会刺激人类的视觉系统，导致视觉疲劳。知觉还可能影响人类的心理状态。以声音为例，研究表明，高分贝的声音可以导致人类出现疲劳、焦虑和烦躁等不适情绪，而悠扬的音乐则可以让人感到放松和宁静。此外，人们对于同一件事物的感知，也可能因为背景、信息量的不同而产生不同的感受。例如，人们对于同一种食物，如果能看到食物的制作过程可能会更愿意品尝它。知觉还具有社会交往方面的影响。以表情为例，人们的面部表情通常可以传达出自己的情绪和心理状态，从而影响其他人的行为和反应。

- 记忆是在头脑中积累和保存个体经验的心理过程。根据分类标准的不同，记忆可以分为不同的类型。如触景生情、经验教训等都是情绪记忆；开车、游泳都是运动记忆，这些记忆是技能、技巧、技术和习惯动作形成的基础。记忆是劳动顺利进行的必要条件，很多人正是因为在自己的职业领域内具备超强的记忆力，才取得了出色的成绩。

- 思维是人类认识活动中最高级的心理过程，主要表现在概念形成和问题解决活动中。积极的思维方式是指以积极的心态看待工作中的各种挑战和困难，从中寻找机会和解决方案，这可以激发个人的创造性和创新能力，提高工作效率和质量。消极的思维方式则容易导致个人工作表现不佳，常常将问题看作无法解决的难题，或者试图将责任推卸给其他人。这样的想法和行为会导致个人失去工作动力，影响工作效率和质量。除此之外，还有一种被称为成长型思维方式的心态。成长型思维方式强调不断学习和提升自己的能力，相信通过努力和经验可以取得进步。这种思维方式可以激发个人的学习兴趣和热情，帮助他们适应快速变化的工作环境。

这些认知要素是影响劳动的重要心理条件之一。劳动心理学的研究表明，人的认知因素直接影响人对工作的物理环境、社会环境的认知和理解，并由此影响人的心理状态和行为，从而影响劳动效率。当劳动者对工作环境和条件、劳动任务和过程有深刻的认识时，可以调动其自身的积极性和创造性，避免盲目性劳动，从而提高劳动效率。

② 人格。在劳动生产的过程中，我们常常会发现有的人聪明伶俐，有的人愚蠢笨拙，有的人谦虚谨慎，有的人骄傲自大，有的人勇敢坚强，有的人胆小怯懦。这些都是劳动者人格的差异。一直以来，心理学家们都在探讨人格，并形成了众多的人格理论，例如精神分析的人格理论、人格特质理论、大五人格理论、生物学的人格理论、行为主义的人格理论、人本主义的人格理论、社会认知的人格理论等。

我们的日常生活中流行着各种各样的人格或性格测试，有些只属于趣味测试，很大程度上仅是"娱乐"性质的，其结果并不具有真正的参考意义；而有些则属于专业测试，不仅测试本身经过了严格的信效度检验，而且其结果也具有较高的参考性，甚至在临床上也有很大的指导意义，例如明尼苏达多项人格测验（MMPI）、卡特尔 16 种人格因素问卷（16PF）、艾森克人格测试（EPQ）等。人格测试是个体通过对测试内多个描述性问题的回答来了解自身人格的特质或倾向。虽然测试只反映我们对自身的看法，但测评结果却能为我们的性格特质提供独特的解读视角。人的思想和行为非常复杂，希望通过一次测试或一种测试就把人格都了解清楚是非常不现实的想法，人格特质只是对思想和行为广泛模式的概括。在招聘工作中，可以通过人格测验了解应聘者人格的某一方面，再结合其他指标来考虑其适合担任哪些工作。

人格是一个复杂的结构系统，包含很多成分，这里主要介绍其中的两个部分：气质和性格。

- 气质受神经系统活动过程的特性制约，是个人心理活动的稳定的动力特征，即一般所说的一个人的性情、脾气或秉性。人的气质差异是先天形成的。气质类型通常分为多血质、胆汁质、黏液质、抑郁质 4 种，各自的特点如表 3-1 所示。气质使劳动者的心理活动形成了个人独特的个性，并具有极大的稳定性。与其他心理特征相比，气质的变化要缓慢得多，但在环境的作用下也可以发生变化。一般来说，劳动者文化程度越高，社会经验越丰富，地位与责任越重要，改变或调节自己气质的能力也越强。

表 3-1　气质类型特点

气质类型	特点
多血质	活泼，敏感，好动，反应迅速，喜欢与人交往，注意力容易转移，兴趣容易变换
胆汁质	直率，热情，精力旺盛，易于冲动，心境变换剧烈
黏液质	安静，稳重，反应缓慢，沉默寡言，情绪不易外露，注意力稳定且难以转移，善于忍耐
抑郁质	孤僻，行动迟缓，体验深刻，多愁善感，善于觉察别人不易觉察到的细小事物

气质对劳动者从事的工作和行为有一定的影响。每一种气质类型都有其优点和缺点，不能片面地认为某一种气质类型是好的，某一种气质类型是坏的。比如，在进行一项任务的时候，多血质的人可能完成得很快速，但可能完成得很粗糙；抑郁质的人可能完成得比较慢，但完成得很细致。任何一种气质类型都不能单纯地决定人的劳动成就的高低。在劳动中，应尽量使劳动者的气质与其所从事的工作相适应，使劳动者的气质特征符合职业的要求。

- 性格是一个人内在的、相对稳定的、长期存在的心理特征和行为模式。性格是人在社会文化环境中形成的心理特点，反映了人的社会性的一面，是后天的产物，对个体的发展和适应具有一定的启发和引导作用。由于性格结构的复杂性和丰富性，至今还没有一种能包罗万象的分类标准。心理学家们以各自的标准和原则对性格类型进行了分类，例如职业心理学的专家认为，不同的职业有不同的性格要求。以瑞士心理学家卡尔·荣格（Carl Jung）的心理类型理论为基础制定的迈尔斯-布里格斯类型指标（Myers-Briggs Type Indicator，MBTI）在职业性格探索方面的应用最为广泛。该指标根据 4 个维度将人的性格分为 16 种类型（见表 3-2）。每种类型都由 4 个字母标识，这些字母对应着 MBTI 的四维。

能量倾向维度：外倾（E），内倾（I）。

获取信息方式：感觉（S），直觉（N）。

处理信息方式：思考（T），情感（F）。

采取行动方式：判断（J），知觉（P）。

表 3-2　MBTI 16 种性格类型及其通常具有的特征

ISTJ	ISFJ	INFJ	INTJ
沉静，认真；做事贯彻始终，得人信赖而取得成功。讲求实际，注重事实，能够合情合理地去判定应做的事情，而且坚定不移地把它完成，不会因外界事物而分散精力。在工作上，做事有次序，有条理为乐；在家庭上或生活上，重视传统和忠诚	沉静，友善，有责任感和谨慎。能坚定不移地承担责任。做事贯彻始终，不辞辛劳和准确无误。忠诚，替人着想；细心，往往记着他所重视的人的种种微小事情。关心他人的感受，努力创造一个有秩序、和谐的工作和家庭环境	探索意念、人际关系和物质拥有的意义和它们之间的关系。希望了解什么可以激发人们的推动力，对他人有洞察力。尽责，能够履行他坚持的价值观念。有清晰的理念以谋取大众的最佳利益。能够有条理地、果断地去实践自己的理念	具有创意的头脑，有很大的冲劲去实践他们的理念和达到目标。能够很快地掌握事情发展的规律，从而想出长远的发展方向。一旦承诺，便会有条理地开展工作，直到完成为止。有怀疑精神，独立自主；无论为自己还是为他人，有高水准的工作表现
ISTP	**ISFP**	**INFP**	**INTP**
容忍、有弹性；是冷静的观察者，但一旦有问题出现，便迅速行动，找出可行的解决方法。能够分析哪些东西可以使事情顺利进行，也能够从大量资料中找出实际问题的核心。很重视事情的前因后果，能够以理性的原则把事实组织起来，重视效率	沉静、友善，敏感和仁慈。欣赏目前和他们周围所发生的事情。喜欢有自己的空间，做事能把握自己的时间。忠于自己所重视的人。不喜欢争论和冲突，不会强迫别人接受自己的意见或价值观	理想主义者，忠于自己的价值观及自己重视的人。外在的生活和内在价值观配合。有好奇心，很快看到事情的可能与否，能够加速对理念的实践。试图了解他人、协助他人发展潜能。适应力强，有弹性，如果和他们的价值观没有抵触，往往能包容他人	对任何感兴趣的事物，都要探索一个合理的解释。喜欢理论和抽象的事情，喜欢理念思维多于社交活动。沉静、满足，有弹性，适应能力强。在他们感兴趣的范围内，有非凡的能力去专注而深入地解决问题。有怀疑精神，有时喜欢批评，常常善于分析
ESTP	**ESFP**	**ENFP**	**ENTP**
有弹性，容忍；讲求实际，专注即时的效益，对理论和概念上的解释感到不耐烦，希望以积极的行动去解决问题。专注于"此时此地"，喜欢主动与他人交往。喜欢物质享受的生活方式。能够通过时间达到最佳的学习效果	外向，友善，包容。热爱生命，热爱人，喜爱物质享受。喜欢与他人共事。在工作上，讲究常识和实用性、专注现实的情况，使工作富有趣味性、灵活性、即兴性，易接受新朋友和适应新环境。与他人一起学习新技能可以达到最佳的学习效果	热情而热心，富于想象力。认为生活充满很多可能性。能够很快地找出事情和资料之间的关联性，而且有信心依照自己所看到的模式去做。很需要他人的肯定，又乐于欣赏和支持他人。即兴而富于弹性，时常信赖自己的临场表现和流畅的语言能力	思维敏捷，机灵，能激励他人，警觉性高，勇于发言。能随机应变地去应付新的和富于挑战性的问题，善于引出在概念上可能发生的问题，然后很有策略地加以分析。善于洞察他人。对日常例行事务感到厌倦。甚少以相同的方法处理同一事情，能够灵活地处理接二连三的新事物

续表

ESTJ	ESFJ	ENFJ	ENTJ
讲求实际，注重现实，注重事实。果断，很快做出实际可行的决定。能够安排计划和组织人员以完成工作，尽可能以效率最大的方法达到目的。能够注意日常例行工作的细节。有一套清晰的逻辑标准，会很系统地跟着去做，希望他人也跟着做。会以强硬的态度去执行计划	有爱心、尽责、合作。渴望和谐的环境，而且有决心营造这样的环境。喜欢与他人共事以准确、准时地完成工作。忠诚，即使在很细微的事情上也如此。能够注意到他人在日常生活中的需要并竭尽全力帮助他人。渴望他人赞赏自己和欣赏自己所做的贡献	温情，有同情心，反应敏捷，有责任感。高度关注他人的情绪、需要和动机。能够看到每个人的潜质，帮助他人发挥自己的潜能。能够积极地协助他人和组织成长。忠诚，对赞美和批评都作出很快的回应。社交活跃，在一组人当中能够惠及别人，有启发人的领导才能	坦率、果断、乐于做领导者。很容易看到不合逻辑和缺乏效率的程序和政策，从而开展和实施一个能够全面顾及的制度去解决组织上的问题。喜欢有长远的计划，喜欢有一套制定的目标。往往是博学多闻的，喜欢追求知识，又能把知识传递给他人。能够有力地提出自己的主张

　　性格对劳动活动有着重要影响，表现了劳动者对现实的态度，并体现在他们的行为举止中。了解劳动者的职业性格有助于使劳动者的行为向对劳动职业活动有利的方向发展，有助于创设适宜的劳动职业环境，有利于劳动者最大限度地发挥其能力。

　　③ 情绪。在人们的心理活动中，情绪占有极其重要的地位。情绪对于人们的劳动效率、行为动机和身心健康都有很大的影响。依据情绪发生的强度、持续性和紧张度，可以把情绪状态分为心境、激情和应激。

　　● 心境是一种微弱但可以持久影响人的整个心理活动的情绪状态，即平时所说的心情。若心境良好，则心情愉快，对一切都感到很美好，即使出现不尽如人意的地方也毫不在乎。反之，若心境不好，则心情不愉快，一切都会令人感到厌烦。心境对于劳动者的工作、学习、生活都有很大的影响。良好的心境会使劳动者头脑清晰、感知良好、反应敏捷、工作效率和行为安全性提高。不好的心境则会使劳动者萎靡不振、感知和思维麻木，从而降低工作效率及行为的安全性。

　　● 激情是一种猛烈的、短暂的、爆发式的情绪，是一种心理能量的宣泄。从一个较长的时段来看，激情对人的身心健康的平衡有益，但过激的情绪也会使当时的失衡产生可能的危险。良好的激情与理智、坚强意志相联系，能激励人们克服艰险、攻克难关，是人类行为的巨大动力。处在过激状态下的劳动者，往往感知能力受阻，认识范围狭窄，理智分析能力受到抑制，自制能力下降，不能正确评价自己的行为后果，常常会做出一些有失理智或有碍安全的事情。

　　● 应激是在出乎意料的紧迫与危险情况下引起高度紧张的情绪状态。在劳动生产中，突然出现的险情迫使劳动者必须马上采取对策做出反应，这时的情绪就处于应激状态。不同心理素质的人对待突发事件的反应是不同的，表现出不同的应激水平。有的人在突发事件的刺激下，感知水平和活动水平会突然下降，表现得惊慌失措、呆若木鸡、不知所措，或是乱中出错。而有些人在突发事件的刺激下却能迅速调动全身的力量处于备战状态，使感知能力和活动能力达到最佳水平，头脑变得格外清晰，冷静沉着、思维敏捷，甚至能急中生智。

知识链接　　　　　　　　情绪与工作效率

　　劳动者在劳动过程中常常会出现各种各样的情绪。那么是否情绪激活水平越高，情绪越高昂，劳动效率越高呢？心理学家赫布（Hebb）通过研究总结了情绪激活水平与操作效率之间的关系曲线（见图 3-1）：当情绪激活水平很低时，操作效率极低或等于零；当情绪逐渐被激活时，操作效率随之逐渐提高；当情绪激活到最佳水平时，操作效率也达到最高水平；情绪激活水平继续提高，情绪开始受到干扰，操作效率开始下降，直至过渡到情绪紧张状态，操作效率降至极低水平或等于零。情绪激活水平与操作效率之间呈现出倒"U"字形关系。

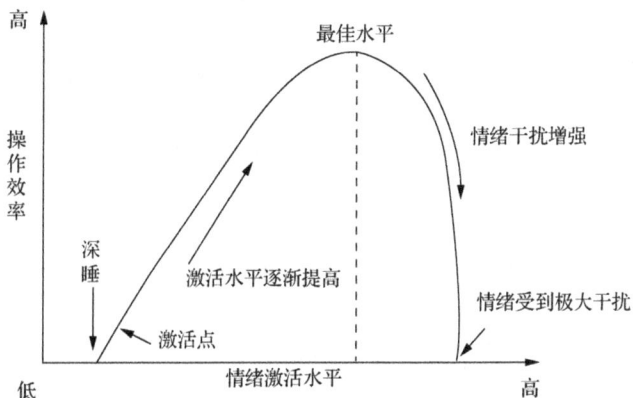

图 3-1　赫布曲线

　　除上述一般趋势外，情绪与工作效率的关系还有以下几种情况。

　　平时情绪稳定、不易激动者的工作效率比情绪不稳定、容易激动者要高。

　　平时情绪稳定者，可因心理压力而提高工作效率；平时情绪不稳定者，受心理压力增大的影响，其工作效率会降低。

　　在心理压力与工作绩效的关系中，自我意识状态在一些场合也会产生影响。这里的"自我意识状态"是指当事人过分注意他人的期望和个人的成败荣辱。

　　情绪对劳动效率的影响取决于劳动的难易程度和情绪的高低这两个因素。劳动越简单，劳动效率越不容易受到情绪的影响；劳动越复杂，情绪越影响劳动效率。适当的情绪水平会维持一个人对某一劳动的兴趣和警觉，情绪水平太高或太低，都会对劳动产生消极影响。稳定的情绪是保证人们正常劳动和活动的重要因素之一。劳动者无论从事体力劳动还是脑力劳动，都需要有一个适当的情绪激活状态，这样才能顺利地完成劳动任务。

话题互动　　　　　　　　不被"看见"的劳动

　　除了我们熟知的脑力劳动、体力劳动，还有一种劳动同样让我们艰辛地付出却通常没有引起我们的足够重视，它就是情绪劳动。我们都有过这样的感受：再苦再累都不怕，就怕心累！可见情绪劳动对人的消耗和影响是比较大的。

"情绪劳动"（Emotional Labor）的概念，最早是在 1983 年由美国社会学家阿莉·R. 霍克希尔德（Arlie Russell Hochschild）提出的："为了让自己维持恰当的精神状态，必须诱导或抑制情感。"无论任何工作都可能需要进行情绪劳动，不同行业、不同岗位的员工，为了实现工作目标，需要付出不同类型的情绪劳动。例如医生应该理性冷静，服务人员应该体贴周到，护士应该关心有爱，心理咨询师应该理解共情。不同类型的工作需要我们表现出某些情绪特质，同时要抑制我们内心的某些情绪感受。社会学家把情绪劳动分解成两个维度：你的真实心情如何，这叫情绪感受；你表现出来的情绪是怎样的，这叫情绪表达。一个人的情绪表达和情绪感受的差别越大，进行情绪劳动的工作量也越大。

讨论内容：积极心理学认为，情绪表面上是不可控的，但实际上它是我们的主观选择，是我们把现有的结果合理化了。根据这个观点，请你来谈一谈对情绪劳动的理解和看法。当情绪感受很糟糕时，我们可以通过什么办法来缓解呢？

（2）劳动对个人心理发展的促进

劳动在促进个人心理发展中包含体验自我价值感，建立人际互动和调节情绪状态三个方面。

① 体验自我价值感。劳动本身就是有价值的，它不仅创造和生产了对我们有价值的事物，也让我们本身的价值得到展现。在劳动过程中，身体与大脑的活动会刺激我们的身心，丰富我们的思维，容易让我们去思考对自身而言真正且更加有意义的事情。通过劳动，我们能够挖掘自己的潜力，释放自己的能力，体验到自我价值感。心理学家阿尔弗雷德·阿德勒（Alfred Adler）认为，自卑的体验人人都有，人生就是一个主动抵御自卑的过程，而劳动却提供了不断努力、挖掘自己潜力的渠道和途径。追求卓越的劳动成果能够抵消自卑带给我们的负面体验，并让我们体验自我价值感。劳动可以培养人的自驱力与独立性，提高个人的抗压能力，使人形成强大的自我约束能力，甚至树立起自己的理想目标。正因为劳动，我们得以追求更高远的人生境界，从而使我们的精神世界变得更加丰富多彩。通过劳动，我们可以更好地认识自己，塑造美好的人格，追求心灵的升华。

💬 话题互动   **德西效应：挖掘真正的内驱力**

心理学家爱德华·德西（Edward Deci）在 1971 年做了一个实验：他让大学生做被试者，在实验室里解有趣的智力难题。实验分为三个阶段。第一阶段，抽调的全部学生在解题后都没有奖励。第二阶段，将学生分为两组，一组为奖励组，所有实验组的学生每解出一道难题后，就得到 1 美元的奖励；另一组为无奖励组，学生仍像原来那样解题却没有奖励。第三阶段，在每个学生想做什么就做什么的自由休息时间，研究人员观察学生是否仍在解题，以此判断学生对解题的兴趣。

结果发现，无奖励组的学生比奖励组的学生花更多的休息时间去解题。这说明：奖励组的学生对解题的兴趣衰减得快，而无奖励组的学生在进入第三阶段后，仍对解题保持了较大的兴趣。

当一个人进行一项愉快的活动时，给他提供外在奖励结果反而会降低这项活动对他内在的吸引力，这就是所谓的"德西效应"。

"德西效应"产生的一个重要原因就是外在报酬和内在报酬的不兼容。当人们因为兴趣、爱好或者成就感等内在报酬而努力时，他们相信这件事纯粹是为自己而做的，最大的价值是取悦自己；而当人们获得物质奖励等外在报酬的时候，心态就发生了变化，会变得患得患失，唯恐自己的努力配不上奖励，或者觉得奖励配不上自己的努力。另外，这种内部动机还会因物质奖励的不断强化逐渐从取悦自己转换为取悦他人（报酬的给予者），最终从"内驱"变为"他驱"，最终兴趣和动机也会自然而然地跟着消失。因此，要特别注意正确使用奖励而不能滥用奖励，要避免"德西效应"。

讨论内容：鼓励和促使人们进步的方法有很多，提供机会让其充分发挥才能和体现自身价值远比一味表扬更有效果。请你说一说激发内部动机的好方法还有哪些。

② 建立人际互动。在劳动过程中，我们通过做事、工作与外界产生关联，增强与现实世界的连接，同时也在做事的过程中不断提升自身的能力。劳动通常需要与他人合作，不可避免会涉及各种各样的人际交流，这有助于培养我们沟通、协作和解决问题的能力。在交互活动中，人们可以增加对彼此的了解，建立良好的人际关系，满足在归属感和亲密感方面的需求。在劳动过程中，人们可以通过团队合作的方式发现团队成员身上的优势，互补互助，把优势整合起来，高效地完成任务，使团队协作产生的强大而持久的力量，带领团队向更美好的方向发展。

③ 调节情绪状态。劳动活动可以促进大脑分泌有助于获得好心情的情绪物质。通过不断的劳动可以改善情绪状态，促进情绪健康。劳动可以让我们从烦恼的事情转移到一些简单快乐的事情上去，也可以让我们宣泄不良情绪。人们通过劳动创造价值后，往往会收获一种喜悦感，这种喜悦感能缓解或者释放个人的压力。

💬 **话题互动**　　　　　　　　**作家的故事**

有一次，作家在经过街边一家服装店时，看到有位老先生躺在店门口的摇椅上悠哉地晒太阳。一问才知道，原来这个大大咧咧的"闲人"就是服装店老板，而店里忙进忙出的是他的老婆和两个女儿。作家很羡慕，说："老先生，您可真有福气。老婆、小孩都这么能干，您啥都不用做，可以在这儿晒着太阳享清福。"谁知，老先生听完，不以为意地摇摇头，神秘地说："你觉得我什么都没做？不对。其实我正在做一件最重要的工作。"作家惊讶地问："什么工作？"老先生神色一变，严肃地回答："我在承担风险。"

讨论内容：老先生的回答乍看只是玩笑，但是仔细想想，其实也有几分道理。别看是一家小小服装店，开在哪里，怎样装修，进什么货品，货品如何摆放，雇什么样的人，如何管理，稍微一想，就有无数让人头疼的细节。但在路人看来，老板却只是在晒太阳。请谈一谈你对这个故事的看法。这个故事对你有什么启发？

（二）培养健康的劳动心理

在现实生活中，我们需全面应对生活环境、人际关系以及社会发展等多方面的挑战，需要不断提升自身的适应能力。与此同时，我们还要保持情绪适中，反应适度，做到认知、情感、行为等适合年龄特征。这些"适合"来自自身的心理特质。正是由于这些心理特质，个体的内部信息与外部世界相适应的状态才能得以完美表达，呈现出心理健康的积极状态。培养健康的劳动心理对于个体的成长与发展具有重要意义。

1. 养成良好习惯

随着社会节奏加快，人们容易产生焦虑不安、紧张无助甚至抑郁等不良情绪。受到互联网的冲击，大学生长期浸泡在虚拟网络空间里，极容易造成"社交恐惧""网络成瘾"等心理问题，进而形成不良生活习惯。劳动却可以让我们重返现实世界，回归真实的生活。虽然劳动不等同于运动，但是它依然能使人的血液循环、新陈代谢速度加快，促进多巴胺分泌，有助于疏解焦虑情绪、维持良好心理状态。与此同时，进行规律性的体力劳动还能够使大学生养成良好的活动习惯，有助于心理健康效益持续发挥作用。在劳动中，人们不仅能够提升自己的能力，还能培养良好的品格和习惯。在校园中，劳动的形式多种多样。其中，在劳动技能培训方面，以大学生的兴趣爱好作为切入点，可以持续不断地为劳动活动注入活力，逐步提升和建立大学生的劳动自信和劳动自觉。我们不仅仅要帮助大学生认识劳动的价值并且使其获得劳动的体验，更要使其注重劳动习惯的养成，因为习惯才是稳定的、自动化的行为。习惯的养成不能只靠行为训练，还要抓牢认知和情感两个关键要素，使其贯穿始终。义务劳动、志愿活动、素质拓展等社会实践活动都可以引导大学生克服社交障碍，提高社交能力，缓解网络依恋状态，促使其培养良好的行为习惯。

2. 塑造健全心智

劳动可以塑造独立自强的人格。人类的许多优秀品质都是在劳动过程中形成的。在劳动中不断磨炼心智，培养吃苦耐劳的品质，树立劳动光荣的理念是极为重要的。劳动是人本身的内在心理需要与应有的自觉行动。除劳动意识外，认知、态度、情感等因素的促进和转化也尤为重要。具有良好的劳动态度才能将劳动意识转变为劳动行为，所有形态的劳动行为和实践，都是个体从对外部客观世界的认知到对内部主观世界的塑造。通过劳动实践获得的内在品质和能力才是稳定的、可持续的。大学生应在挥洒汗水的艰苦劳动中培养坚强的毅力，在发奋拼搏的劳动中锻炼顽强的意志，从而获得受益终身的心理资本和精神财富。勤奋、自律、团结、互助等品质都是在劳动中逐渐形成的。这些品质有助于人们在面对困难和挑战时保持积极的心态，从而更好地应对生活中的种种压力。此外，以体力劳动为主的人，应该主动进行一些脑力劳动来调节身心；以情感劳动为主的人，则要用独处与沉思来加以平衡，以提升其自我调节能力，这是对抗人的片面发展和异化的重要方式。

3. 铸就幸福人生

从实践上来看，劳动中的自我提升、创造力、对社会的贡献等，往往与较强的幸福感、满足感、成就感、自豪感等相关联，劳动是幸福的必备条件。幸福源于内心的满足，而劳动则是满足物质和精神需求的途径。劳动并不是单纯机械的体力劳动，而是创造性的劳动。人们可以通过创造性劳动主动探索和寻求劳动带来的愉悦、生活的意义和生命存在的价值。在这个过程中，人们收获了成就感和自豪感，这些都是幸福的体现。劳动能让人们感受到团队合作、家庭和谐以及社会认同，这些都是幸福的重要组成部分。此外，劳动还能让人们更加珍惜来之不易的成果，懂得感恩和珍惜，在劳动实践中学会自我管理、自我约束、自我教育，增强社会的责任感。人们只有通过辛勤劳动，才能创造人类赖以生存与发展的物质和精神财富，满足各种需求，也只有在劳动和创造的过程中才能充分展示自己的才能、存在的意义与价值，享受生活的乐趣与美好，体验成就感、满足感和幸福感。

二、劳动安全

人本主义心理学中需求层次理论的观点认为，安全需求是人们在满足了基本的生理需求之后寻求的第二级需求。这些需求包括劳动安全、职业安全、生活稳定以及未来的保障等。安全需求不仅关乎个人的物理安全，还包括精神层面的安全感受，比如免除恐惧、避免灾难和受到法律的保护。当生理需求得到一定程度上的满足后，人们就会将注意力转移到安全需求上来。

拥有充分的安全知识储备，形成良好的劳动安全意识和自我保护意识，不断提升防范风险的能力，是即将走上工作岗位的劳动者的必备素质。

（一）劳动安全的内涵

劳动安全是在生产劳动过程中，防止中毒、车祸、触电、塌陷、爆炸、火灾、坠落、机械外伤等危及劳动者人身安全的事故发生。广义上的劳动安全包括劳动者的身体和精神健康两方面。在职业劳动中，劳动安全又称职业安全，是劳动者享有的在职业劳动中人身安全获得保障、免受职业伤害的权利。劳动安全的核心目标是预防工作相关的意外伤害，通过合理设计工作环境、使用安全设备和进行培训教育等措施，减少工作中可能发生的伤害事故。

确保劳动安全需要通过培训和教育提升员工的安全意识和技能，使他们能够正确应对工作中可能出现的危险和风险。同时，加强管理层对劳动安全的重要认识，建立健全的安全管理制度也是劳动安全的一部分。

（二）导致安全隐患的常见情况

忽视对安全意识的培养是最大的安全隐患。增强安全意识，不仅仅是为了生产生活，更是服务于生命本身的一种责任，是安全工作的灵魂。"安全无小事"，防微杜渐是关键。我们将从人、物和环境3个方面对不安全因素做具体介绍。

1. 人的不安全行为

人是劳动活动的主体。在劳动过程中，安全意识弱、身体状况欠佳、心理异常等，均可能引起事故发生，包括违反安全规程的行为，以及随意的、非必要的动作或操作。例如操作错误、忽视安全、忽视警告；造成安全装置失效；使用不安全设备；以手代替工具操作；冒险进入危险场所；攀、坐不安全位置；违反个人防护用品用具的使用规定；不安全装束；物品存放方法不当；对易燃易爆等危险物品处置不当或错误处置；做出分散注意力的行为；在机器运转时维修、清扫、加油；等等。

知识链接　　　　　**在生产过程中有这16种行为的人最危险**

1. 违章作业的"大胆人"

这种人在工作中存在一种侥幸心态。

（1）不是不懂安全操作规程，缺乏安全知识，技术水平低，而是"明知故犯"。

（2）抱有"违章不一定出事，出事不一定伤人，伤人不一定伤己"的侥幸心态。

2. 冒险蛮干的"危险人"

这种人的心态是争强好胜，有一种"逞能心理"，主要表现为两个特点。

（1）争强好胜，积极表现自己，能力不强但自信心过强，不计后果蛮干，冒险作业。

（2）长时间冒险行事，无任何防护，终有一失。

3. 冒失莽撞的"勇敢人"

这种人存在一种冒险心理，这是引起违章操作的重要心理原因之一，在实际工作中分两种情况。

（1）理智型冒险，"明知山有虎，偏向虎山行"。

（2）非理智型冒险，受激情的驱使，有强烈的虚荣心，怕丢面子，硬充大胆。

4. 盲目听从指挥的"糊涂人"

这种人存在一种从众心理，这是指个人在群体中由于实际存在的或自己想象的社会压力与群体压力，而在知觉、判断、信念以及行为上表现得与群体中大多数人一致的现象，表现在两个方面。

（1）自觉从众，心悦诚服、心甘情愿地与大家一致违章。

（2）被迫从众，表面上跟着走，心理反感。

5. 吊儿郎当的"马虎人"

这种人存在一种麻痹心理。麻痹大意是造成事故的主要心理因素之一。这种人在行为上表现为马马虎虎，大大咧咧，口是心非，其具体有如下表现。

（1）盲目相信自己以往的经验，认为技术过硬，出不了问题。

（2）其以往成功经验或习惯已强化，认为多次这样做也无问题，开始我行我素。

（3）个性如此，一贯松松垮垮，具有不求甚解的性格特征，自以为绝对安全。

6. 盲目心存侥幸的"麻痹人"

这种人存在一种习惯心理，由于一些习惯行为造成麻痹行为。正确的习惯行为对于常规性的作业是有效的。但在异常情况下，人就可能受习惯性心理作用，忽视异常性情况下才出现的特殊信息而造成失误和不安全行为。

7. 满不在乎的"粗心人"

这种人存在一种无所谓心理，表现为对遵章或违章满不在乎，主要有以下 3 个特点。

（1）本人根本没意识到危险的存在，认为章程是领导用来"卡人"的。

（2）对于安全问题，在谈起来时认为其重要，在干起来时认为其次要，不把安全规定放眼里。

（3）认为违章是必要的，不违章就干不成活。

8. **投机取巧的"大能人"**

这种人存在一种逆反心理，这是一种无视社会规范或管理制度的对抗性心理状态，在行为上表现为"你让我这样，我偏要那样，越不许干，我越要干"等特征。

9. **凑凑合合的"懒惰人"**

这种人存在一种惰性心理，也称为"节能心理"，是指在作业中尽量减少能量支出，能省力便省力，能凑合就凑合的一种心理状态，也是懒惰行为的心理依据，表现为以下两个方面。

（1）干活图省事，嫌麻烦。

（2）节省时间，得过且过。

10. **急于求成的"草率人"**

这种人存在一种求快心理，有这种心理的人具有一种任务感，为竭力寻找某个目标或完成某个任务而丧失冷静，不能全面感知、评价整个系统的即时状态而酿成事故。

11. **心神不定的"好奇人"**

这种人存在一种好奇心理，好奇心是对外界新异刺激的一种反应。例如对于一些设备，觉得以前未见过，感觉很新鲜，乱摸乱动，使其处于不安全状态，而影响自身或他人的安全；会因周围发生的事影响正常操作，造成违章事故。

12. **手忙脚乱的"急"性人**

这种人存在一种紧张心理。当发生某些突发事件或非常规事件时，这些突然而又强烈的刺激会引起其严重的心理紧张，一般还伴有作业量的突然增加，作业时间紧迫，因而使大脑无法正确感知信息而陷入混乱，判断能力下降，造成事故或扩大事故。

13. **固执己见的"怪僻人"**

这种人存在一种经验心理，单纯凭自己的直接经验做事，认为违章不会出事故，或者认为某项安全规定是庸人自扰、根本没必要，不知道违章的危险性。

14. **休息不好，身体欠佳的"疲惫人"**

这种人存在一种心理疲劳。疲劳是生活劳累、工作紧张、缺少休息和睡眠、营养不良、精神压力等原因引起的生理心理现象，表现为四肢无力、注意力不集中、感知不清晰、动作失调、记忆和思维障碍、情绪低落、意志衰退等症状。疲劳不仅会危及身心健康，还会降低工作效率，引发事故。

15. **变换工种的"换行人"**

这种人在具体工作中，由于变换工种而具有许多种前述心理，如从众心理、紧张心理、好奇心理等。

16. **初出茅庐的"年轻人"**

这种人和"换行人"有相同点，也有不同点，"换行人"有工作经验，而"年轻人"没有工作经验，好奇心理过强。

资料来源：澎湃新闻，有删改

2. 物的不安全状态

物都具有不同形式、性质的能量，有出现能量意外释放引发事故的可能性。在物体的使用过程中、物体的使用条件中以及物体本身都可能存在一些危险和有害因素。

物的不安全状态有如下类型。

（1）防护、保险、信号等装置缺乏或有缺陷

无防护：无防护罩；无安全保险装置；无报警装置；无安全标志；无护栏或护栏损坏；电气设备外壳未接地、绝缘不良；风扇无消音系统、噪声大；危房内作业；未安装防止"跑车"的挡车器或挡车栏。

防护不当：防护罩未在适当位置；防护装置调整不当；坑道掘进、隧道开凿支撑不当；防爆装置不当；采伐、集材作业安全距离不够；放炮作业隐蔽场所有缺陷；电气装置带电部分裸露。

（2）设备、设施、工具、附件有缺陷

设计不当，结构不符合安全要求：通道门遮挡视线；制动装置有缺陷；拦车网有缺陷；工件有锋利毛刺、毛边；设备设施上有锋利倒棱。

强度不够：机械强度不够；绝缘强度不够；起吊重物的绳索不合安全要求。

设备在非正常状态下运行：设备带"病"运转，超负荷运转。

维修、调整不良：设备失修；地面不平；保养不当，设施失灵。

（3）个人防护用具缺少或有缺陷

无个人防护用具（如防护服、手套、护目镜及面罩、呼吸器官护具、听力护具、安全带、安全帽、安全鞋等）。

所用防护用具不符合安全要求。

┣╈ 知识链接　　　　　　高温天气里的"热"风险

1. 压力容器爆炸风险

一些高压储罐，如氧气瓶、液化气球罐、液氨储罐等，其中的高压气体在烈日的照射下会导致温度上升、体积膨胀，严重时甚至会发生气瓶、储罐等爆炸，造成人员伤亡和财产损失。一旦发生爆炸还会带来二次事故（如火灾等），损失严重。

2. 化工企业火灾爆炸风险

夏季天气炎热，温度高，化工企业的各类可燃物质极易挥发，环境浓度容易达到爆炸极限，十分危险。火灾爆炸事故不但会影响化工企业的正常生产，造成设备损坏，严重时还会造成人员伤亡，后果不堪设想。

3. 企业用电安全风险

高温容易导致电线老化、破损，使电气设备外壳带电。夏季，多数企业（单位）处于产销旺季，电气设备设施超负荷、大功率运转时有发生，存在电气起火和电线短路的风险。而且，夏季潮湿的空气也容易导电，若有一处漏电就可能造成触电事故。

4. 燃气爆炸风险

燃气本身具有易扩散性、易缩胀性、易爆炸性、易燃烧性，遇到高温膨胀加剧，容易导致天然气管线、设备变形，出现漏气等安全隐患。

5. 储能系统起火爆炸风险

外部激源因素是储能电站事故的一大诱因。锂离子电池热失控后，会释放大量的可燃气体，在地下室等密闭空间的燃烧爆炸风险较大。

6. 粉尘爆炸风险

粉尘爆炸是可燃性粉尘在爆炸极限范围内遇到热源（明火或高温）而引发的。粉尘爆炸一旦发生，就极具危害性，往往会造成大量人员伤亡。夏季气温高，粉尘爆炸事故易发，因此需要高度警惕。

7. 气体中毒风险

夏季天气炎热，有毒有害气体挥发、扩散速度加快，接触有毒有害气体岗位的操作人员很容易发生有毒有害气体中毒。此外，夏季员工穿戴单薄，且容易出汗，有毒有害物质容易通过毛孔进入人体，造成中毒。

8. 中暑风险

室外操作人员在高温环境下作业，很容易中暑。高温环境使人体内热量散发困难，可能使体内蓄热过多而引起头痛、头晕、体温升高、恶心、呕吐等症状，导致中暑。

9. 电梯安全风险

夏季，电梯长期在高温下运行，易发生控制系统工作不稳定、电气设备老化、故障率提高，甚至导致安全事故发生。

10. 电动车火灾风险

过度充电、线路老化、充电器使用不当等是造成电动车火灾的主要原因。户外温度太高会增加电动车发生火灾事故的可能性。电动车外壳通常采用易燃材料，鞍座皮革、坐垫聚氨酯以及轮胎橡胶等均为易燃可燃材料，一旦起火，火势会迅速蔓延，产生大量有毒烟气，极易导致人员中毒或火烧伤亡。

资料来源：澎湃新闻，有删改

3. 环境的不安全因素

劳动环境是复杂而多样的，不可避免地存在一些不安全因素。过强的噪声、过量的振动、过强或过弱的光线，污浊的空气、杂乱的作业环境是影响安全生产的潜在杀手。另外，自然灾害、污染、突发事件等都会对我们的环境安全造成威胁，产生危害。例如：照明光线不良（照度不足；作业场地烟雾尘弥漫，视物不清；光线过强）；通风不良（无通风；通风系统效率低；电流短路）；停电停风时放炮作业；瓦斯排放未达到安全浓度时放炮作业；瓦斯超限；作业场所狭窄；作业场地杂乱（工具、制品、材料堆放不安全）；交通线路的配置不安全；操作工序设计或配置不安全；地面滑（地面有油或其他液体、冰雪覆盖）；贮存方法不安全；环境温度湿度不当；等等。

↑ 知识链接　　　　　　**牢记这些顺口溜，防灾减灾有大用**

地震

遇地震，先躲避，桌子床下找空隙，靠在墙角屈身体，抓住机会逃出去，远离所有建筑物，余震蹲在开阔地。

火灾

火灾起，怕烟熏，鼻口捂住湿毛巾，身上起火地上滚，不乘电梯往下奔，阳台滑下捆绳索，盲目跳楼会伤身。

洪水

洪水猛，高处行，土房顶上待不成，睡床桌子扎木筏，大树能拴救命绳，准备食物手电筒，穿暖衣服度险情。

台风

台风来，听预报，加固堤坝通水道，煤气电路检修好，临时建筑整牢靠，船进港口深抛锚，减少出行看信号。

泥石流

下暴雨，泥石流，危险处地是下游，逃离别顺沟底走，横向快爬上山头，野外宿营不选沟，进山一定看气候。

雷击

阴雨天，生雷电，避雨别在树下站，铁塔线杆要离远，打雷家中也防患，关好门窗切电源，避免雷火屋里窜。

暴雪

暴雪天，人慢跑，背着风向别停脚，身体冻僵无知觉，千万不能用火烤，冰雪搓洗血循环，慢慢温暖才见好。

龙卷风

龙卷风，强风暴，一旦袭来进地窖，室内躲避离门窗，电源水源全关掉，室外趴在低洼地，汽车里面不可靠。

防化

化学品，有危险，遗弃物品不要捡，预防烟火燃毒气，报警说明出事点，运输泄漏别围观，人在风头要离远。

（三）劳动安全的基本原则

一般来讲，确保劳动安全既有一般岗位的通用原则，也有特殊行业、特殊岗位的专业原则。通用原则主要包括以下三个方面。

第一，生命至上。在劳动过程中，必须首先保证生命安全，没有了生命，其他的物质财富都是零。在安全上，必须明白"100-1=0"的道理，即一次事故就是安全管理的完全失败。

第二，防患于未然。所有事故的发生都有明显的原因，如人的不安全行为、物的不安全状态和管理上的缺陷等，这在生产系统中被称为安全隐患。排查并消除安全隐患能够有效减少事故的发生。

第三，养成安全习惯。养成良好的劳动安全习惯是避免事故发生的重要条件之一。安全习惯主要包括以下几个方面。①上岗之前，要熟悉自己的岗位职责和工作内容，主动参加培训，对于不太熟悉的工作内容和工作要求，要多向有经验的员工请教，尤其要明确工作流程，不能贸然操作。②有些操作岗位对于工作有明确的要求，比如必须佩戴安全帽、工作帽，必须穿标准工作服和规定的工作鞋等。企业中要求统一着装不仅是为了整齐好看，更是为了安全。③使用设备前要对设备进行检查，确认其正常后再进行操作。发现设备异常必须立即停止使用，等待检测、检修，确保其处于正常状态后方可使用。④操作结束时要做好收尾工作，如关闭机器，将操作工具放回原位等。

知识链接　　　　　　　**学校防火记住这些**

使用的插座、电线等必须符合安全质量标准。电器安装符合有关规范，若发现破损，请及时更换。

电线、插座、风扇、计算机等不要安装在床上，以防漏电。

不要在宿舍内使用大功率电器及非安全电器，如电炉、电锅、吹风机、烧水棒、电热褥、电熨斗等电热器具。

在使用过程中如发现充电器、台灯等有冒烟、冒火花、发出焦糊的异味等情况，应立即关掉电源开关，停止使用。

充电设备使用时间过长会造成险情。出门时，务必拔掉所有充电器，以避免火灾事故的发生。

发现火灾时，应当第一时间拨打119火警电话。报警早，损失小。

当发生火灾时，千万不要惊慌失措，乱叫乱窜，应迅速从疏散通道逃生，尽快撤离到警戒区外，不要贪恋财物，不要近距离围观火场，让出生命通道和救援空间。

　　　　　　　　　　　　　　　　　　资料来源：中国消防，微信公众号

（四）劳动安全的注意事项

大学生要树立安全意识和安全观念，要充分认识到劳动安全的重要性，并且掌握提高劳动安全意识的方法，明确劳动安全注意事项。

1. 校园劳动安全

生活在校园里，大学生可参与的劳动有很多，如参与寝室卫生、教室卫生、公共区域卫生的打扫，校内公益活动，校内实训课程等。总体来说，校园劳动安全主要分为环境卫生劳动安全与课程活动劳动安全。

（1）环境卫生劳动安全

在校期间，遵守校园管理规定，注意文明卫生，做好疾病防护，守护身心健康尤为重要，健康良好的环境有助于确保劳动安全。重视劳动安全问题，确保劳动环境安全，才能让大学生更加顺利地在学校学习和生活。

话题互动　　　　　　**参与室内劳动应注意的事项**

① 扫地时不要打闹，更不能用清洁工具嬉笑打闹，以免伤及自己或同学，另外要注意尖锐物品，以免碰伤。

② 擦玻璃时一定要小心，在窗台擦拭时，脚要站牢，手要把住窗框；下窗台时要观察脚下情况，务必找好落脚点，不能从窗台上直接往下跳。

③ 拖地时，注意地面不要有积水，尽量穿防滑鞋靴，避免摔倒。

④ 擦电器设备时，务必在擦拭前先关闭电源；不能用湿布去擦开关，以免触电。

⑤ 扫屋顶蜘蛛网时，要斜着扫，以免异物掉进眼睛。

…………

参与室外劳动应注意的事项

① 在参与除草、捡拾垃圾等劳动时，最好戴手套，避免杂物伤手。

② 打扫室外公共区域卫生时，注意有车辆路段的交通安全。

③ 劳动时不要赤脚，以免被刺伤。

…………

讨论内容：请根据你的实际经验，列举一些在校园室内外劳动时需要注意的事项。

（2）课程活动劳动安全

实训课程是职业院校学生学业的重要组成部分。在实训过程中，安全始终是一个十分重要的方面。构建有效的安全实训场所，培养学生规范性操作技能，强化学生的安全意识是非常必要的，这也是保障实训课程安全顺利开展的必要条件。

💬 **话题互动**　　　　　　　**实训课程应注意的事项**

① 进入实训室进行任何实训操作前，都须仔细阅读《实训室安全手册》，签订"实训室安全承诺书"。

② 实训室必须按规定配备消防器材，落实各方面的防护措施，按规定执行实训室管理，设施设备要定期检查，发现问题要及时解决。

③ 实训过程中，学生必须遵守实训室安全管理规定，听从实训室管理人员的安排，严格按照规程操作仪器设备。

④ 严禁在实训室内吸烟、饮食、私拉乱接电线、随意拆卸或改装仪器设备，不得在实训室内使用明火。

⑤ 仪器设备及其他物品不得带出实训室，造成仪器设备损坏、丢失的，相关责任人员应赔偿。

⑥ 仪器设备不得开机过夜，如确有需要，必须采取必要的防范措施。

⑦ 实训结束后，应及时清理和打扫，保持实训室干净和整洁。离开实训室时，必须关闭电源、水源，关好门窗及电器设备等。

⑧ 发现实训室存在安全隐患，应及时报备、及时处理，维护好实训室的安全。

讨论内容：请说一说你所在专业的实训场所涉及的安全制度与规定。

2. 实习劳动安全

实习劳动是学生教育实践活动的重要组成部分，主要分为学校教学要求的教学实习劳动与学生自己参与的社会兼职实习劳动。

（1）教学实习劳动安全

实习是必修环节，通过实习，大学生才能够了解真实的生产环境与生产过程，掌握操作技能。在实际劳动中，真实的生产环境、生产过程比校内环境更为复杂，不可预测性及安全隐患更多。大学生一旦离校参加实习，就难免涉及劳动安全的问题。为保证实习工作顺利进行，确保自身安全，大学生应严格按照相关规定进行社会实践劳动。在实习劳动前参加学校组织的相关实习劳动安全教育等也是尤为必要的。

知识链接　　　　　实习安全注意事项

① 在实习期间，大学生必须提高安全防范意识，提高自我保护能力。注意自身的人身和财物安全，防止各种事故的发生；对毕业生实习过程中有关安全问题的复杂性要有充分的认识和思想准备。

② 凡参加实习的学生应严格遵守实习纪律及实习单位的安全操作规程。如发现故障或异常现象，立即报告。未经允许不得随意拆卸或启动设备，确保人身、设备的安全，杜绝事故的发生。

③ 注意住宿安全（如用气、用水、用电等安全），保管好个人的财物，不得擅自外宿，不得在宿舍留宿他人。

④ 严格遵守交通法规，外出注意交通安全。上下班要结伴同行，沿途不得逗留、游玩，晚上不随意外出。不乘坐无证、无照等无安全保障的交通工具，不可无证驾驶机动车辆。

讨论内容：结合以上内容，请说一说你所在学校关于实习安全的规定都有哪些。

（2）社会兼职实习劳动安全

在寒暑假期间，许多大学生都会在校外兼职，开展社会劳动实践活动，提升自己的工作能力、社会适应能力及自主管理能力。除上述需注意的安全事项外，由于大学生的社会阅历不够丰富，难免在找兼职或在做兼职的时候出现一些问题。

知识链接　　面对找工作时的各种"花式骗局"，我们该如何防范

1. 骗取各种费用、押金和保证金

求职面试后，招工者以服装费、体检费、培训费、保险费、手续费等名义向应聘者收取钱款。应聘者交费后，招工者要么迅速脱身，要么以各种借口推托，当钱财积累到一定阶段便人去楼空。一些中介机构为了获取应聘者的信任，与一些骗子公司或皮包公司合伙进行诈骗。其在收取一定的服务费后称，招聘的岗位已满，并承诺尽快联系合适的单位，让应聘者留下联系方式，但根本不会兑现，随后以各种借口敷衍应聘者。一些用人单位还要求大学生支付押金，承诺其交了押金后就能上班，但之后又以人员已满等各种借口要求大学生等消息，且拒绝返还押金，最后就没有音讯了。有的单位收取保证金，称以此"保证"大学生按要求上班，并答应在打工结束后归还。可是到结算工资的时候，保证金却不见踪影。

提示：在任何企业向求职者收取报名费和体检费时，一定要提高警惕。事业单位的考试，一定要到公招政府网站上进行报名。任何招聘单位以任何名义向求职者收取押金、风险金等行为，都属非法行为。求职者遇到此类情况时要坚持拒交并举报，以确保自己的合法权益不受侵害。

2. 利用网络刷单被骗

在网上经常可以看到一些所谓"刷信誉"兼职的帖子，写着"每单任务只需 5 分钟""任务酬劳 10～50 元不等""每天 2 小时，月收入轻松过万"等信息。如果按帖子上的联系方式与对方联系，对方往往会发来一份工作申请表和工作流程介绍。其工作内容可能是买各种充值点卡刷信誉，当信誉值达到某个标准，即可返还本金，你还能有佣金提成。事实上，当你支付大量金额后，佣金和本金根本不会到账。

提示：求职者要学会分辨网站的安全性，分辨招聘信息和招聘公司的真实性。在网上求职，一定要去正规大型网站，这类网站的可信度更高，如果能在招聘企业官网进行核实则更有保障。

3. 骗取中介费

许多非法中介利用在校大学生缺少社会经验，同时又挣钱心切的心态，在收到高额中介费后却不履行合同，不及时为大学生找合适的工作，或者给大学生找一家招聘公司，然后该公司又以种种名义推脱，最后连人都找不到。

提示：大学生求职应先确认该中介机构是否有职业介绍许可证和工商部门颁发的营业执照。正规中介机构除具有职业介绍许可证之外，一般会将营业执照悬挂在大厅等较显眼的位置。

4. 骗取高额培训费

这类公司在面试大学生后，通常要求大学生参加公司的上岗培训，并缴纳培训费，有的公司会进行一些培训，发培训资料、光盘等，但这些资料与考试内容无任何关系。有的公司甚至根本不培训，收钱后只做个样子。

提示：正规企业有岗前培训，且都是免费或者带薪的，《劳动合同法》也对企业培训、培训费及服务期有明确规定。

5. 骗入传销组织

传销组织一般先安排大学生以销售人员的名义上岗工作，然后让大学生缴纳一定的提货款，再让大学生去哄骗他人。有的大学生在高回扣的诱惑下，甚至去欺骗自己的同学、朋友、亲人，上当之后又往往骑虎难下，最终只得自己白搭上一笔钱。

提示：传销通常具有以下特征中的一个或几个。在你"入会"时告诉你的职责之一是发展更多的人；需要你缴纳昂贵的会费；在工作场所很多人情绪激昂。大学生一定要警惕和远离传销组织。如果识别出传销组织，大学生应立即采取适当方式摆脱，并及时报警。

6. 骗取个人信息

贩卖个人信息的中介公司为了获得更多更精准的个人信息，他们往往会在网上发布招聘信息，吸引求职者前来，然后收取简历，获得求职者的个人信息。

提示：求职者在看到招聘信息投递简历之前，一定要查询该公司的相关信息，判断其真实性。同时，简历上的部分个人信息不用写得过于具体，比如通信地址等，应该把重点放在介绍工作经历上。

7. 骗取扣留证件

一些企业在面试中以需要单位审核等理由扣留求职者的身份证、学位证、毕业证等证件。

提示：不管是身份证，还是学位证、毕业证，企业都是没有权力扣留的。去面试的时候，特别是初次面试时，最好只携带上证件的复印件，若企业要求提供原件，给招聘单位展示之后，求职者一定要及时拿回来。不管怎样，证件原件都不要交给任何企业保管。证件只是作为企业核实求职者身份和成绩的标准，正规企业通常不会要求保留求职者的证件原件。

8. 骗取免费劳动力

有一些企业利用实习和试用名目骗取免费劳动力，在实习试用期间，不仅不支付任何薪资，甚至要求交培训费。

提示：按照规定，任何单位和企业的实习试用员工，公司都应对其支付薪资；劳动者在试用期的工资不得低于本单位同岗位最低档工资或者劳动合同约定工资的80%。

9. 高薪诱骗陷阱

现在很多骗子把违法犯罪活动包装成"高薪"工作，成功引诱求职者上钩后，可能会将其拐骗至国外从事电信诈骗，还会让其遭受地狱般的待遇。

提示：看到这种高薪工作时，一定要确认相关行业的平均薪资水平，如果薪资超出正常范围则要警惕其可能是骗局。

资料来源：澎湃新闻，有删改

（五）劳动防护知识

劳动防护是指为了保护劳动者的生命和身体健康而采取的各种预防措施和保障措施。了解劳动防护知识可以提高劳动者的安全意识和自我保护能力，减少和预防劳动安全事故的发生。下面介绍一些与劳动防护相关的知识。

1. 劳动防护用品

劳动防护用品是指劳动者在生产过程中为免遭或减轻事故伤害和职业危害而随身穿（佩）戴的用品，通俗来讲，就是劳动者在生产劳动过程中为了保护自身安全和健康而使用的防护用品。依据《用人单位劳动防护用品管理规范》和其他法律、法规，用人单位应当依法为劳动者提供劳动防护用品，采取保障劳动者的安全与健康的辅助性、预防性措施，不得以劳动防护用品替代工程防护设施和其他技术、管理措施。

正确佩戴劳动防护用品是保障从业人员人身安全与健康的重要措施，也是保障生产经营单位安全生产的基础。

┣ 知识链接　　　　**特种劳动防护用品与一般劳动防护用品**

　　劳动防护用品的品种很多，各部门和使用单位对劳动防护用品要求不同，分类方法也有所不同。按防护部位分类，防护用品可分为头部防护用品、呼吸器官防护用品、眼（面）部防护用品、听觉器官防护用品、手部防护用品、足部防护用品、躯干防护用品、护肤用品。

　　头部防护用品：为防御头部受外来物体打击和其他因素危害配备的个人防护装备，如一般防护帽、防尘帽、防水帽、安全帽、防寒帽、防静电帽、防高温帽、防电磁辐射帽、防昆虫帽等。

　　呼吸器官防护用品：为防御有害气体、蒸气、粉尘、烟、雾由呼吸道吸入，直接向使用者供氧或清洁空气，保证尘、毒污染或缺氧环境中作业者正常呼吸的防护用具，如防尘口罩（面具）、防毒口罩（面具）等。

　　眼（面）部防护用品：预防烟雾、尘粒、金属火花和飞屑、热辐射、电磁辐射、激光、化学品飞溅等伤害眼睛或面部的个人防护用品，如焊接护目镜和面罩、炉窑护目镜和面罩以及防冲击眼护具等。

　　听觉器官防护用品：能够防止过量的声能侵入外耳道，使人耳避免噪声的过度刺激，减少听力损失，预防由噪声对人身引起的不良影响的个体防护用品，如耳塞、耳罩、防噪声头盔等。

　　手部防护用品：保护手和手臂，供作业者劳动时戴用的手套（劳动防护手套），如一般防护手套、防水手套、防寒手套、防毒手套、防静电手套、防高温手套、防 X 射线手套、防酸碱手套、防油手套、防切割手套、绝缘手套等。

　　足部防护用品：防止生产过程中有害物质和能量损伤作业者足部的护具，也称为劳动防护鞋，如防尘鞋、防水鞋、防寒鞋、防静电鞋、防高温鞋、防酸碱鞋、防油鞋、防烫脚鞋、防滑鞋、防刺穿鞋、电绝缘鞋等。

　　躯干防护用品：即通常讲的防护服，如一般防护服、防水服、防寒服、防砸背心、防毒服、阻燃服、防静电服、防高温服、防电磁辐射服、耐酸碱服、防油服、水上救生衣、防昆虫服、防风沙服等。

　　护肤用品：指用于防止皮肤（主要是面、手等外露部分）免受化学、物理等因素的危害的用品，如防毒、防腐、防射线、防油漆的护肤品等。

　　资料来源：陈金刚．安全管理学[M]．北京：机械工业出版社，2023．

　　安全护具的作用是防止工伤事故，如防坠落用品（安全带、安全网等）、防冲击用品（安全帽、安全背心、防冲击护目镜等）、防电用品（均压服、绝缘服、手套、绝缘鞋等）、防机械外伤用品（防刺、割、磨损的服装、鞋、手套等）、防酸碱用品、防水用品等。

　　劳动卫生护具的作用是预防职业病，如防尘用品（防尘口罩、防尘服装）、防毒用品（防毒面具、防毒服装等）、防放射性用品、防辐射用品、防噪声用品等。

　　一些防护用品兼有双重作用，如防尘安全帽、防护面罩等。不同工种选用不同的劳动防护用品，选用的原则主要是根据工作岗位、工作条件和工作环境以及工艺技术等可能发生事故和职业危害的因素选用相应的劳动防护用品。

💬 话题互动　　　**劳动者在使用个人防护用品方面的几个误区**

1. 个人防护用品可戴可不戴

个人防护用品能够有效消除或减轻职业病危害因素对劳动者健康的影响。《职业病防治法》规定，用人单位必须为劳动者提供符合要求的防护用品，同时劳动者有义务佩戴防护用品。

2. 车间没有异味，可以不用佩戴个人防护用品

许多有害气体是无色、无味的，不具有任何警示性。即使有味，但感觉器官对外界的感知也存在着局限性和个体差异，因此过分相信感官知觉，可能会导致职业中毒。

3. 纱布口罩用来防尘

普通纱布口罩不能作为防尘口罩。我们现在用的纱布口罩虽然夏季吸汗，冬季保暖，但这样的口罩（即使 16 层厚）不具有防护作用，容易导致肺部受到呼吸性粉尘的危害，防尘需要专门的防尘口罩。

4. 医用口罩用来防毒

医用口罩可以防止病毒通过飞沫传播，但是不能过滤有毒气体。针对不同的毒物，需要使用不同过滤功能的防毒口罩。针对一般的可挥发性有机气体，劳动者可以通过佩戴活性炭防毒口罩进行防护。

5. 防尘口罩水洗再利用

防尘口罩的滤料是不能水洗的。防尘口罩使用的高效滤料通常为无纺布材料，有些还依靠纤维上带有的静电电荷过滤呼吸性粉尘，水洗后滤料的微观结构会受损，出现肉眼看不见的裂缝、孔洞，静电电荷也会大量损失，过滤性能严重下降。

讨论内容：针对以上内容，请说一说你对个人防护物品的了解。

2. 职业健康防护知识

《中华人民共和国职业病防治法》（简称《职业病防治法》）明确规定，职业病是指企业、事业单位和个体经济组织等用人单位的劳动者在职业活动中，因接触粉尘、放射性物质和其他有毒、有害因素等而引起的疾病。在工作中，劳动者若因长期接触或者暴露于某些特定的有害因素下，会导致不良的生理与心理状态，严重时甚至会导致残疾和死亡。因此，了解职业病的危害并采取相应的劳动防护措施是非常必要的。

潜在引发职业病的因素中，我们应该对职业禁忌证有所警惕。劳动者原有的疾病或潜在的病症，容易因接触职业性因素而加重，发生职业病或"工作相关疾病"，因而不宜从事某种作业，如精神疾病患者不宜从事接触锰的作业，患有慢性呼吸系统疾病者应避免从事接触钒的作业。

在参加工作（上岗）前，劳动者应进行健康检查，以确定自己是否患有该工种的职业禁忌证，是否适合从事该工种工作。在工作岗位变动或长期病假复工前，也应进行健康筛查。从事某项工作后，每隔一定时间进行体检，与上岗前体检资料做比较，评价有无职业危害的损伤。有职业禁忌证的职工，按规定不得上岗工作。在岗职工一旦发现职业禁忌证，应及时调离，改做其他工作。已经治愈的职业禁忌证职工可遵医嘱选择是否从事原工作。

3. 常见职业病防护

工作单位与雇主应主动为劳动者提供防护措施，如必要的安全、卫生的工作环境，合理设置工作设施、改善工作条件，减少有害物的排放，等等。

空气污染防护：在工业生产过程中，要采取措施减少空气中的有害气体排放，同时要为劳动者提供相应的防护设备，如防毒面具、防护服等。

噪声污染防护：在噪声污染区进行作业时，应佩戴防噪耳塞或头戴式防噪耳罩，用以减少对听力的损伤。

放射性物质防护：在核电站、医院等放射性物质存在的工作环境中，应穿戴防护服和防护面具，用以降低接触放射性物质带来的风险。

体位防护：在工作中长时间保持不良体位时，应注意调整姿势，避免对脊椎和关节造成伤害。

对于职业健康的防护还可以通过劳动者自身定期的体检来监测，尽早发现职业病的迹象，及时干预和治疗，以防止疾病进一步发展。

知识链接　　职业健康科技创新重点任务

1. 以严重职业性呼吸系统疾病、职业性肿瘤、放射性疾病及职业性肌肉骨骼疾患和工作压力等为重点，开展职业健康损害发生机制研究。

2. 以尘毒危害和放射性危害为重点，研发职业病危害快速检测、在线监测等技术；开展重大职业病风险综合评估、预测预警和控制技术与装备研究。

3. 开展重点职业病诊疗、康复技术研究，研发职业病诊疗救治的新技术、新装备；研发现代信息化智能化诊疗技术装备，整合现有资源，形成集远程医疗指导、职业健康检查、职业病诊疗等功能于一体的职业健康监护与诊疗救治平台；开展职业病患者疾病评估、分级诊治、康复评估等标准化研究。

4. 开展职业病危害损失的经济学评价研究，开展工作相关疾病的疾病负担评估研究。

5. 以粉尘、化学毒物、噪声、辐射等危害严重的行业领域为重点，研发防降尘、噪声控制、防毒和毒物净化、辐射防护等技术装备。

资料来源：《国家职业病防治规划（2021—2025年）》

劳动防护的内容非常广泛，涉及的知识非常丰富，这里仅仅是对部分劳动防护知识做了简要介绍。劳动者在实际工作中要时刻关注自身的安全，严格按照相关劳动保护规定进行实际操作，以此保障自身的生命安全以及身体健康。

在劳动过程中，培养安全意识至关重要。大学生应积极学习劳动安全知识，主动了解劳动安全的重要性，学会识别潜在危险，遵循安全操作规程，掌握基本的安全技能，从而降低事故发生的概率。此外，大学生还需努力提高自救能力，在遇到紧急情况时能够迅速做出反应，确保自身安全。

知识链接
关于进一步推进职业健康保护行动提升劳动者职业健康素养水平的通知

主题二　培养劳动技能

为了更好地适应社会需求，大学生了解各类劳动职业的分类以及对应的职业资格要求具有重要意义。这不仅有助于大学生有针对性地提升自己的劳动技能，更好地迎接未来的挑战，还有助于激发大学生的劳动热情、培育职业素养。

一、职业分类与职业资格

劳动是职业产生的源泉。在人类社会的发展过程中，随着劳动分工的不断细化，职业也逐渐产生并发展起来。从最初的农民、工人，到现代的白领、蓝领，职业种类繁多，为社会提供了丰富的劳动力。社会劳动分工是职业产生的基础和条件。正是因为有了社会劳动分工，才有了不同职业的存在和发展。劳动分工使得人们在各司其职的同时，也能互相协作，共同推动社会的发展。

（一）职业分类

职业分类是以工作性质的同一性为基本原则，采用一定的标准和方法，依据一定的分类原则，对从业人员所从事的各种专门化的社会职业进行的全面系统的划分与归类。劳动职业分类是根据社会经济发展需求，将各种劳动岗位按照工作性质、技能要求等进行划分。所谓工作性质，即一种职业区别于另一种职业的根本属性。工作性质一般通过职业活动的对象、从业方式等的不同予以体现。

1. 国家职业分类标准

随着社会主义市场经济体制的逐步建立和科学技术的迅猛发展，我国的社会经济领域发生了重大变革，这对人力资源管理提出了新的要求。为此，国家提出要制定各种职业的资格标准和录用标准，实行学历文凭和职业资格两种证书制度。我国有关部门先后制定、修订了国家标准《职业分类与代码》《中华人民共和国工种分类目录》，并根据社会经济发展的需求，于1999年正式颁布实施了《中华人民共和国职业分类大典》（以下简称《大典》），这是我国第一部对职业进行科学分类的权威性文献。由于它的编制与国家标准《职业分类与代码》的修订同步进行，相互完全兼容，因此，它本身也就代表了国家标准。后经二次全面修订，现已形成《中华人民共和国职业分类大典（2022年版）》（以下简称"新版大典"）。新版大典包括大类8个、中类79个、小类449个、细类（职业）1636个。其中，细类是我国分类体系中的最基本的类别，即我们所关心的"职业"。内容包括职业编码、职业名称、职业概述、职业定义、职业内容描述，以及归属于本职业的工种的名称和编码。

新版大典参照国际标准职业分类，并根据我国实际情况，按照我国社会从业人员的工作性质同一性的基本原则，对我国社会职业进行了科学划分和归类，这是一部具有国家统一标准性质的职业分类大全。

新版大典将我国职业归为8个大类，分别是：

第一大类 党的机关、国家机关、群众团体和社会组织、企事业单位负责人

第二大类 专业技术人员

第三大类 办事人员和有关人员

第四大类 社会生产服务和生活服务人员

第五大类 农、林、牧、渔业生产及辅助人员

第六大类 生产制造及有关人员

第七大类 军队人员

第八大类　不便分类的其他从业人员

知识链接　　　　　　**新版职业分类大典净增158个新职业**

　　人力资源社会保障部于 2022 年 9 月 28 日正式发布《中华人民共和国职业分类大典（2022 年版）》。据介绍，新版大典适应当前职业领域的新变化，能够更好地满足优化人力资源开发管理、促进就业创业、推动国民经济结构调整和产业转型升级等需要，对于经济社会各领域都具有重要价值。

　　国家职业分类大典修订专家委员会主任、中国就业培训技术指导中心主任吴礼舵介绍，近几年来，我国陆续颁布 74 个新职业，均被纳入新版大典。同时，围绕制造强国、数字中国、绿色经济、依法治国、乡村振兴等国家重点战略，将工业机器人操作员和运维人员、农业数字化技术员和农业经理人等也纳入新版大典。经调整，与 2015 版大典相比，在保持八大类不变的情况下，新版大典净增 158 个新职业，职业数达 1636 个。

　　新版大典首次标识了 97 个数字职业，占职业总数的 6%。同时，延续 2015 年版大典对绿色职业标注的做法，标注 134 个绿色职业，占职业总数的 8%。其中既是数字职业也是绿色职业的，共有 23 个。

　　人力资源社会保障部职业能力建设司司长刘康表示，人社部将进一步研究优化新职业的申报、论证流程，持续发布新职业信息，动态调整大典中职业的相关信息。同时，积极探索建立我国职业信息系统，逐步扩大完善与职业相关的岗位供求、薪资待遇等信息，为广大劳动者提供及时、全面、便捷的查询服务。

资料来源：《光明日报》

2．职业分类的依据

　　同一性质的工作往往具有共同的特点和规律。把性质相同的职业归为一类，有助于国家对职工队伍进行分类管理，根据不同的职业特点和工作要求，采取相应的录用、调配、考核、培训、奖惩等管理方法，可以使管理更具针对性。

　　按行业分类：行业分类是依据企业或机构的生产、经营、服务等领域来划分，如制造业、金融业、教育业、医疗卫生业等。

　　按技能分类：技能分类是根据劳动者掌握的技能和专业知识来划分，如工程师、医生、教师、会计师等。

　　按职能分类：职能分类是根据岗位职责和所需能力来划分，如管理类、技术类、销售类、行政类等。

　　按劳动力市场分类：根据劳动力市场的需求和供给情况，将职业划分为紧缺型、稳定型和过剩型等。

（二）职业资格

　　职业资格，简单来说，就是对从事某一职业必备的学识、技术和能力的基本要求。它是衡量一个人在该职业领域是否具备专业素质和能力的重要标准。

2021 年版《国家职业资格目录》（以下简称"目录"）共计 72 项职业资格。其中，专业技术人员职业资格 59 项，含准入类 33 项，水平评价类 26 项；技能人员职业资格 13 项。这些职业资格基本涵盖了经济、教育、卫生、司法、环保、建设、交通等国家重要的行业领域，符合国家职业资格设置的条件和要求。目录中准入类职业资格关系公共利益或涉及国家安全、公共安全、人身健康、生命财产安全，均有法律法规或国务院决定作为依据；水平评价类职业资格具有较强的专业性和社会通用性，技术技能要求较高，行业管理和人才队伍建设确实有需求。优化后的目录与 2017 年相比，职业资格减少了 68 项，削减 49%，对于进一步提高职业资格设置管理科学化、规范化水平，推动降低就业创业门槛，优化就业创业环境，持续激发市场主体活力和社会创造力，推动高质量发展具有重要意义。

我国职业资格有两种分类方式：按人员分类和按资格性质分类。

职业资格按人员可分为专业技术人员职业资格和技能人员职业资格（见表 3-3）。

表 3-3　职业资格按人员分类

职业资格	
专业技术人员	技能人员
教师资格、导游资格、医生资格、注册会计师、经济专业技术资格等	民航乘务员、轨道列车司机等
在 2021 年公布的《国家职业资格目录》中，专业技术人员职业资格有 59 项	在 2021 年公布的《国家职业资格目录》中，技能人员职业资格有 13 项

职业资格按资格性质可分为准入类职业资格和水平评价类职业资格（见表 3-4）。《国家职业资格目录》里的每一项资格都注明了是属于准入类，还是水平评价类，二者没有任何交叉，每种职业只能属于其中之一。准入类就是必须持证上岗，所以俗称执业，考试实行全国统一大纲、统一命题、统一组织、统一时间。水平评价类则不强调必须持证上岗，俗称从业，代表从业者的水平和业务能力，供用人单位参考使用。从含金量来看，准入类高于水平评价类。

表 3-4　职业资格按资格性质分类

职业资格	
准入类	水平评价类
是专业技术人员依法独立开业或独立从事某种专业技术工作学识、技术和能力的必备标准，必须通过考试方法取得，考试实行全国统一大纲、统一命题、统一组织、统一时间，考试由国家定期举行	指从事某一专业（工种）学识、技术和能力的起点标准，通过鉴定（评定）或考试取得，供用人单位参考
关系公共利益或涉及国家安全、公共安全、人身健康、生命财产安全，均有法律法规或国务院决定作为依据	具有较强的专业性和社会通用性，技术技能要求较高
必须持证上岗，俗称执业	不强调必须持证上岗，俗称从业
执业资格	从业资格

1. 职业资格证书

职业资格证书是一种特殊的证明。它不仅证明了持证人在职业领域的专业素质，也为其在就业市场中提供了有力的竞争优势。职业资格证书是劳动者在职业生涯中的一张重要名片，它体现了个人在专业知识和技能方面的优势。因此，不断提高自身的职业素养和技能水平，获取职业资格证书，是每个劳动者职业发展的有力保障。

我国自 1994 年起，开始实施国家职业资格证书制度，以职业活动为导向，以职业能力为核心，大力开展职业技能鉴定工作，初步建立了由初级（五级）、中级（四级）、高级（三级）、技师（二级）、高级技师（一级）5 个等级构成的国家职业资格体系（见表 3-5）。

表 3-5　国家职业资格证书等级

国家职业资格五级	国家职业资格四级	国家职业资格三级	国家职业资格二级	国家职业资格一级
初级	中级	高级	技师	高级技师
能够运用基本技能独立完成本职业的常规工作	能够熟练运用基本技能独立完成本职业的常规工作；并在特定情况下，能够运用专门技能完成较为复杂的工作；能够与他人进行合作	能够熟练运用基本技能和专门技能完成较为复杂的工作，包括完成部分非常规性工作；能够独立处理工作中出现的问题；能指导他人进行工作或协助培训一般操作人员	能够熟练运用基本技能和专门技能完成较为复杂的、非常规性的工作；掌握本职业的关键操作技能技术；能够独立处理和解决技术或工艺问题；在操作技能技术方面有创新；能组织指导他人进行工作；能培训一般操作人员；具有一定的管理能力	能够熟练运用基本技能和特殊技能在本职业的各个领域完成复杂的、非常规性的工作；熟练掌握本职业的关键操作技能技术；能够独立处理和解决高难度的技术或工艺问题；在技术攻关、工艺革新和技术改革方面有创新；能组织开展技术改造、技术革新和进行专业技术培训；具有管理能力

职业资格证书是社会按照一定的职业规范和标准，对劳动力质量进行的考核和评价，是对劳动者所拥有的劳动力产权和质量的认定。列入《国家职业资格目录》的证书才是被社会认可的，具有含金量与升值空间。

2. 职业技能等级证书

职业技能等级认定是指经人力资源社会保障部备案的用人单位和社会培训评价组织，按照国家职业技能标准或评价规范对劳动者职业技能水平进行考核评价的活动，是评价技能人才的重要方式。2019 年 12 月 30 日，国务院决定分步取消水平评价类技能人员职业资格，推行社会化职业技能等级认定，对劳动者（含准备就业人员）的职业技能水平进行科学规范客观公正评价，对合格者授予相应的职业技能等级证书。至此，以国家职业资格、职业技能等级、专项职业能力为核心的多元化技能人才评价体系正式确立。自 2021 年 1 月 1 日起，政府将职业技能等级证书的考核鉴定权下放到社会，进入"谁培训、谁考证、谁负责"的新阶段。将技能人员水平评价由政府认定改为实行社会化等级认定，接受市场和社会的认可与检验，这样不仅可以调动企业的用人活力，而且能够降低就业、创业的门槛，还能够解决技能人才供需结构矛盾，促进产业升级和高质量发展。

根据国家职业技能标准，职业技能等级证书包含初级（五级）、中级（四级）、高级（三级）、技师（二级）、高级技师（一级）。企业根据技术技能发展水平等情况，结合实际，在现有职业技能等级设置的基础上适当增加或调整技能等级。对设有高级技师的职业（工种），可在其上增设特级技师和首席技师技术职务（岗位），在初级工之下补设学徒工，形成由学徒工、初级工、中级工、高级工、技师、高级技师、特级技师、首席技师构成的职业技能等级（岗位）序列。行业企业根据自身特点，考虑历史沿用、约定俗成等因素，对上述技能等级名称可使用不同称谓，并明确其与相应技能等级的对应关系（见表3-6）。

表3-6 职业技能等级（岗位）要求

序号	级别名称	基本要求	实施机构
1	学徒工	能够基本完成本职业某一方面的主要工作	用人单位
2	初级工	能够运用基本技能独立完成本职业的常规工作	用人单位和社评组织
3	中级工	能够熟练运用基本技能独立完成本职业的常规工作；在特定情况下，能够运用专门技能完成技术较为复杂的工作；能够与他人合作	
4	高级工	能够熟练运用基本技能和专门技能完成本职业较为复杂的工作，包括完成部分非常规性的工作；能够独立处理工作中出现的问题；能够指导和培训初、中级工	
5	技师	能够熟练运用专门技能和特殊技能完成本职业复杂的、非常规性的工作；掌握本职业的关键技术技能，能够独立处理和解决技术或工艺难题；在技术技能方面有创新；能够指导和培训初、中、高级工；具有一定的技术管理能力	
6	高级技师	能够熟练运用专门技能和特殊技能在本职业的各个领域完成复杂的、非常规性工作；熟练掌握本职业的关键技术技能，能够独立处理和解决高难度的技术问题或工艺难题；在技术攻关和工艺革新方面有创新；能够组织开展技术改造、技术革新活动；能够组织开展系统的专业技术培训；具有技术管理能力	
7	特级技师	在生产科研一线从事技术技能工作、业绩贡献突出的"企业高技能领军人才"。能够熟练运用专门技能和特殊技能在本职业的各个领域完成复杂的、非常规性工作；精通本职业及相关职业的重要理论原理及关键技术技能，能够独立处理和解决高难度的技术问题或工艺难题；承担传授技艺的任务，在技能人才梯队培养上做出突出贡献	省级及以上人力资源社会保障部门指导用人单位实施
8	首席技师	在技术技能领域做出重大贡献，或在本地区、本行业企业具有公认的高超技能、精湛技艺的"地方或行业企业高技能领军人才"。为地方、行业企业高技能人才队伍建设做出突出贡献；为国家重大技术攻关、成果转化、技术创新、发明等做出突出贡献；在地方、行业企业的技术进步与发展中发挥关键作用，专业水平在地方、行业企业具有很高认可度和影响力	省级及以上人力资源社会保障部门、国务院有关行业主管部门指导用人单位实施

注：1. 行业企业可结合实际对上述要求进行修订完善。

2. 上述职业技能等级证书样式和编码按照有关规定确定。证书编码第16位为大写英文字母或阿拉伯数字，其中"X"表示"学徒工"，"T"表示"特级技师"，"S"表示"首席技师"，"5、4、3、2、1"分别表示"初级工、中级工、高级工、技师、高级技师"。

职业技能等级证书上不得使用"中华人民共和国""中国""中华""国家""全国""人力资源社会保障部门""职业技能鉴定中心""中国就业培训技术指导中心""职业资格""资格凭证""就业凭证""录用依据"等字样；不得出现国徽、政府部门徽标（logo）等标识，以及与上述相关或易产生歧义和误导的字样、图案或水印；不得出现本机构以外任何其他部门或单位的标识。

对于职业技能等级证书，有关部门已出台了相关的补贴政策进行大力扶持，并且可以享受到与国家职业资格证书同等的技能提升补贴、就业创业补贴、高技能人才引进、技能落户、抵扣个税等多项政策待遇。

知识链接　　　　职业资格证书与职业技能等级证书

职业资格证书和职业技能等级证书有什么区别？二者享受的待遇相同吗？其"含金量"会不会不一样？（见表3-7）

表3-7　职业资格证书与职业技能等级证书

项目	职业资格证证书	职业技能等级证书
发证单位	当地人社部门	人社部门指定的第三方
证书盖章	当地人社部门+当地鉴定中心联合盖章	第三方鉴定机构盖章（发证单位不唯一，人社部门备案的机构均有效）
培训补贴	改革后职业资格证书一般没有补贴（除特殊情况）	有补贴（每个城市不同）
封面及样式	①人力资源社会保障部统一样本模板 ②只支持纸质证书 ③封面有国徽	①证书统一模板 ②电子证书（打印） ③证书不再有国徽
相同点	证书等级相同：初级、中级、高级、技师、高级技师 证书权威性相同：证书改革前后具有同等效力 查询网址相同：技能人才评价工作网（见图3-2）	

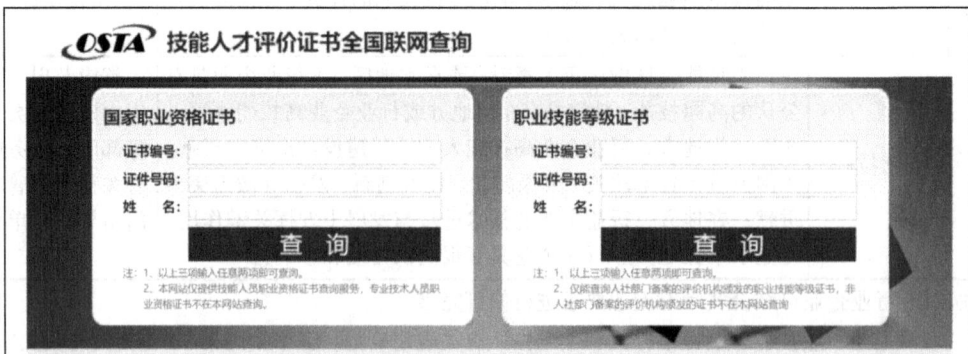

图3-2　国家职业资格证书和职业技能等级证书查询网站

　　根据《关于分类推进人才评价机制改革的指导意见》和《人力资源社会保障部关于改革完善技能人才评价的意见》等文件精神,《国家职业资格目录》内职业可颁发职业资格证书,水平评价类技能人员职业资格退出《国家职业资格目录》,转为社会化等级认定,颁发职业技能等级证书。两类证书均纳入人才统计范围,落实相关政策,兑现相关待遇,具有同等效力。

资料来源：中华人民共和国人力资源和社会保障部

　　劳动职业分类和职业资格之间存在密切的联系。劳动职业分类为劳动者提供了不同领域的发展方向,而职业资格则为劳动者提供了衡量自身能力和水平的标准。劳动者应根据自己的兴趣和特长选择合适的职业发展方向,并通过学习和实践不断提高自己的职业资格水平。

二、劳动技能分类

　　在当今社会,劳动技能作为衡量一个人就业能力和竞争力的重要标准,受到越来越广泛的关注。以专业技能、通用技能和创新技能为标准对其进行分类,可以更好地促进我们对于劳动技能知识的理解,并且可以有针对性地对其加以锻炼和提升。

（一）专业技能

　　专业技能作为劳动技能的重要组成部分,关乎个人的职业发展和社会地位。专业技能是指在特定领域内,通过系统学习和实践所掌握的具备专业性和实用性的技能,是在某一个领域具有较高水平和竞争力的技能,如编程、设计、财务分析等。

　　具备专业技能的劳动者在劳动市场上更具竞争力,能够获得更多的工作机会和更高的薪酬待遇。专业技能是劳动者的核心竞争力,在众多求职的劳动者中,具备相关专业技能的人往往更容易受到雇主的青睐。拥有专业技能的劳动者在企业中更容易获得晋升机会,实现职业生涯的快速发展。具备专业技能的个体在面对行业变革或职场竞争时,拥有更强的应变能力,具备较强的职业稳定性,从而降低失业风险。专业技能的提升不仅有助于个人价值的提升,更是个人立足于社会、实现人生价值的必备条件。劳动者可以通过考取相关证书来证明自己的专业技能,进一步增加就业机会。在现代社会,专业技能的重要性不言而喻,它直接关系到个人的职业发展和生活质量。要想在激烈的职场竞争中稳操胜券,我们必须高度重视专业技能的培养,通过不断学习,掌握更多专业知识,将理论知识与实践相结合,将其应用到实际工作中,提高工作效率。

👁 **案例分享** 　　　　　　　　　　**在绝活里找快乐**

　　高中毕业后的黄景图一开始先去工厂从事电子电器维修,后因工作表现出色,被推荐到招商局码头工作,在工作的同时取得了自动化控制专业大专文凭。在长期与机器打交道的过程中,黄景图感到,要想更好地了解设备,自己还需要提高专业技能。

通过深入、系统的进一步学习，他的专业视野完全被打开，他工作起来如虎添翼。他说："每当我修好一台设备，我就会像欣赏自己刚出生的儿子一样，看着它们在我手底下恢复，正常欢快地运行，那种滋味不是金钱能买得来的，那种感觉简直太美妙了！这就是我热衷于维修的原因。我能切切实实地在维修中获得满足和快乐，确认自己存在的社会价值。"

他善钻、爱学，在实践中不断探索与创新，靠着大胆创新和丰富的经验智慧，创造了"破解数个国外专家都无法攻坚难题"的历史。他带领团队紧密结合码头生产实际，解决了一个个难题，为码头龙头作用的发挥、漳州依港立市、海西战略的实施做出了突出贡献。他从一名普通维修工成长为主修工，从水电工成长为机修工，再到高级技师、注册安全工程师，成为全省范围内一名响当当的"金牌蓝领"，更被誉为"机械医师"，从 2010 年获得漳州区"工人先锋号"技术比武第一名，到 2012 年被评选为"福建省优秀高技能人才"，再到 2013 年荣获"福建省劳动模范"称号，2014 年时更是成立了黄景图劳模工作室，2015 年获得漳州市践行社会主义核心价值观基层"最美职工"、漳州市金牌工人、漳州市"中国梦·劳动美"第二届职工技能大赛电工技能竞赛一等奖，2019 年获评"八闽工匠年度人物"，2020 年被推荐为"全国劳动模范和先进工作者"。这些不俗的成绩，对于一个最初仅有高中文凭的人来说是最大的褒奖和鼓舞，见证了黄景图一路走来的不懈努力和辛勤付出。

（二）通用技能

通用技能，顾名思义，是指在各种行业和领域中都具备一定适用性和广泛需求的技能。这些技能不仅仅局限于某一特定领域，而是在多个领域都有广泛应用，具有较强的一般性和通用性。通用技能是劳动者在职业生涯中能够运用自如、适应多种工作场景的关键能力，包括沟通、团队协作、问题解决、时间管理、自我管理、学习等能力，这些技能对于劳动者在职场中的发展具有至关重要的作用。

通用技能的提升有助于个人综合素质的提高。具备良好沟通能力的人，能更好地与他人交流，增进彼此的了解，减少误解和矛盾，能更好地处理人际关系，营造和谐稳定的环境。团队协作能力强的个体，能更好地融入集体，共同推进项目进展；解决问题和时间管理能力优秀的人，能高效地完成任务，提高工作质量，能够迅速适应各种工作环境，胜任多种岗位，降低企业的培训成本，甚至还能在关键时刻发挥关键作用，推动团队和业务的发展。通用技能是劳动者在职场中必备的关键能力，具有广泛适用性、跨学科性和适应性。重视通用技能的培养与提升，对于个人和社会的发展具有重要意义。

💬 话题互动　　**五旬爸妈竟成我的同学！原来，梦想啥时候圆都不晚**

23 年前，学习成绩优异的娜日娜本来有机会参加高考，但却因照顾听障母亲，只能遗憾地挥别高考考场。2001 年，教育部对高考制度进行改革，取消对高考考生在年龄和婚姻状况上"不超过 25 周岁"和"未婚"的限制。2020 年，43 岁的娜日娜与儿子一同参加高考，均被一本院校录取。娜日娜的儿子总成绩 520 分，是乌兰察布市蒙授（蒙古语授课）理科状元。她自己也以 404 分的成绩过了蒙授文科二本线，在降分补录时，被一本院校内蒙古财经大学旅游管理专业录取。

2020 年，西南医科大学公布了硕士研究生拟录取公示名单，其中出现了一对相差 25 岁的母女的名字。她们的励志故事引发热议，网友称她们为"神仙母女"。西南医科大学附属医院儿科护士长，50 岁的白永旗，被公共管理专业拟录取，25 岁的女儿、2013 级临床医学专业的露露（小名）被儿科学专业拟录取。女儿露露多次考研失败。为了鼓励女儿认真准备，白永旗想不如用实际行动感染孩子，做一名陪考妈妈，加入"考研大军"。白永旗制订了严格的学习计划，有时加班、应酬，无法完成当天的复习任务，第二天必须补上。她随身携带英语词典，上厕所、等红绿灯、朋友聚会，一有空闲时间，她就背单词。两个多月的备考时间，母女俩闭关读书，最终皆大欢喜：双双被心仪的学校录取。

2019 年 9 月 8 日，一名颇受关注的研一新生来到广西大学文学院报到。她叫原梦园，现年 50 岁，原本是上海交通大学一名宿管阿姨。2018 年底，她和儿子一起考研，母子俩一同中榜。儿子被录取为复旦大学基础数学专业硕士研究生，原梦园则被录取为广西大学汉语国际教育专业硕士研究生。

2017 年 9 月中旬，河北环境工程学院开学时迎来了史上最"特殊"的一位学生。父亲彭相虎，54 岁，来自河北省沙河市，和女儿一起考上了河北环境工程学院的环境科学系，一个修读法律事务专业，一个修读环境法学专业。彭相虎的志向很远大，他期待自己可以学有所成，以后创建律师事务所。

资料来源：《人民日报》，有删改

讨论内容：读完以上的事迹，请问你有什么感受？这些事迹彰显出了个人哪些卓越的品质与技能？

（三）创新技能

创新技能，是指在各个领域中，具备发掘新思路、创造新方法、解决新问题的能力。它是跨学科、综合性很强的一种能力，涉及多个层面的知识体系，包括自然科学、社会科学和人文艺术等。创新技能不仅仅是一种技巧，更是一种思维方式，它强调在原有基础上进行改进和突破，以实现社会、经济和科技等领域的发展。劳动者具备创新技能，可以提高工作效率，增强竞争力，促进经济社会发展。

劳动者创新技能的提升有助于企业不断开发新产品、新技术，提高产品质量，降低生产成本，从而提升市场竞争力。此外，创新技能强的劳动者还能为企业创造更多就业机会，促进企业可持续发展。企业的发展离不开劳动者的创新贡献，劳动者创新技能的提高能够推动企业不断壮大，为国家经济发展贡献力量。具备创新技能的劳动者，可以推动传统产业升级，培育新兴产业，为国家经济发展提供源源不断的动力。劳动者创新技能的提升有助于推动产业结构调整，引导产业向高端、智能化方向发展。劳动者创新技能的提升能够为国家创新发展提供强大的人才支持。

🛤 知识链接   **"4C"将成为未来核心的劳动技能**

据澳大利亚国家技能委员会网站报道，未来的工作将会是什么样的？哪些核心技能可以支撑这些工作？澳大利亚国家技能委员会认为，"4C"——护理（care）、认知（cognition）、计算（computing）、沟通（communication）——概括了未来工作可能非常需要的技能。

首先，随着人口老龄化，社会对医疗保健行业工人的需求可能会增加，这会使得"护理"成为未来的关键技能。其次，人工智能、自动化和正在进行的数字革命不会很快消失。最不可能被自动化取代的工作是那些机器难以完成的工作，这些工作通常是非常规而且需要更高层次思维能力的工作，这使得"认知"工作和技能可能成为未来的关键主题。再次，技术领域的迅速发展正在创造许多工作岗位，对数字技能的需求将达到历史新高。数字技能还出现在一系列职业中，许多传统行业如建筑业和制造业也开始使用认知和计算相关的技能。最后，需要非常高水平的口头和书面沟通技巧的工作不太可能被自动化，因此"沟通"将成为未来的另一项核心技能。这 4 项技能中"护理"只与特定工作有关，但"计算"和"沟通"将成为大多数工作的一部分。

资料来源：《世界教育动态》，有删改

👁 案例分享   **奔跑在创新一线的"工人发明家"**

继电保护是特高压电力系统安全的第一道防线，为防止大面积停电、提高供电可靠性等提供核心保障。南方电网云南昆明供电局变电修试所继电保护工、特级技师李辉的拿手绝活，便是能迅速分析判断继电保护和安全稳定自动装置动作行为的正确性，找出故障发生点。凭借精湛的技艺，李辉曾获得全国劳动模范、中华技能大奖等多项荣誉。而且，李辉曾入选 2023 年"大国工匠年度人物"。

1992 年参加工作的李辉，见证了电网继电保护专业的蜕变之路：从电磁型保护到整流型保护，从晶体管、集成电路到如今的智能化微机保护。李辉常说，继电保护是一个引人入胜的专业，学习新技术后便可以做大量的实践，并解决实际问题。这促使他不断提升自身技能，并从中获得成就感。李辉最喜欢用创新发明解决一线生产难题。在劳模创新工作室里，智能矢量测量分析仪、10kV 断路器航空插头固定装置、组合式测试夹……一个个创新成果，大大提高了工作效率和电网运行安全性。李辉介绍，现在有越来越多的优秀人才加入龙芯系列芯片的应用研发工作。如今，李辉劳模创新工作室从成立时的 10 人发展到 54 人，工作室成为带动昆明供电局职工钻研技术和培养人才的平台，也成为年轻人成长成才的重要通道。

从一线工人到"大国工匠"，李辉始终坚持在生产实践中创新发明，累计完成 37 座变电站的综合自动化改造，牵头开展各类大修技改 1000 余次，排除 15 项电网安全重大隐患，先后带领团队完成技术攻关 60 余项，主导制定 2 项国家标准，解决 1 个国际性难题，拥有 6 项行业首创技术，服务电力系统绿色化、数字化、智能化发展。

　　"我老觉得时间不够用，要学的知识太多了。但是我有信心不断提升技术、技能水平，助力推动最先进、自主的技术应用到工作中，更好地保障国家能源电力安全，实现技能报国。"李辉说。

资料来源：《工人日报》，有删改

三、劳动技能的获得与运用

　　劳动技能的本质是人的劳动能力，它是在一定知识经验基础上，通过感知、记忆、思维等心理活动，形成智力能力和心理能力，借助身体及其相关的神经活动过程来实现，在反复练习和实践中逐步形成并巩固下来的能力，这种能力具有一定的稳定性，并以劳动习惯的方式保存下来。良好的劳动习惯是建立在正确的劳动态度之上的。如果我们对劳动技能的学习有着正确的动机和兴趣，就会投入积极的情绪去学习操作，以达到精益求精的水平。

（一）劳动技能的获得途径

　　劳动技能涵盖众多领域，获得劳动技能的途径更是广泛而多样。在这里，我们主要针对学校教育、社会实践活动和家庭教育这三种常见途径来进行介绍。

　　1. 学校教育

　　学校教育作为大学生获得劳动技能的主要途径，具有举足轻重的地位。在人才培养过程中，学校教育不仅传授专业知识，而且关注学生综合素质的培养，使学生在掌握一技之长的同时，具备良好的团队合作能力、创新思维和实践能力。因此，学校教育在提升大学生劳动技能方面具有显著优势。

　　首先，大学生可以通过学校根据社会需求和行业发展设置的贴近实际、具有前瞻性的课程系统进行专业理论的学习，掌握实际操作技能。其次，大学生还可以通过参加学校开设的创新创业课程、举办的创新创业大赛等方式，利用学校提供的创新创业实践平台，激发创造潜能，培养创新精神和创业能力。同时，大学生可以通过实验、实习、实训等方式，在实际操作中真切感受到劳动的价值，提高技能水平。此外，劳动技能大赛作为一种实践性较强的教育活动，已成为许多学校教育教学的重要组成部分。劳动技能大赛可以让大学生将所学知识应用于实际操作中，以赛促学，提高大学生的动手能力。在比赛过程中，大学生需要克服困难，不断尝试和改进，从而锻炼创新能力。劳动技能大赛涵盖多个领域，如机械、电子、化工、服务等，这有利于大学生选择适合自己的实践技能，为其将来的职业生涯奠定基础。劳动技能大赛为大学生提供了一个展示自己才能的舞台。在比赛中，大学生可以充分发挥自己的优势，为团队做出贡献。大学生在比赛中取得优异成绩时，会对自己的能力有更多信心。这种自信心将继续激发他们在学习、生活等方面的积极态度，有利于其全面发展。劳动技能大赛还要求大学生在比赛中承担一定的职责，如负责某个环节、监督进度等，需要对自己的工作负责，出现问题要及时解决，这有助于培养他们的责任感和担当精神。在承担责任的过程中，大学生将学会如何面对挫折和困难，增强心理素质。

2. 社会实践活动

社会实践活动作为我国高等教育的重要组成部分，对于大学生劳动技能的获得具有显著的推动作用。社会实践活动往往围绕国家战略和民生需求展开。通过参加实践活动，大学生可以更加关注社会问题，增强为国家、为人民服务的责任感和使命感。社会实践活动往往涉及各行各业，丰富多样，这使得大学生有机会走出校园，接触到不同领域的事物，拓宽知识面，体验不同的人生阶段和角色，为今后的人生道路积累宝贵经验。

社会实践活动旨在引导大学生将理论知识与实际应用相结合，培养其动手能力、团队协作能力和创新能力。通过参与各种实践活动，大学生能够在实践中不断成长，提高自身的综合素质。例如，通过参加志愿者活动，大学生可以走进社区，深入生活，真正了解到他人的困境与需求，加深对公益事业的理解与关注。大学生还可围绕特定课题进行实地调查，撰写调研报告。劳动过程中，大学生需要运用所学知识对数据进行分析，找出问题的解决方案。这种方式不仅可以提高大学生的数据分析能力，还可以提升其解决问题的能力。参与各类志愿服务，如环保、公益、赛事服务等，都可以培养大学生的组织协调和沟通能力。通过参与各类社团活动、志愿服务、竞技比赛等培养团队合作精神、领导能力和综合素质，这些将有助于提高大学生今后在劳动市场中的竞争力。

3. 家庭教育

家庭教育是大学生劳动技能培养的基石。家庭教育指的是父母或其他家庭成员在日常生活中对其子女进行的有关劳动技能、生活习惯、道德品质等方面的教育。在大学生劳动技能的培养中，家庭教育具有重要的地位。父母的观念、教育方式以及对子女的期望都会对大学生的劳动技能产生深远影响。

在现代社会，越来越多的家长意识到，培养子女的独立生活能力至关重要。这种生活能力不仅能帮助大学生更好地适应生活，还能使大学生具备自我管理的能力。家长在生活中的方方面面都可以为子女提供锻炼的机会。例如，整理床铺、打扫房间、购物等，这些看似琐碎的任务实际上都是在培养大学生的独立生活能力。家庭教育是基于亲情关系进行的，具有较强的感情基础，有助于大学生在愉悦的氛围中接受劳动技能的培养，提升劳动学习的效果。家庭教育针对个体的特点和需求进行，有利于大学生找到适合自己的劳动技能学习方法和发展方向。家庭教育涵盖生活、学习、工作等多个方面，有助于大学生全面掌握各类劳动技能。家庭教育使大学生在家庭生活中学会自己动手解决问题，养成良好的生活习惯，为今后独立生活奠定基础。家庭教育鼓励大学生参与家庭事务，与家庭成员共同分担责任，这样的教育方式有助于培养大学生与家庭成员共同分担责任的精神。大学生参与家庭事务能帮助他们更好地理解家庭的重要性。通过亲身参与，大学生可以了解到家庭生活中每一个成员的付出和努力，从而促进亲子关系，增强家庭凝聚力。家庭教育有助于大学生了解家庭传统，传承家庭文化。大学生应主动投身到家庭事务中去，以实际行动践行家庭责任。

（二）劳动技能的运用

劳动技能是劳动教育的核心。在当今社会，劳动技能也是衡量一个人的就业能力和竞争力的重要标准，越来越受到关注。培养大学生的劳动技能，可以提高他们在学习生活环境中的实践能力和未来的就业能力。

1．校园生活

在学校中，劳动教育不仅以书本知识的形式呈现，更是通过各项活动将劳动技能加以体现。

生活自理：将劳动中的生活技能运用到日常学习生活中，有助于提升大学生的生活自理能力。例如，学会自己整理床铺、洗衣清扫等基本生活技能，使自己的生活环境更加整洁舒适。通过自主完成这些任务，大学生不仅能够锻炼自己的动手能力，还能培养独立自主的品质。

勤工俭学：在学习之余兼职工作，积累宝贵的实践工作经验，可以提前适应社会，增加社会阅历。在勤工俭学的过程中，大学生将与各种各样的人打交道，这种广泛的社交机会为他们提供了认识不同背景和文化的人的机会，使其可以更好地理解社会多样性，拓宽自己的视野，锻炼自己的社会实践能力和沟通能力。除此之外，勤工俭学还可以为大学生的家庭减轻经济负担。在大学期间，学费、生活费等开销可能会给家庭带来一定的经济压力。通过自力更生，大学生可以在一定程度上减轻这种负担。

志愿服务：参与各类志愿者活动，如支教、助残、环保等，是大学生劳动技能在校园生活中的体现。志愿服务是大学生提升劳动技能的一种公益方式，大学生在服务中可以增强自己的社会责任感和公民意识，在帮助他人和服务社会的实践中升华劳动情感。通过志愿者服务，大学生可以发挥自己的专业特长，提升自己的综合素质，同时为社会贡献力量。

社团活动：加入兴趣社团，参与社团活动，是大学生校园生活中不可或缺的一部分。社团中的职务可以帮助大学生培养组织管理、团队合作等多种职业技能。在社团中积极担任职务可以提高组织协调能力，提升领导能力和团队意识，这是一种非常有效的锻炼方式。在社团活动中，大学生可以学习到组织策划、宣传编辑、沟通协调、团队合作等劳动技能，可以结识来自不同专业、学院的同学，学习更多经验和知识，了解更多信息。

2．未来职业的发展

将劳动技能运用到职业生涯规划与管理中，不仅有助于提高个人的就业竞争力，还可以为自身职业生涯的持续发展保驾护航。

自我评估与定位：在对未来进行展望和规划之前，首先要对自己进行全面的自我评估，包括兴趣爱好、性格特点、专业技能等方面。锻炼自我评估能力，通过分析自己的优势和劣势，明确职业目标，可以为自己制定合适的职业发展规划。此外，要关注当前就业市场的需求，了解各类职业的发展前景，锻炼信息搜索、整理的能力，从而为自己找到一个具有发展潜力的行业。

职业技能提升：在规划与管理职业生涯的过程中，不断提升职业技能至关重要。大学生要积极参加各类职业技能培训课程，掌握行业的最新动态和技术发展情况，通过实践经验和不断充实自己的知识储备，提高自己的专业素养。此外，要注重跨学科的学习，掌握多种技能，提高自己的综合素质。

拓展人际关系：人际关系在未来职业发展中起着举足轻重的作用。大学生应充分利用在校期间的人际交往机会，积极参加各类社交活动，拓展自己的人际关系资源。与同学建立良好的合作关系，这有利于自己职业生涯的发展。同时，要学会与人沟通、协作，提高自己的团队协作能力。

合理规划与调整：随着社会的发展和个人经历的积累，大学生对未来的规划可能会根据实际需要进行不断的调整。大学生要持续关注职业发展动态，了解行业趋势，根据实际情况对规划进行修正，为自己在职场中谋求更好的发展机会。大学生可以通过阅读专业书籍、参加行业研讨会、关注行业政策等途径，不断充实自己的职业知识，增强持续学习的能力；在面临职业选择时，要勇敢尝试，不怕失败，逐步找到适合自己的职业道路；在规划过程中，还要树立正确的价值观，注重个人成长与发展。

保持积极心态：在未来的成长发展中，遇到挫折与困难是在所难免的。在面对困境时，可回想已经取得的劳动成果及成绩，要相信自己的能力和潜力，勇于面对挑战。同时，掌握适应变化的能力，灵活应对，在遇到难题时可以主动寻找新的机会和解决方案，注重心理韧性和心理弹性的培养，学会调整自己的情绪，保持良好的心理状态，以更好地应对职业发展中的变化和挑战。

• 拓展活动

游戏主题：不一样的背靠背——"坐地起身"团体游戏

游戏介绍：可分小组进行。大家围成一圈，背靠背坐下来，相邻两个人的胳膊互相挽起来，在命令之下大家一起站起来。

游戏目的：考验成员的毅力和耐力，增进彼此之间的感情，引导其了解团队协作的重要性，培养团队精神与合作意识。

游戏要求：

1. 每4个人一组，围成一圈，背靠背地坐在地上。
2. 在不用手撑地的状况下站起来。
3. 随后依次增加人数，每次增加2人，直到增加至10人，游戏结束。
4. 请同学们反思游戏经历和收获，分享、交流活动过程和心得体会。

（1）你们组最后成功站起来了几个人？你认为你们还能站起来更多的人吗？为什么？

（2）请站起人数最多的一组的成员分享体验：在游戏过程中你是怎么想的？怎么做的？你认为你的队友怎么样？

（3）请站起人数最少的一组的成员分享体验：在游戏过程中你是怎么想的？怎么做的？你认为你的队友怎么样？

• 书影同行

纪录片：《技能人生》《乐业中国》《向幸福出发》《中国队长》

专题片：《生命重于泰山》《生命至上 警钟长鸣》《请把安全放心上》

电影：《那人那山那狗》《烈火英雄》《奇迹·笨小孩》

书籍：

（1）路遥，《平凡的世界》，人民文学出版社

（2）张胜群，《劳动最光荣：燕园里奋斗者的故事》，北京大学出版社

（3）檀传宝，《你不全知道的劳动世界》，中国劳动社会保障出版社

（4）刘擎等，《软技能》，新星出版社

模块四 劳动法规与劳动保障

光荣属于劳动者，幸福属于劳动者。社会主义是干出来的，新时代是奋斗出来的。只有依法保障劳动者在法治的阳光下劳动，在法治的轨道上创造，在和谐的劳动关系中奋斗，切实实现好、维护好、发展好劳动者合法权益，才能让实现伟大复兴中国梦的创新创造源泉充分涌流。

模块导读

劳动既是权利也是义务。我们应当关注劳动者权益保护问题。劳动者关心的是工作保障、工资及各项工作条件等；经营者关心的是降低成本，取得最大利润。在这种关系中发生利益冲突是不可避免的。作为劳动者，掌握劳动法律法规，学会用法律武器去维护自身的合法权益是非常有必要的。本模块从我国的劳动法律法规、劳动关系与劳动合同、劳动权益保障三方面为大学生普及劳动法律法规相关知识，帮助大学生增强就业法制观念，使大学生在面对劳动法律风险时，可以运用法律手段理性维权，成为一名知法、懂法、守法、用法的劳动者。

学习目标

1. 了解我国劳动法律体系。
2. 了解我国社会保障体系，掌握"五险一金"的基本内容。
3. 学会运用劳动法律法规解决生活中的实际问题，维护自身的合法权益。

素养目标

1. 树立正确的法律观念和意识，正确认识和处理劳动关系。
2. 培养学习劳动法律法规的兴趣，提高劳动法律风险防范意识。
3. 正确认识和谐劳动关系的重要性，提高职业道德素养，为构建和谐劳动关系贡献力量。

思维导图

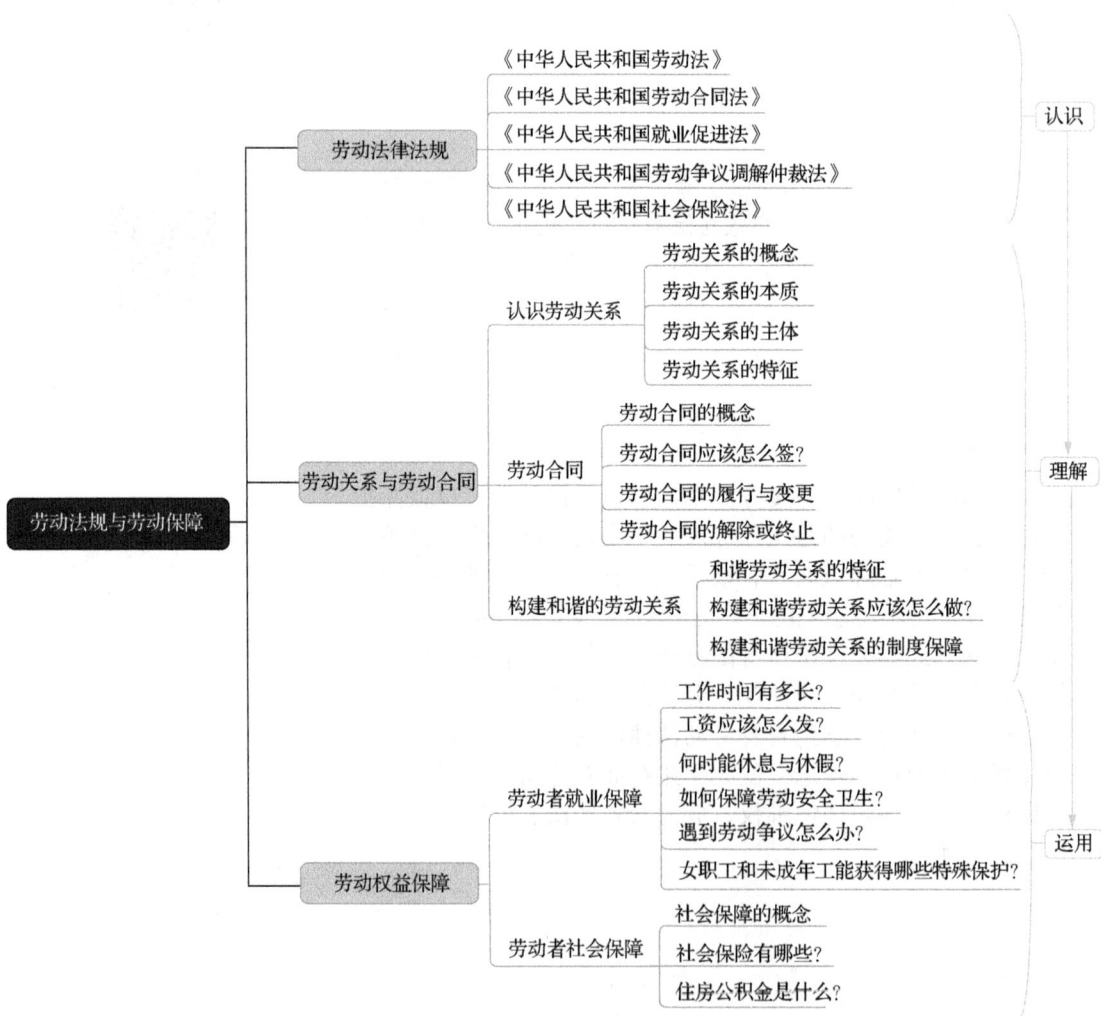

主题一 劳动法律法规

劳动法律法规是一系列旨在规范劳动关系、保护劳动者权益、促进公平就业和合理分配劳动报酬的法律规范，是与人们的工作关系最为密切的法律。大到劳动者与用人单位之间是否存在劳动关系，小到加班工资怎么发放，都能在劳动法律法规中找到答案。由于劳动法律制度调整的范围涉及劳动关系的方方面面，因此其内容十分丰富，从理论上来说，主要包括劳动关系方面的法律制度、劳动基准方面的法律制度、劳动力市场方面的法律制度、社会保险方面的法律制度、劳动权利保障与救济方面的法律制度。

一、《中华人民共和国劳动法》

《中华人民共和国劳动法》(简称《劳动法》)是我国第一部系统规范劳动关系、规定劳动权利义务内容的综合性法律，是中国劳动法律体系中的基础性法律，于 1994 年 7 月 5 日由第八届全国人民代表大会常务委员会第八次会议通过，自 1995 年 1 月 1 日起施行，根据 2009 年 8 月 27 日第十一届全国人民代表大会常务委员会第十次会议通过的《全国人民代表大会常务委员会关于修改部分法律的决定》第一次修正，根据 2018 年 12 月 29 日第十三届全国人民代表大会常务委员会第七次会议通过的《全国人民代表大会常务委员会关于修改〈中华人民共和国劳动法〉等七部法律的决定》第二次修正后一直沿用至今。《劳动法》明确规定了劳动者权益、劳动合同制度、工作时间与休息休假、工资、劳动安全卫生、女职工和未成年工特殊保护、职业培训、社会保险和福利、劳动争议处理等与劳动者息息相关的内容。自颁布以来，《劳动法》对保护劳动者的合法权益，调整劳动关系，建立和维护适应社会主义市场经济的劳动制度，促进经济发展和社会进步起到了重要的作用。

二、《中华人民共和国劳动合同法》

我国劳动合同制度产生、发展到逐步健全的历程也是我国劳动力市场化实践逐步取得成效的过程。从 20 世纪 80 年代起，以劳动合同形式建立劳动关系的实践已经开始，并且该实践过程始终与国家经济体制改革的脉络一致，在曲折中不断前行，并最终形成了独特的劳动合同制度。《中华人民共和国劳动合同法》(简称《劳动合同法》)是中国劳动法律体系中的一部重要法律，于 2007 年 6 月 29 日由第十届全国人民代表大会常务委员会第二十八次会议通过，自 2008 年 1 月 1 日起施行，2012 年 12 月 28 日第一次修正。该法对《劳动法》中有关劳动合同的相关问题做了进一步的体系化梳理与规范，也是实践中处理劳动合同问题的主要依据。该法对劳动合同的订立、履行、变更、解除和终止等方面做出了详细规定。《劳动合同法》的实施对于维护劳动者权益、规范劳动市场秩序、促进劳动关系的和谐稳定具有重要意义。它为劳动者提供了更加明确的法律保护，同时也为用人单位提供了合法用工的指导。

三、《中华人民共和国就业促进法》

就业是民生之本。做好促进就业工作，关系人民群众的切身利益，关系改革发展稳定的大局，关系社会主义和谐社会的建设，不仅是重大的经济问题，也是重大的社会问题和政治问题。《劳动法》中对促进就业做了原则规定，对促进就业发挥了积极作用。然而解决我国长期、艰巨而复杂的就业问题，不仅需要有综合大法的原则性要求，更需要专门的有具体规定的就业促进立法。2007 年 8 月 30 日，《中华人民共和国就业促进法》（简称《就业促进法》）由第十届全国人民代表大会常务委员会第二十九次会议通过，自 2008 年 1 月 1 日起施行，根据 2015 年 4 月 24 日第十二届全国人民代表大会常务委员会第十四次会议《关于修改〈中华人民共和国电力法〉等六部法律的决定》修正后沿用至今。《就业促进法》是我国就业领域的第一部基本法律，是继《劳动合同法》之后我国劳动保障法制建设取得的又一重大成果。《就业促进法》确立了就业工作的方针，明确了政府促进就业的职责，建立了促进就业工作协调机制，在促进就业的政策支持体系、维护公平就业、加强就业服务和管理、发展职业教育和开展职业培训、实施就业援助等方面做出了具体规定，对于解决关系国计民生的就业问题，促进社会主义和谐社会建设，具有重要而深远的意义。

四、《中华人民共和国劳动争议调解仲裁法》

劳动关系和谐是社会和谐的基础，努力构建和谐社会首先要保持劳动关系和谐与稳定。劳动争议处理制度作为劳动关系调整机制的重要组成部分，对维护劳动关系的和谐稳定发挥着重要作用。劳动争议处理制度是解决劳动争议的重要机制，是劳动争议当事人尤其是劳动者维护自身合法权益的重要法律救济途径。2007 年 12 月 29 日，《中华人民共和国劳动争议调解仲裁法》（简称《劳动争议调解仲裁法》）由第十届全国人民代表大会常务委员会第三十一次会议通过，自 2008 年 5 月 1 日起施行，为协调劳动关系、处理劳动争议、维护当事人的合法权益提供了程序上的法律保障。《劳动争议调解仲裁法》的颁布，进一步完善了我国劳动保障法律体系，对于公正及时解决劳动争议、保护当事人合法权益、促进劳动关系和谐稳定、构建社会主义和谐社会发挥着重要的作用。

五、《中华人民共和国社会保险法》

《中华人民共和国社会保险法》（简称《社会保险法》）是中国特色社会主义法律体系中起支架作用的重要法律，是一部着力保障和改善民生的法律，由 2010 年 10 月 28 日第十一届全国人民代表大会常务委员会第十七次会议通过，根据 2018 年 12 月 29 日第十三届全国人民代表大会常务委员会第七次会议《关于修改〈中华人民共和国社会保险法〉的决定》修正。该法确立了我国社会保险体系的基本框架，明确了各项社会保险制度的覆盖范围，完善了社会保险费征缴制度，规定了社会保险制度的筹资渠道、各项社会保险的待遇项目和享受条件、社会保险基金管理制度、社会保险经办服务的内容、社会保险监督制度并明确了违反《社会保险法》应当承担的法律责任。它的颁布实施，是中国人力资源社会保障法制建设中的又一个里程碑，对于建立覆盖城乡居民的社会保障体系，更好地维护公民参加社会保险和享受社会保险待遇的合法权益，使公民共享发展成果，促进社会主义和谐社会建设，具有十分重要的意义。

主题二　劳动关系与劳动合同

一、认识劳动关系

劳动关系是生产关系的重要组成部分，是最基本、最重要的社会关系之一。劳动关系是否和谐，事关企业及广大职工的切身利益，事关经济发展与社会稳定。

（一）劳动关系的概念

劳动关系是指劳动者与用人单位（包括各类企业、个体工商户、事业单位等）在实现劳动过程中建立的社会经济关系。从广义上讲，生活在城市和农村的任何劳动者与任何性质的用人单位之间因从事劳动而结成的社会关系都属于劳动关系。从狭义上讲，现实经济生活中的劳动关系是指依照国家劳动法律规范形成的劳动法律关系，即双方当事人是被一定的劳动法律规范所规定和确认的权利和义务联系在一起的，其权利和义务的实现，是由国家强制力来保障的。劳动法律关系的一方（劳动者）必须加入某一个用人单位，成为该单位的一员，并参加该单位的生产劳动，遵守其内部的劳动规则；而另一方（用人单位）则必须按照劳动者的劳动数量或质量给付其报酬，提供工作条件，并不断改善劳动者的物质文化生活。

（二）劳动关系的本质

劳动关系的本质是双方合作与冲突。劳动关系的双方要进行生产，就要共同合作，遵守一套既定的制度规则。劳动者通过提供劳动获得一定的报酬和福利，同时，还要从工作中获得作为人所拥有的体面、尊严、归属感、成就感和满足感。用人单位需要将劳动者的劳动力转换成产品和服务，创造经济效益。用人单位清楚地了解每个劳动者的需求和发展愿望，并尽量予以满足；而劳动者也为用人单位的发展全力奉献，因为他们相信用人单位能满足自己的需求与愿望。用人单位和劳动者为了各自的可持续发展，必须选择合作共赢。

与合作不可避免一样，在劳动关系中，由于劳动者希望能以较少的劳动投入获得较高的工资收入，但是用人单位希望以更低的工资成本获得劳动者更多的劳动投入，双方的利益、目标和期望常常会出现分歧，产生冲突，甚至背道而驰，因而冲突在所难免。冲突的形式，对劳动者来说，有罢工、旷工、怠工、抵制、辞职等；对用人单位而言，有关闭工厂、惩罚或解雇等。

劳动关系的双方选择合作还是冲突，取决于双方的力量对比。一般而言，在劳动关系中，用人单位享有决策权。拥有决策权，使用人单位在劳动关系中处于优势地位，但这种优势地位不是固定不变的。处于弱势地位的劳动者通常以退出、罢工、岗位三种形式与用人单位抗衡。劳动者退出会给用人单位带来成本的增加，如会产生寻找和培训顶替辞职员工的费用；劳动者罢工会给用人单位带来损失；岗位主要是由于在岗员工不服从、不配合用人方的工作安排而带来的管理成本的增加。劳动者的技能水平越高，其市场力量就越强。比如，由于航空市场飞行员人才稀缺，飞行员拥有强于航空公司的市场力量。在飞行员与航空公司的力量对比关系中，由于培训周期长、培训费用高，飞行员一旦辞职会给航空公司带来很大成本，飞行员在退出、罢工、岗位这三种力量上均具有优势地位。但同时，用人单位享有决策权，承担着管理的责任，拥有对飞行员进行指挥和安排的权力，以及影响其行为和表现的权威。

（三）劳动关系的主体

劳动关系主体是指劳动关系中劳动力的所有者和劳动力的使用者，即拥有劳动力的雇员（劳动者）和使用劳动力的雇主（用人单位）。在世界各国，哪些公民、社会组织能够成为劳动关系主体，一般由劳动法律规范予以确定和认可。

从狭义上讲，劳动关系的主体包括两方：一方是雇员以及以工会为主要形式的雇员团体，另一方是雇主以及雇主协会。由劳动关系主体双方组成的组织，可以称为就业组织，也就是我国通常所说的用人单位，它可以是营利性的，也可以是非营利性的。从广义上讲，劳动关系的主体还包括政府。在劳动关系发展过程中，政府通过立法介入和影响劳动关系，调整、监督和干预作用不断增强，因而政府也是劳动关系的主体。

（四）劳动关系的特征

（1）劳动关系主体之间既有法律上的平等性，又具有客观上的隶属性。劳动关系主体双方在法律面前享有平等的权利，劳动者向用人单位提供劳动或服务，用人单位向劳动者支付劳动报酬，双方在平等自愿的基础上建立劳动关系。同时，劳动者作为用人单位的成员，在实现劳动过程中理所当然地应当遵守用人单位的规章制度，服从用人单位的管理，双方形成领导与被领导的隶属关系。

（2）劳动关系产生于劳动过程之中。劳动者只有与用人单位提供的生产资料相结合，在实现劳动过程中才能与用人单位产生劳动关系，没有劳动过程双方便不可能形成劳动关系。因此，从严格意义上讲，劳动法涉及的范围只限于劳动过程之中，不应包括形成劳动关系之前的就业过程。但是，由于我国是一个劳动力资源大国，就业问题成为一个社会问题，并且在今后相当长的一个时期内都关系到社会经济的发展和稳定，同时就业与劳动关系又有特别紧密的联系，因此，我国的《劳动法》将就业纳入调整范围，是出于我国实际的考虑，不能因此将就业也归于劳动关系的范畴。

（3）劳动者与用人单位间的劳动关系具有排他性。劳动关系只能产生于劳动者与用人单位之间，劳动者与其他社会主体之间发生的社会关系不能称为劳动关系。同时，作为自然人的劳动者，在同一时间只能与一个用人单位签订劳动合同、建立劳动关系。任何劳动者都不能与两个用人单位同时签订劳动合同、建立劳动关系；任何两个用人单位也不得同时与一个劳动者签订劳动合同、建立劳动关系，因此，劳动关系具有排他性。至于现实社会中存在的灵活就业者，比如作家、自由撰稿人、小时工等，他们可以与不同的用人单位建立劳动关系。可以认为灵活就业者在本质上并没有违背劳动关系排他性，因为灵活就业者在工作时间上是相互错开的，依然符合劳动者在同一时间只能与一个用人单位签订劳动合同、建立劳动关系的规范，只不过这"同一时间"更为灵活、更为具体而已。

（4）劳动关系的存在以劳动为目的。用人单位与劳动者建立劳动关系，是为了实现劳动过程，为社会生产或社会产品提供服务。劳动者的劳动成果归属于用人单位，也就是说，劳动者是在用人单位的组织指挥下，为了最终实现用人单位的利益而劳动的。相应的，用人单位必须为劳动者实施劳动行为提供有利条件和物质保障，并向劳动者支付合理的报酬。

（5）劳动关系具有国家意志和当事人意志相结合的双重属性。劳动关系是依据劳动法律规范规定和劳动合同约定形成的，既体现了国家意志，又体现了双方当事人的共同意志。我国《劳动合同法》对用人单位和劳动者的权利、义务做了明确的规定，体现了国家对劳动关系的强制干预性质，同时双方当事人对劳动关系的具体事项可以在平等自愿的基础上自由约定，体现了契约自由的本质属性。

👁 **案例分享**　　　　**在校大学生兼职，能否确认劳动关系？**

在校大学生小王 2017 年 7 月取得毕业证，当年 2 月 13 日，他到一家旅游公司面试，通过面试后当天就入职了，职位是金融部旅游产品设计和销售。双方未签订劳动合同，小王月工资为 5000 元，以银行转账形式发放，下发制，工资实际发放至当年 9 月，以本人签字的方式记录考勤。

小王入职 8 个月后，以公司拖欠工资为由，口头通知解除劳动关系，并要求公司支付拖欠工资、未签订劳动合同两倍工资差额，开具解除劳动关系证明，旅游公司不同意。小王申请劳动仲裁获得支持，旅游公司不服仲裁裁决起诉到法院，强调小王是在校学生，双方未签订劳动合同，不是劳动关系。最终法院依据《劳动合同法》，判决用人单位支付未签订劳动合同两倍工资差额，开具解除劳动合同的证明。

小王作为未毕业大学生能否与旅游公司形成劳动关系？学生身份并不能成为建立劳动关系的障碍。在这个案件中，小王虽然是在校大学生，但是以求职就业为目的应聘相应岗位，用人单位也将其作为正式员工进行招录、用工和劳动管理，且按月向他支付劳动报酬，所以小王并非实习或勤工俭学，应认定双方建立了劳动关系。

实践中，在校大学生与用人单位之间的关系并非一种简单的关系，到底是否属于劳动关系，法院会根据案件实际情况进行综合判断。学校统一组织、管理的实习，大学生到相关单位参加社会实践，没有工资，不存在由实习生与相关单位签订劳动合同、约定福利待遇等问题，此时双方不是劳动关系；在校大学生利用业余时间进行勤工俭学，依据有关规定，不视为就业，即该种情形下大学生与用人单位之间不是劳动关系；在校大学生虽然还未拿到毕业证，但已经完成了全部学习任务，有明确的求职愿望，接受用人单位的管理并获得相应固定的劳动报酬，具备成立劳动关系的特征，则与用人单位成立劳动关系。

不管是实习长见识、勤工俭学，还是毕业求职，大学生和用人单位都要重视保留入职及在职相关材料，及时签订书面实习或者劳动合同以明确双方权利、义务，并诚实守信地履行合同。

资料来源：中国法院网，有删改

↑→ **知识链接**　　　**"劳动关系""劳务关系"别再傻傻分不清楚**

同在公司上班，为什么劳动仲裁受理了同事的案子，没有受理我的案子？同在周末加班，为什么同事有加班工资，我没有加班工资？为什么我不能依据《劳动法》《劳动合同法》主张权益？——"因为你和公司之间是劳务关系。"那么我们应该如何区分"劳动关系"和"劳务关系"呢？

"劳动关系"与"劳务关系"虽只有一字之别，但二者却是截然不同的两个法律概念。简单来说，"劳动关系"与"劳务关系"在以下方面存在区别。

一、适用法律不同

劳动关系适用《劳动法》《劳动合同法》等劳动法律法规，且需要遵守最低工资标准等地方性规定。劳务关系适用《中华人民共和国民法典》等法律法规，且相当程度上尊重双方意思自治。

二、主体待遇不同

劳动关系中的劳动者在工资标准、工时、休假等诸多方面受法律保护，如在正常提供劳动的前提下，劳动者的工资不得低于最低工资标准；在加班的情况下，劳动者可以主张加班工资；在未依法享受带薪年休假待遇的情况下，劳动者可以主张未休年休假工资；在无正当理由被解除劳动关系的情况下，劳动者可以主张违法解除赔偿金等。

劳务关系中的劳动者，其劳务费用由市场调整，由双方当事人协商约定，劳务关系中的个人可依照双方约定主张劳务费用，但无法依据劳动法律法规主张低于最低工资标准的工资差额，亦无法主张加班工资、未休年休假工资。且在无特殊约定的情况下，劳务关系中的双方均有权随时解除劳务关系且无须向对方支付赔补款项。

三、维权程序不同

劳动关系的双方发生争议，属于劳动争议，依法适用"仲裁前置"程序，即劳动者需首先就双方劳动争议纠纷向劳动争议仲裁委员会提起劳动仲裁，只有经过仲裁前置程序，才能依法向法院提起诉讼。实践中，大部分劳动争议纠纷可在仲裁阶段得以解决，仲裁机构依法出具的裁决或仲裁调解书亦可以申请法院强制执行。

劳务关系双方发生争议，属于劳务合同纠纷，劳务纠纷无须经过"仲裁前置"程序，个人可直接依法向有管辖权的人民法院提起诉讼。即如个人坚持向仲裁机构提出"劳动仲裁"，则通常情况下，仲裁机构会以该案不属于《中华人民共和国劳动争议调解仲裁法》第二条规定的受案范围为由不予受理。

鉴于"劳动关系"与"劳务关系"在上述几方面的区别，建议广大劳务工作者在以下几方面加以注意，以便更好地维护自身合法权益，避免遭受不必要的损失。

一、尽量签订书面协议。

不同于劳动关系，劳务关系是基于双方约定而生的民事法律关系。因此，建议广大劳务工作者尽量与接受劳务方签订书面协议，约定提供劳务的期间、劳务的内容、劳务费标准、结算周期、结算方式。如接受劳务方为公司等法人组织，则书面协议中最好加盖公司公章；如接受劳务方为自然人，则书面协议中最好加入身份证号码及签名。

二、如无法签订书面协议，则应注意留存相应证据。

如实践中，劳务工作者无法与接受劳务方签订书面协议，则劳务工作者应注重留存相应证据。基于"谁主张、谁举证"的原则，劳务合同纠纷中，劳务工作者需就双方间存在劳务关系、对方拖欠劳务费进行举证，因此建议广大劳务工作者注重以下几方面证据的收集、留存工作，以避免因举证不能而承担败诉风险。第一，证明双方间存在劳务关系的证据，如派工单、派工短信、派工邮件等。第二，证明劳务费标准及支付情况的证据，如劳务费银行转账记录、劳务费核算单、劳务费对账单、劳务费欠款说明等。

三、尽量缩短结算周期，如双方发生纠纷且协商未果，则依法维权。

为避免发生大额劳务费纠纷，建议劳务工作者与接受劳务方在协商结算周期时，尽量争取相对合理的短期的结算周期。如发生拖欠劳务费的情况，及时与接收劳务方协商；如协商未果，则建议充分准备证据，依法向有管辖权的法院提起诉讼。

资料来源：中国法院网，有删改

二、劳动合同

劳动合同又称劳动契约、劳动协议，是调整劳动关系的基本法律形式，也是确立劳动者与用人单位劳动关系的基本前提，在劳动法中占据核心的地位。

（一）劳动合同的概念

劳动合同是劳动者与用人单位确立劳动关系、明确双方权利义务的协议。理解劳动合同的概念，应该把握以下几点。

（1）劳动合同是劳动者与用人单位之间签订的协议。劳动合同的主体一方是劳动者个人，另一方是用人单位。劳动者是指具有劳动能力并在用人单位的管理下实际参与劳动，以自己的劳动收入为主要生活来源的人。用人单位是指依法招用和管理劳动者并向劳动者支付劳动报酬的组织或个人。《劳动合同法》规定，用人单位主要是指企业、个体经济组织、民办非企业单位，以及国家机关、事业单位、社会团体等与劳动者建立了劳动合同关系的组织和个人。

（2）劳动合同是明确双方权利义务的协议。劳动合同的内容是双方的劳动权利义务，劳动者依据劳动合同成为用人单位的一员，有义务按照合同约定的岗位、工种或职务提供劳动，完成劳动任务，提升职业技能，执行劳动安全卫生规程，并遵守用人单位依法制定的规章制度和相应职业道德。同时，劳动者享有平等就业和择业权，享有获得劳动报酬、休息休假、安全卫生保护、社会保险的权利，享有接受职业技能培训、提请劳动争议处理的权利等。

（3）劳动合同是双方在平等自愿基础上意思表示一致达成的协议，是双方"合意"形成的法律，对双方都具有约束力，也是维护双方合法权益的法律保障。

（二）劳动合同应该怎么签？

1. 劳动合同的形式

订立劳动合同，应当遵循合法、公平、平等自愿、协商一致、诚实守信的原则。为强化保护劳动者权益，《劳动合同法》明确规定了建立劳动关系，应当订立书面劳动合同。用人单位自用工之日起超过一个月不满一年未与劳动者订立书面劳动合同的，应当向劳动者每月支付二倍的工资。

◎ 案例分享　　　未签劳动合同，公司被判赔偿二倍工资

　　2020 年 7 月，小刘入职某机械公司，从事自动磨件工作，双方约定按件计薪。入职后，公司从未与小刘签订劳动合同。2021 年 6 月，小刘从公司离职。离职后，小刘以公司未与自己签订劳动合同为由，申请劳动仲裁，要求公司支付二倍工资赔偿。仲裁机构支持了小刘的主张。公司不服裁决结果，向法院起诉，要求确认小刘与公司之间不存在劳动合同关系，公司无须向小刘支付二倍工资等。法院认为，小刘从事的工作属于公司业务范围，相关生产设备由公司提供，小刘长期稳定地从事公司安排的工作，并获取劳动报酬，其劳动具有从属性，双方关系符合劳动关系的特征，应认定小刘与公司存在劳动关系。小刘与公司建立劳动关系超过一个月不满一年，公司未与其订立书面劳动合同，应当向小刘支付二倍工资。

　　公司是符合法律、法规规定的用人单位主体，小刘作为劳动者，长期稳定地从事公司安排的工作，其提供的劳动是公司业务的组成部分，公司日常也向小刘支付工资，这些事实足以证明双方之间的劳动关系成立。

资料来源：中国法院网，有删改

---

　　2. 劳动合同的期限

　　以合同期限为标准，劳动合同可分为三类：固定期限劳动合同、无固定期限劳动合同和以完成一定工作任务为期限的劳动合同。劳动合同期限，是指劳动合同的有效时间，是双方当事人所订立的劳动合同起始和终止的时间，也是劳动关系具有法律约束力的时间。

　　（1）固定期限劳动合同

　　固定期限劳动合同（又称定期劳动合同），是指用人单位与劳动者约定合同终止时间的劳动合同。用人单位与劳动者协商一致，可以订立固定期限劳动合同。固定期限劳动合同终止时，是否续订在很大程度上取决于用人单位。签订固定期限劳动合同，对于用人单位而言，可获取用工灵活性和降低用工成本，但劳动者的职业稳定感较差。

　　（2）无固定期限劳动合同

　　无固定期限劳动合同（又称不定期劳动合同），是指用人单位与劳动者约定无确定终止时间的劳动合同。用人单位与劳动者协商一致，可以订立无固定期限劳动合同。我国《劳动合同法》第十四条规定了用人单位应当订立无固定期限劳动合同的情形："有下列情形之一，劳动者提出或者同意续订、订立劳动合同的，除劳动者提出订立固定期限劳动合同外，应当订立无固定期限劳动合同：（一）劳动者在该用人单位连续工作满十年的；（二）用人单位初次实行劳动合同制度或者国有企业改制重新订立劳动合同时，劳动者在该用人单位连续工作满十年且距法定退休年龄不足十年的；（三）连续订立二次固定期限劳动合同，且劳动者没有本法第三十九条和第四十条第一项、第二项规定的情形，续订劳动合同的。用人单位自用工之日起满一年不与劳动者订立书面劳动合同的，视为用人单位与劳动者已订立无固定期限劳动合同。"这里事实上规定了用人单位应当订立无固定期限劳动合同的四种情形。

（3）以完成一定工作任务为期限的劳动合同

以完成一定工作任务为期限的劳动合同，是指用人单位与劳动者约定以某项工作的完成为合同期限的劳动合同。用人单位与劳动者协商一致，可以订立以完成一定工作任务为期限的劳动合同。此类合同实际上也是一种定期劳动合同，一般用于以下情形：①以完成单项工作任务为期限的劳动合同;②以项目承包方式完成承包任务的劳动合同；③因季节原因临时用工的劳动合同；④其他双方约定的以完成一定工作任务为期限的劳动合同。

3. 劳动合同的内容

我国劳动合同的内容由法定必备条款和约定条款两部分组成。

（1）法定必备条款。这包括：用人单位的名称、住所和法定代表人或者主要负责人；劳动者的姓名、住址和居民身份证或者其他有效身份证件号码；劳动合同期限；工作内容和工作地点；工作时间和休息休假；劳动报酬；社会保险；劳动保护、劳动条件和职业危害防护；法律、法规规定应当纳入劳动合同的其他事项。

（2）约定条款。劳动合同除必备条款外，用人单位与劳动者可以约定试用期、服务期条款、保密和竞业限制条款等其他事项。

① 试用期。劳动合同的试用期是用人单位和劳动者为相互了解、选择而在合同中约定的一定期限的考察期。在试用期内，用人单位可以对劳动者的工作能力、工作态度、思想品质、身体状况等进行考察，同时劳动者也可以在试用期内考虑自己是否适应工作环境、胜任工作等。

劳动合同期限三个月以上不满一年的，试用期不得超过一个月；劳动合同期限一年以上不满三年的，试用期不得超过二个月；三年以上固定期限和无固定期限的劳动合同，试用期不得超过六个月。同一用人单位与同一劳动者只能约定一次试用期。以完成一定工作任务为期限的劳动合同或者劳动合同期限不满三个月的，不得约定试用期。试用期包含在劳动合同期限内。劳动合同仅约定试用期的，试用期不成立，该期限为劳动合同期限。

劳动者在试用期的工资不得低于本单位相同岗位最低档工资或者劳动合同约定工资的百分之八十，并不得低于用人单位所在地的最低工资标准。在试用期中，除劳动者有《劳动合同法》第三十九条和第四十条第一项、第二项规定的情形外，用人单位不得解除劳动合同。用人单位在试用期解除劳动合同的，应当向劳动者说明理由。

💬 **话题互动**

小美大学毕业后进入一家公司做销售员，双方订立了为期1年的劳动合同，约定试用期为3个月，试用期内没有工资，转正后工资为每月5000元。3个月后，由于小美没能完成公司规定的销售任务，公司人事经理通知小美试用期将延长1个月，1个月后再决定是否录用。又过了1个月，公司以小美不符合录用条件为由将小美辞退。

讨论内容：请问该公司存在哪些违反劳动法律关于试用期规定的行为？

---

② 服务期条款。用人单位为劳动者提供专项培训费用，对其进行专业技术培训的，可以与该劳动者订立协议，约定服务期。劳动者违反服务期约定的，应当按照约定向用人单位支付违约金。违约金的数额不得超过用人单位提供的培训费用。用人单位要求劳

动者支付的违约金不得超过服务期尚未履行部分所应分摊的培训费用。用人单位与劳动者约定服务期的,不影响按照正常的工资调整机制提高劳动者在服务期期间的劳动报酬。

◎ 案例分享　　　**服务期内提出辞职,培训费应返还吗?**

小郭大学毕业后入职一家科技公司做算法工程师,2021 年 8 月至 11 月公司出资 3 万元对小郭进行了专项技能培训,并约定自培训结束的 2021 年 11 月起,小郭至少要为公司服务 3 年。但 2022 年 11 月,小郭因为工作压力大且通勤时间较长向公司申请辞职。公司要求小郭返还培训费用 3 万元。双方发生纠纷。

本案中关于服务期的约定符合《劳动合同法》的规定,即在公司为小郭支付 3 万元专项技能培训费的情况下双方可以约定服务期。但小郭在服务期未满提出辞职的情况下,应当向公司返还的培训费不是全部 3 万元,而应当按比例返还 2 万元,即小郭未履行的 2 年服务期对应的均摊培训费用支出。

---

③ 竞业限制和保密条款。竞业限制一般是指高级管理人员、高级技术人员和其他负有保密义务的劳动者在劳动合同解除或者终止后的一定期限内,或者劳动关系存续期间,不得到与本单位生产或经营同类产品、从事同类业务的有竞争关系的其他用人单位任职,也不得自己开业生产或经营同类产品、从事同类业务。在解除或终止劳动合同后,竞业限制的期限不得超过两年。

用人单位与劳动者可以在劳动合同中约定保守用人单位的商业秘密和与知识产权相关的保密事项。对负有保密义务的劳动者,用人单位可以在劳动合同或者保密协议中与劳动者约定竞业限制条款,并约定在解除或者终止劳动合同后,在竞业限制期限内按月给予劳动者经济补偿。劳动者违反竞业限制约定的,应当按照约定向用人单位支付违约金。

◎ 案例分享　　　**员工将客户信息"共享"给竞争者需承担责任吗?**

女子叶某担任一家咨询公司的总监。基于岗位特殊性,公司与她签订了《保密、知识产权及竞业限制协议》,约定叶某在合同履行期间负有主动保守保密信息的义务,不得为自己或其他公司拉拢公司的客户。然而,入职两年后,叶某将公司的员工及客户信息"共享"给一家文化传播公司并跳槽。公司以叶某将客户信息共享给竞争者严重侵犯公司商业秘密为由提起劳动仲裁,后提起诉讼要求叶某承担违约责任及赔偿损失。

叶某在职期间将公司的经营信息在未经允许的情况下给他人使用,明显是一种背信行为,不仅损害了公司的利益,也破坏了公平竞争的市场秩序。虽然法律仅规定了离职的竞业限制,但是在职期间不做有损公司利益的事,既是职业道德的要求,也是社会主义核心价值观中敬业价值的要求,劳动者在职期间也应履行保密义务,自觉维护公司合法利益。

资料来源:中国法院网,有删改

（三）劳动合同的履行与变更

用人单位与劳动者应当按照劳动合同的约定，全面履行各自的义务。劳动合同的全面履行，是指当事人双方应当按照劳动合同的约定，全面履行自己应承担的义务。劳动合同应当全面履行，是契约严守原则在劳动法领域的体现。对于用人单位而言，应该全面履行劳动合同中约定的工作地点、工作时间、工作方式，按时发放劳动报酬，严格执行劳动定额标准，按照国家有关规定向劳动者支付加班费，等等；不得随意变更劳动合同甚至解除劳动合同，不得随意调岗调薪甚至调到其他单位工作等等。对于劳动者而言，应当遵守用人单位的规章制度，认真履行劳动职责，亲自完成劳动任务，不得随意违反劳动纪律，不得损害单位利益，等等。劳动者拒绝用人单位管理人员违章指挥、强令冒险作业的，不视为违反劳动合同。对于危害生命安全和身体健康的劳动条件，劳动者有权对用人单位提出批评、检举和控告。

在劳动合同的履行过程中难免会出现各种问题需要应对，例如用人单位因经营不善需要裁员甚至破产等情况，劳动者生病、受伤或出现不能胜任工作等情况，使得劳动合同订立时的条件发生了变化，需要对劳动合同的内容进行相应的变更。劳动合同的变更是指劳动合同依法订立后，在合同尚未履行或者尚未履行完毕之前，经用人单位和劳动者双方当事人协商同意，对劳动合同内容做部分修改、补充或者删改的法律行为，而不是签订新的劳动合同。原劳动合同未变更的部分仍然有效，变更后的内容就取代了原合同的相关内容，新达成的变更协议条款与原合同中其他条款具有同等法律效力，对双方当事人都有约束力。

（四）劳动合同的解除或终止

劳动合同解除，是指劳动合同依法签订后，在劳动合同履行的过程中，由于某些原因导致当事人双方提前中断劳动合同的法律效力，解除双方劳动权利和义务关系的法律行为，可分为协商解除、法定解除和约定解除三种情况。

劳动合同解除既可以是一方当事人单方的合法行为，也可以是双方当事人的合法行为。由当事人一方的行为导致劳动合同解除的，必须符合法律、法规规定的条件和程序。由双方当事人协商一致解除劳动合同的，也不得违反法律、法规和政策规定。

劳动合同的解除，只对未履行的部分发生效力，不涉及已履行的部分。劳动合同的解除不同于劳动合同的终止。

劳动合同的终止，是指劳动合同的效力依法被消灭，即劳动合同确立的劳动关系由于一定法律事实的出现而终结，劳动者与用人单位之间原有的权利和义务不复存在。

1. 劳动合同解除与劳动合同终止的不同之处

（1）二者终结劳动关系的时间不同

劳动合同终止通常是劳动合同目的实现之后的正常终止，如劳动合同期限届满，劳动合同约定的工作任务完成，等等。即使是其他情形下的终止，也通常是由于一方或双方当事人丧失劳动合同主体资格，导致劳动合同不能履行而不得不终结。

劳动合同解除则是劳动关系提前终结，是在劳动合同的目的完全实现之前基于双方或者一方的意思表示，提前结束彼此之间的权利和义务关系。可见，二者终结劳动关系的时间是不同的。

（2）二者终结劳动关系的事由不同

劳动合同终止的事由主要包括三个方面。一是劳动合同中的预先约定，包括约定期限的届满和约定工作任务的完成。二是基于客观事实或依照法律规定当事人丧失合同主体资格，包括劳动者依法退休并开始享受基本养老保险待遇，劳动者死亡，劳动者被宣告死亡或者被宣告失踪；用人单位解散，被吊销营业执照，被责令关闭，被依法宣告破产，等等。三是法律、法规规定的其他情形。

而劳动合同解除的事由通常是双方或一方当事人依法做出的终结劳动关系的意思表示。法律上对双方当事人协商一致解除劳动合同一般不做限制，但对一方当事人单方解除劳动合同通常都会设置一定的实体条件和程序条件。

（3）二者解除劳动关系的程序不同

劳动合同终止的程序比较简单，当事人只需按时通知对方，并办理合同终止手续即可。而劳动合同解除程序相对复杂，并且不同的解除方式的程序差异较大。劳动合同解除根据不同情形，需要履行不同的法律程序，如果未履行必要的法律程序，可能会导致劳动合同解除违法，从而不能出现当事人预想达到的解除效果，甚至事与愿违地要承担相应的损害赔偿责任。

按照《劳动合同法》的规定，劳动合同解除分为双方协商解除、劳动者单方解除和用人单位单方解除三类。其中，劳动者单方解除又分为提前 30 日书面通知（试用期内，提前 3 日通知）解除和无须通知、随时解除两种。用人单位单方解除又分为无须通知解除、提前 30 日书面通知（或额外支付 1 个月工资代通知）解除和经济性裁员 3 种。不同的解除方式，程序也不一样。对于用人单位单方解除劳动合同，《劳动合同法》还要求事先将理由通知工会，并要研究工会提出的意见，最后将处理结果书面通知工会。

👁 **案例分享**　**员工利用病假外出旅游，公司与其解除劳动关系合法吗?**

男子张某向公司提出病假申请，并提交了医院门诊病历和休假证明，载明其骶尾部挫伤、骶尾部疼痛，需全休一个月。公司对病历真实性提出质疑，要求复诊以确认病情，张某拒绝了复诊要求。鉴于张某提交了休假证明，公司批准了病假。这期间，张某出国旅游。返回岗位后，张某再次提交门诊病历及休假证明，仍载明其骶尾部挫伤、骶尾部疼痛，需全休一个月。公司再次批准病假后，张某前往香港旅游。后公司发现张某在休病假期间拍摄的旅游跳跃照片，遂以张某存在严重违反公司规章制度、劳动纪律或职业道德的行为，解除与张某之间的劳动关系。张某认为公司构成违法解除，申请劳动仲裁，仲裁未支持张某的申请后，张某又向法院提起诉讼。

法院经审理认为，用人单位与劳动者应当按照劳动合同的约定，全面履行各自的义务。本案中，张某所休假为病假，用人单位虽然无权对劳动者的休假地点做出限定，劳动者可以根据自身身体状况寻求更好的医疗机构治疗，但劳动者休假期间的行为应与请假事由相符。张某并未提交证据证明其两次出行是为治疗疾病，且其跳跃行为亦与其病情相悖，其出国养病的主张显然超出了一般大众的认知，故对其主张不予采信。因此，在休假与事实不符情况下公司解除劳动合同属于合法解除。最终，法院判决公司无须支付张某违法解除劳动合同赔偿金。判决做出后，张某不服，提起上诉。二审维持原判。

　　人无信不立，业无信不兴。司法秉持劳资双保护原则，无论劳动者还是企业，均应全面履行各自的义务，秉持诚信原则。劳动者以生病为由申请病假出去旅游，有违诚信，也有违职业操守。法院判决确认用人单位解除劳动合同合法，对劳动者不诚信行为给予否定评价，对于维护企业管理秩序具有法律指导意义，对于倡导诚实守信的社会风气具有积极作用。

资料来源：中国法院网，有删改

　　2. 经济补偿金与经济赔偿金
　　（1）经济补偿金
　　经济补偿金是符合一定条件解除或终止劳动合同时，用人单位给予劳动者的经济补偿。
　　用人单位有以下情况需要支付经济补偿金：①用人单位有违法、违约行为的，劳动者可以随时或者立即解除劳动合同，并有权取得经济补偿；②双方协商一致解除劳动合同，但是由用人单位提出解除协议，应当支付经济补偿；③在劳动者有一定不足，用人单位没有过错，且作了一些补救措施，但劳动者仍不符合工作要求的情况下，允许用人单位解除劳动合同，但为平衡双方的权利义务，用人单位须支付经济补偿；④经济性裁员时用人单位需支付经济补偿金；⑤如果用人单位同意续订劳动合同，但降低劳动合同约定条件，劳动者不同意续订的，或者如果用人单位不同意续订、劳动合同终止，用人单位应当支付经济补偿；⑥用人单位被依法宣告破产或用人单位被吊销营业执照、责令关闭、撤销或者用人单位决定提前解散，劳动合同终止，用人单位应当支付经济补偿；⑦法律行政法规规定的其他情形。
　　用人单位不支付经济补偿金的情形：①劳动者主动提出解除劳动合同，或者用人单位提高劳动合同工资待遇但劳动者不愿意续签的，用人单位可以不支付经济补偿金；②由于劳动者的过失，根据《劳动合同法》第三十九条所述，用人单位可以单方解除劳动合同，并且可以不支付经济补偿金。
　　经济补偿按劳动者在本单位工作的年限，每满一年支付一个月工资的标准向劳动者支付。六个月以上不满一年的，按一年计算；不满六个月的，向劳动者支付半个月工资的经济补偿。劳动者月工资高于用人单位所在直辖市、设区的市级人民政府公布的本地区上年度职工月平均工资三倍的，向其支付经济补偿的标准按职工月平均工资三倍的数额支付，向其支付经济补偿的年限最高不超过十二年。
　　（2）经济赔偿金
　　用人单位违反《劳动合同法》解除或者终止劳动合同，劳动者不要求继续履行劳动合同或者劳动合同已经不能继续履行的，用人单位必须按照经济补偿标准的二倍进行赔偿，即经济赔偿金=经济补偿金×2。

话题互动

　　小雪大学毕业后应聘进入某技术公司工作，与该公司签订了3年期的劳动合同，自2021年2月1日起至2024年1月31日止。但是在2022年9月，小雪被告知公司因经营困难需要裁员，小雪也在裁员名单中。小雪要求公司向其支付经济补偿金，但是公司却以小雪在职期间表现不佳为由拒绝支付经济补偿金。

讨论内容：请问公司是否需要向小雪支付经济补偿金？

三、构建和谐的劳动关系

劳动关系是生产关系的重要组成部分，是最基本、最重要的社会关系之一。劳动关系是否和谐，事关广大职工和企业的切身利益，事关经济发展与社会和谐。

（一）和谐劳动关系的特征

和谐的劳动关系是指企业和员工之间基于平等、公正、协商、信任和尊重的关系，共同促进生产力和生产关系的发展，实现企业和员工的共同发展和共同繁荣。具体来说，和谐的劳动关系应该具备以下几个方面的特征。

（1）平等协商。企业和员工之间在签订合同、制定劳动规章、调整工资待遇等方面，应该采取平等协商的方式，共同商定合理的方案。

（2）公正合理。企业应该合理地安排工作任务和工作时间，提供适当的福利待遇，对员工的工作成绩和贡献进行公正的评价和奖励。

（3）互信互敬。企业和员工之间应该建立起互信的关系，相互理解和支持。企业应该信任员工的能力，保障员工的劳动权利，同时员工也应该尊重企业的合法权益。双方共同遵守契约，遵从法律法规，恪守职业操守，实现诚信合作。

（4）共同发展。企业应该为员工提供良好的工作环境和发展机会，帮助员工提高素质和能力，和员工一起促进企业发展，共同分享企业的成果和利润，实现双赢。

（5）和谐稳定。企业和员工之间应该保持和谐稳定的劳动关系，避免出现劳资矛盾和劳动争议，共同维护企业的正常运营和生产。

（二）构建和谐劳动关系应该怎么做？

1. 劳动者

劳动者应按照法律规定和劳动合同的约定，自觉履行劳动义务。

（1）完成劳动任务。劳动者有劳动就业的权利，而劳动者一旦与用人单位建立劳动关系，就必须履行其应尽的义务，其中最主要的义务就是完成劳动生产任务。这是劳动关系范围内的法定的义务，同时也是强制性义务。劳动者不能完成劳动任务，就意味着劳动者违反了劳动合同的约定，用人单位可以依法解除劳动合同。

（2）提升职业技能。劳动者要积极参加各类技能培训、技能竞赛、岗位实践等，同时要努力学习新技术、新工艺、新知识，提升岗位技能和创新能力。

（3）执行劳动安全卫生规程。劳动者对国家以及企业内部的劳动安全卫生规程，必须严格执行，以保障安全生产，从而保证劳动任务的完成。

（4）遵守劳动纪律。劳动纪律是劳动者在共同劳动中必须遵守的劳动规则和秩序。它要求每个劳动者按照规定的时间、质量、程序和方法完成自己应承担的工作。劳动者应当履行规定的义务，兢兢业业、保质保量地完成规定的生产任务，自觉地遵守劳动纪律，维护工作制度和生产秩序。

（5）遵守职业道德。职业道德是在职业生活中形成和发展的，可调节职业活动中的特殊道德关系和利益矛盾，是一般社会道德在职业活动中的体现，基本要求是忠于职守，并对社会负责。每个劳动者在工作岗位上都应该注重提高道德修养，诚实守信、勤勉劳动、积极进取、团结互助，做好自己的本职工作。

案例分享　　张运文：沉心科技创新，做新时代的一颗螺丝钉

张运文，1985年出生，深圳新宙邦科技股份有限公司全资子公司三明市海斯福化工有限责任公司（以下简称"海斯福"）技术总监，2008年毕业于闽江学院物理学专业，2009年4月加入三明市海斯福化工有限责任公司，入职10多年，先后被评为"三明市劳动模范""福建省劳动模范"，2020年荣获"全国劳动模范"称号。

进入海斯福以来，张运文始终以高标准严格要求自己，坚守在生产一线，全身心地扑在公司的科研工作上。他负责研发的全氟烯醚系列产品、含氟表面活性剂系列产品、氟橡胶硫化剂系列产品等10多个新产品系列，目前均已转化为科技成果投入批量生产，这些产品每年为公司创造约1000万元的利润，推动了海斯福的品牌建设。

除了开发新产品，产品的技术改造也是张运文的工作重点。这10年多来，张运文带领团队完成了十几项非常重要的工业改造，降低了产品生产的单耗，提高了效益。同时，他让生产的安全和环保得到了质的提升。

10多年来，张运文不懈坚守，强化责任担当，带领研发团队渡过了重重难关，突破了一个又一个的技术壁垒，使公司从一个初创型企业发展为福建省的明星企业。

张运文总结："在十几年的研发过程当中，研发工作是比较辛苦的。在这个过程中，我从对化工行业不太了解到现在小有成绩。我们之所以能不断进步，一方面就是努力向前辈学习，氟化工行业里有非常多经验丰富的老前辈，我们一定要向他们学习；一方面，我们在一线工作中不断积累经验，一线经验比书本知识更加重要。另外，我们也很重视文献学习，借鉴了国内外非常好的研究成果。"

张运文在闽江学院以"沉心科技创新，做新时代的一颗螺丝钉"为题，向学弟学妹们讲述成长经历时，特别指出要珍惜在校时光：要重视专业知识的学习，扎实的专业课功底会为毕业后的工作奠定坚实的基础；要博览群书，从大一起，他每周都去图书馆借阅书籍，除了专业资料，还借阅文史、哲学、经济类的书来拓宽知识面，这帮助他树立了正确的世界观、人生观、价值观；要积极参加学生工作，这有助于提高综合素质，有助于工作的良好开展。

2. 企业

（1）依法保障职工的合法权益。构建和谐劳动关系是企业负有的法定责任。企业必须认真贯彻和实施《劳动法》《社会保险法》及其他相关法律，承担法律责任，切实保障职工享有国家规定的各项权利；依法与职工签订劳动合同，切实保障职工取得劳动报酬、休息休假、获得劳动安全卫生保护、享受社会保险和接受职业技能培训等方面的权利。

（2）加强对职工的教育引导。对广大职工加强思想政治教育，引导职工树立正确的世界观、人生观、价值观，追求高尚的职业理想，培养良好的职业道德，增强对企业的责任感、认同感和归属感，爱岗敬业、遵守纪律、诚实守信，自觉履行劳动义务。加强

有关法律法规政策的宣传工作，在努力解决职工切身利益问题的同时，引导职工正确对待社会利益关系调整，合理确定提高工资收入等诉求预期，以理性合法的形式表达利益诉求、解决利益矛盾、维护自身权益。

（3）加强对职工的人文关怀。培育富有特色的企业精神和健康向上的企业文化，为职工构建共同的精神家园。注重职工的精神需求和心理健康，及时了解掌握职工的思想动态，有针对性地做好思想引导和心理疏导工作，建立心理危机干预预警机制。加强企业文体娱乐设施建设，积极组织职工开展喜闻乐见、丰富多彩的文化体育活动，丰富职工的文化生活。拓宽职工的发展渠道，拓展职工的职业发展空间。

◎ 案例分享　曹妃甸港集团股份有限公司：以职工心为心　共建共享和谐大港

曹妃甸港集团股份有限公司成立于2007年6月，总资产超过220亿元，拥有员工1800余人，是集港口建设、开发、运营及投融资等多功能于一体的大型港口企业，具备世界最大的40万吨级船舶靠泊资格。公司成立以来，始终坚持以构建和谐劳动关系为主线，以共建共享共赢为目标，以职工心为心，全力打造职工和企业共成长的命运共同体，共建共享企业发展成果。

一是以维权利民、职工至上为根本，全面深化现代企业管理。不断深化职代会制度。持续完善《职代会实施细则》，审议通过与职工切身利益相关的《职工薪酬管理办法》《为职工缴纳企业年金实施方案》等制度60余项，实现了企业规章制度的合法、合理、合情。全面推行厂务公开制度。重点依托职代会、党政联席会议等形式实现信息的公开透明。全面落实集体协商。秉承职工强则企业强、职工兴则企业兴的协商理念，职企双方针对工资、劳动卫生安全、福利待遇等方面开展平等协商，协商成果显著。

二是以劳模文化、工匠精神为魂，全力塑造新时代产业工人。公司围绕提升技能水平、激发创新活力、选树先进典型"三大维度"，充分发挥工会"大熔炉"作用，全力实施职工素质提升工程。教育培训与岗位练兵、技能比武同步进行，创新工作室与劳模辐射带动作用相结合。开展西北内陆港开发建设重点项目劳动竞赛。以"六比六赛一创"的新模式在西北、曹妃甸港区形成跨区域"两头忙、两边比"的竞赛格局，相继在内蒙古、宁夏、新疆、甘肃建立7个内陆港，不仅为我国东北、西北、华北地区架设了一条与欧洲连接的便捷通道，也为日韩、东南亚地区至蒙古国及俄罗斯等欧洲地区的货物由中国过境开辟了一条捷径。

三是以和谐共生、共建共享为基调，建设温馨和谐美好港湾。以为职工办实事、做好事、解难事为目标，公司持续加强"职工之家"建设，全面提供更直接、更精准、更普惠、更温馨的服务，调动了广大职工投身企业高质量发展的积极性和主动性。公司工会成立文艺、体育、书画等文体协会6个，招募成员400余人。公司按照"星级"标准，从吃、住、行、娱4个方面提升职工生活质量。叫响做实具有工会特色的服务职工工作品牌。持续通过集中慰问和重点帮扶相结合的慰问机制，先后慰问职工逾4000人次，发放慰问品、慰问金，相关金额近60万元。公司先后荣获"关爱职工十佳企业""河北省模范职工之家"等称号。

　　四是以健康生活、安全工作为保障，全面维护职工生命健康。公司出台和修订安全管理制度 29 项，为依法维护职工生命安全提供了制度保障。扩大"安康杯"活动覆盖面，组织安全培训和隐患排查百余次，开展大型安全演练近 20 次。实施安全生产目标管理考核。不断完善安全生产责任制与奖惩管理体系，加强相关方安全审查，提升广大职工的红线意识，公司实现了重大安全事故零发生，被评为河北省"安康杯"劳动竞赛优胜单位。

　　五是以党建引领、兴港强港为旋律，积极履行企业责任。公司党委不断强化党组织的战斗堡垒作用和党员的先锋模范作用，引导广大党员干部及职工遵守社会公德、恪守职业道德、弘扬家庭美德、提升个人品德，不断坚定理想信念、提升服务能力，做优秀企业公民，贡献社会能量。公司累计上缴税费逾 10 亿元。

资料来源：《中国企业报》

（三）构建和谐劳动关系的制度保障

　　党和国家历来高度重视构建和谐劳动关系，制定了一系列法律法规和政策措施并做出工作部署。目前，中国特色和谐劳动关系的运行机制主要包括劳动关系协调机制和劳动关系矛盾调处机制。劳动关系协调机制包括劳动合同制度、集体协商和集体合同制度、协调劳动关系三方机制。劳动关系矛盾调处机制包括劳动保障监察制度、劳动争议调解仲裁机制、劳动关系群体性事件预防和应急处置机制。其中劳动合同制度详见本模块主题二"劳动合同"，劳动争议调解仲裁机制详见本模块主题三"劳动者就业保障"。

　　1．集体协商和集体合同制度

　　集体协商是职工代表（一般是工会）与企业或者企业代表就直接涉及职工切身利益的劳动报酬、工作时间、休息休假、劳动安全卫生、保险福利等事项进行平等协商，在协商一致的基础上签订集体合同的行为。集体协商制度既是初次分配领域平衡劳动关系双方利益关系的重要机制，也是预防和化解劳动关系矛盾的有效途径。集体协商制度是构建中国特色和谐劳动关系，维护职工与用人单位合法权益的有效机制，也是推进中国特色协商民主建设的重要内容。

　　集体合同是指用人单位与本单位职工根据法律、法规、规章的规定，就劳动报酬、工作时间、休息休假、劳动安全卫生、职业培训、保险福利等事项，通过集体协商签订的书面协议。集体合同是有关集体劳动条件、就业条件和劳动关系的规定，对缔约当事人以及缔结协议双方所代表的人员都具有约束力，包括集体合同订立时或订立后加入该团体的雇主及职工。集体合同既是对各项劳动立法的具体落实，又是调整企业内部劳动关系的具体规范。积极推进集体协商和集体合同制度，有利于增进职工与用人单位之间的相互理解和信任，推动劳动关系双方互利共赢。

　　2．协调劳动关系三方机制

　　协调劳动关系三方机制，指的是政府代表（即人力资源和社会保障部门）、企业代表（企业联合会、工商联合会等）、职工代表（工会）这三方就劳动关系事宜展开协商的工作机制。协调劳动关系三方机制是世界各国治理劳动关系的基本原则和普遍模式。2001年，我国正式建立国家三方会议制度，随后省级、市级、县级也普遍建立了协调劳动关系三方机制。协调劳动关系三方机制是我国劳动关系协调机制的重要组成部分，是社会主义市场经济条件下协调劳动关系的有效途径，对于维护劳动关系双方的利益，最大限度地保护、调动和发挥广大职工的积极性，促进我国劳动关系的和谐稳定，为改革开放创造一个稳定的社会环境，推动国民经济持续快速健康发展，都具有重要的意义。

3. 劳动保障监察制度

为建立和维护适应社会主义市场经济体制的劳动保障制度，我国于 1993 年开始建立劳动保障监察制度。《劳动法》《中华人民共和国行政处罚法》等法律法规规定了劳动保障监察机构的职责和工作程序。2004 年 11 月 1 日，国务院发布了《劳动保障监察条例》。劳动和社会保障行政部门依法对用人单位遵守劳动和社会保障法律法规的情况进行监督检查，对违反劳动和社会保障法律法规的行为有权制止、责令改正，并可依法给予警告、罚款等行政处罚。任何组织和个人对于违反劳动和社会保障法律法规的行为都有权检举和控告；当事人认为劳动和社会保障行政部门在监察执法时侵犯了其合法权益，可以提起行政复议或行政诉讼。实践证明，劳动保障监察制度对贯彻实施劳动保障法律法规，规范劳动力市场秩序，规范企业用工行为，维护广大劳动者的合法权益，维护社会稳定发挥了重要作用。

4. 劳动关系群体性事件预防和应急处置机制

劳动关系群体性事件预防和应急处置机制是防范群体性事件发生，及时处理劳动争议的制度保障。劳动关系群体性事件预防指政府、企业或工会通过劳动关系群体性纠纷的经常性排查和动态监测预警制度，及时发现并积极解决劳动关系领域的苗头性、倾向性问题，有效防范群体性事件。应急处置机制是政府有关部门和劳动者组织、企业代表组织共同参与的群体性事件应急联动处置机制，通过形成快速反应和处置的工作合力，督促指导企业落实主体责任，及时妥善处置群体性事件。

主题三　劳动权益保障

一、劳动者就业保障

保护劳动者的合法权益是《劳动法》立法的宗旨，在调整劳动关系的过程中，《劳动法》对劳动者的工作时间、劳动报酬、休息休假、获得劳动安全卫生保护、提请劳动争议处理、女职工和未成年工特殊保护等方面做出了详细的规定，为劳动者的合法权益保驾护航。

（一）工作时间有多长？

工作时间是劳动者根据法律的规定，在用人单位用于完成本职工作的时间，是劳动的自然尺度，是衡量每个职工的劳动贡献和付给报酬的计算单位。

1. 标准工时

标准工时是指正常工作时间标准，即法律规定的职工在每个工作日相对固定的工作时间，是我国工时制度的主要形式，也是国家机关、社会团体、企业事业单位在正常情况下普遍实行的工时制度。我国的标准工作时间以前是每日工作 8 小时，每周工作 6 天，共工作 48 小时。随着生产力的发展和社会的进步，缩短工时成为趋势。1994 年，每周工作时间缩短为 44 小时；1995 年，进一步缩短为 40 小时。我国现在的标准工时制度，是《劳动法》及《国务院关于修改〈国务院关于职工工作时间的规定〉的决定》（国务院令第 174 号）确定的，其核心内容是劳动者每日工作不超过 8 小时，每周工作不超过 40 小时，每周至少休息 1 天。

2. 特殊工时

因工作性质或者生产特点的限制，不能实行每日工作 8 小时、每周工作 40 小时标准工时制度的，按照国家有关规定，经审批后，可以实行特殊工时制度。特殊工时制度包括不定时工作制和综合计算工时工作制。

不定时工作制是针对因生产特点、工作性质需要或职责范围的关系，无法按标准工作时间衡量或需要机动作业的职工所采取的一种工时制度。不定时工作制适用的工种（岗位）为：企业中的高级管理人员、外勤人员、推销人员、部分值班人员和其他因工作无法按标准工作时间衡量的职工；企业中的长途运输人员，出租汽车司机，铁路、港口、仓库的部分装卸人员，因工作性质特殊需机动作业的职工，以及其他因生产特点、工作性质需要或职责范围关系，适合实行不定时工作制的职工。

综合计算工时工作制是指企业因工作情况特殊或受季节和自然条件限制，需要安排职工连续作业，无法实行标准工时制度，采用以周、月、季、年等为周期综合计算工作时间的工时制度，但企业需保证职工每周至少休息一天。综合计算工时工作制适用的工种（岗位）为：交通、铁路、邮电、水运、航空、渔业等行业中因工作性质特殊，需连续作业的职工；地质及资源勘探、建筑、制盐、制糖、旅游等受季节和自然条件限制的行业的部分职工。

3. 加班

加班是指在法定标准工作时间以外工作，即在正常工作日延长工作时间或者在双休日以及国家法定假期期间工作。加班是现代职场中常见的现象。对于在休息日加班的劳动者，企业可以通过安排补休的方式进行补偿；对于在法定节假日加班的劳动者，企业只能通过发放加班工资的方式补偿。

法律对于加班时间是有限制的，《劳动法》第四十一条规定：用人单位由于生产经营需要，经与工会和劳动者协商后可以延长工作时间，一般每日不得超过一小时；因特殊原因需要延长工作时间的，在保障劳动者身体健康的条件下延长工作时间每日不得超过三小时，但是每月不得超过三十六小时。但是如果有发生自然灾害、事故或者因其他原因，威胁劳动者生命健康和财产安全，需要紧急处理的；生产设备、交通运输线路、公共设施发生故障，影响生产和公众利益，必须及时抢修的；法律、行政法规规定的其他情形，延长工作时间不受《劳动法》第四十一条规定的限制。

案例分享　员工试用期内因拒绝加班被解除劳动合同，公司的行为合法吗？

张某于 2020 年 6 月入职某快递公司，双方订立的劳动合同约定试用期为 3 个月，试用期月工资为 8000 元，工作时间参照该快递公司相关规章制度执行。该快递公司相关规章制度规定，工作时间为早 9 时至晚 9 时，每周工作 6 天。2 个月后，张某以工作时间严重超过法律规定上限为由拒绝接受超时加班安排，该快递公司即以张某在试用期间被证明不符合录用条件为由与其解除劳动合同。张某向劳动人事争议仲裁委员会（以下简称"仲裁委员会"）申请仲裁。仲裁委员会裁决该快递公司支付张某违法解除劳动合同赔偿金 8000 元（裁决为终局裁决）。仲裁委员会将案件情况通报劳动保障监察机构，劳动保障监察机构针对该快递公司规章制度违反法律、法规规定的情形责令其改正，并给予警告。

该快递公司规章制度中"工作时间为早 9 时至晚 9 时，每周工作 6 天"的内容，严重违反法律关于延长工作时间上限的规定，应认定为无效。张某拒绝接受违法超时加班安排，系维护自己的合法权益，不能据此认定其在试用期间被证明不符合录用条件，故仲裁委员会依法裁决该快递公司支付张某违法解除劳动合同赔偿金。

资料来源：人力资源社会保障部、最高法院联合发布 25 个典型案例（共两批），有删改

（二）工资应该怎么发？

工资是指用人单位依据劳动合同的规定，以各种形式支付给劳动者的报酬，是劳动者维持生活的主要经济来源，因此工资应该怎么发、什么时间发，请病假、事假会不会扣工资等问题成为劳动者较为关心的内容。

1. 工资的发放

工资应当以法定货币支付，不得以实物及有价证券替代货币支付。工资必须在用人单位与劳动者约定的日期支付；如遇节假日或休息日，则应提前在最近的工作日支付。工资至少每月支付一次，实行周、日、小时工资制的可按周、日、小时支付工资。对完成一次性临时劳动或某项具体工作的劳动者，用人单位应按有关协议或合同规定在其完成劳动任务后即支付工资。劳动关系的双方依法解除或终止劳动合同时，用人单位应在解除或终止劳动合同时一次付清劳动者工资。用人单位不得无故克扣或拖欠劳动者的工资。

即使劳动者因在年休假、探亲假、婚假、丧假、产假或在法定工作时间内依法参加社会活动等未能提供正常的劳动，用人单位也需要按照劳动合同规定的标准支付劳动者工资。

2. 加班工资

延长工作时间的，用人单位应当按照下列标准支付高于劳动者正常工作时间工资的劳动报酬：①用人单位依法安排劳动者在日法定标准工作时间以外延长工作时间的，按照不低于劳动合同规定的劳动者本人小时工资标准的 150% 支付劳动者工资；②用人单位依法安排劳动者在休息日工作，而又不能安排补休的，按照不低于劳动合同规定的劳动者本人日或小时工资标准的 200% 支付劳动者工资；③用人单位依法安排劳动者在法定休假日工作的，按照不低于劳动合同规定的劳动者本人日或小时工资标准的 300% 支付劳动者工资。

但是要特别注意的是，经劳动行政部门批准实行综合计算工时工作制的，其综合计算工作时间超过法定标准工作时间的部分，应按照工资标准的 150% 支付劳动者工资；实行不定时工作制的，不按照上面的加班工资标准执行。

💬 **话题互动**

刘女士入职后与公司签订了 3 年期劳动合同。双方在劳动合同中明确约定刘女士每日工作 8 小时、平均每周工作 40 小时，公司规章制度也做出了相应的规定。然而，在实际工作中，公司经常要求她实行"996 工作制"，即早上 9 点上班、晚上 9 点下班，中午和傍晚各休息 1 小时，总计工作 10 小时，且一周工作 6 天。

讨论问题：针对这种情况，刘女士能索要加班工资吗？

肖先生是一家公司的外勤配送员，工资按照配送单量、单件重量、单件配送距离等标准核算，即该公司实行与工作量挂钩的"底薪+配送提成"的制度。日常工作中，公司有外勤配送业务就安排给肖先生，没有此类业务便由肖先生自行安排自己的事务，公司对肖先生也没有考勤要求。

讨论问题：在这种情况下，肖先生在"8 小时之外"上班，能享受加班工资吗？

3. 最低工资规定

为了维护劳动者取得劳动报酬的合法权益，保障劳动者个人及其家庭成员的基本生活，我国实行最低工资规定。最低工资标准，是指劳动者在法定工作时间或依法签订的劳动合同约定的工作时间内提供了正常劳动的前提下，用人单位依法应支付的最低劳动报酬。最低工资标准一般采取月最低工资标准和小时最低工资标准的形式。月最低工资标准适用于全日制就业劳动者，小时最低工资标准适用于非全日制就业劳动者。在劳动者提供正常劳动的情况下，用人单位应支付给劳动者的工资在剔除下列各项以后，不得低于当地最低工资标准：①延长工作时间工资；②中班、夜班、高温、低温、井下、有毒有害等特殊工作环境、条件下的津贴；③法律、法规和国家规定的劳动者福利待遇等。实行计件工资或提成工资等工资形式的用人单位，在科学合理的劳动定额基础上，支付给劳动者的工资不得低于相应的最低工资标准。

最低工资标准的确定和调整方案，由省、自治区、直辖市人民政府劳动保障行政部门会同同级工会、企业联合会/企业家协会研究拟订，并将拟订的方案报送人力资源社会保障部。方案内容包括最低工资确定和调整的依据、适用范围、拟订标准和说明。人力资源社会保障部在收到拟订方案后，应征求全国总工会、中国企业联合会/企业家协会的意见。人力资源社会保障部对方案可以提出修订意见，若在方案收到后 14 日内未提出修订意见，视为同意。

需要注意的是，在年休假、探亲假、婚丧假、生育（产）假等国家规定的假期期间，以及在法定工作时间内依法参加社会活动期间，劳动者被视为提供了正常劳动，用人单位不得向劳动者支付低于当地最低工资标准的工资。但是如果劳动者存在旷工、迟到、早退等情况，则视为未提供正常劳动，此时用人单位可以按照劳动者实际提供的劳动支付相应的工资。

4. 病假、事假工资

病假工资应按不低于最低工资标准的 80% 支付。劳动者患病或非因工负伤并住院治疗，未能在法定工作时间内履行正常劳动义务，则不受最低工资标准的保护，但用人单位应以最低工资标准为依据发放工资报酬。《关于贯彻执行〈中华人民共和国劳动法〉若干问题的意见》称："职工患病或非因工负伤治疗期间，在规定的医疗期内由企业按有关规定支付其病假工资或疾病救济费，病假工资或疾病救济费可以低于当地最低工资标准支付，但不能低于最低工资标准的 80%。"医疗期是指企业职工因患病或非因工负伤停止工作、治病休息时企业不得与职工解除劳动合同的时限。企业职工因患病或非因工负伤，需要停止工作、接受医疗救治时，企业应根据职工实际参加工作年限和在本单位工作年限，给予其 3～24 个月的医疗期。

劳动者在事假期间，用人单位可以不支付其工资。

◎ 案例分享　　　　　**"见习期"工资应执行国家规定**

朱某是某高职院校建筑工程技术专业的学生，毕业后到一家建筑公司应聘。入职时，负责人对朱某表示，其刚走出校门难以立即独立开展工作，需要见习一段时间，在见习期间只拿见习工资。随后，双方签订了为期 3 年的劳动合同，其中约定朱某见习 1 年，见习期间月工资为 1450 元。

上班 2 个月后，朱某了解到当地的最低工资标准为 2050 元，于是找到负责人请求补差额 600 元。老板说，企业可以自主决定见习期间的工资，不受最低工资标准的约束。这种说法对吗？

该公司负责人的说法是错误的。见习期是针对应届毕业生入职后进行业务适应及考核的制度。在实行全员劳动合同制以后，《劳动法》确立了试用期制度，但见习期并未被明文废止，仍被一些企业使用。不过，无论是试用期还是见习期，只要劳动者与用人单位之间建立了劳动关系，有关权利义务就受相关法律法规的保护和调整。

《劳动合同法》第二十条规定，劳动者在试用期的工资不得低于用人单位所在地的最低工资标准。原劳动部印发的《关于贯彻执行〈中华人民共和国劳动法〉若干问题的意见》第 57 条规定："劳动者与用人单位形成或建立劳动关系后，试用、熟练、见习期间，在法定工作时间内提供了正常劳动，其所在的用人单位应当支付其不低于最低工资标准的工资。"据此，朱某有权要求公司按当地最低工资标准支付见习期工资。

资料来源：中国法院网，有删改

◎ 案例分享　　　　　**未提供正常劳动的不适用最低工资标准**

苏某是某公司的一名员工。2021 年 9 月，苏某因请事假和旷工，共计缺勤 8 天，公司因此扣减了他 8 天的工资。在领取 9 月工资时，苏某发现自己的工资低于公司所在地的最低工资标准，遂要求公司按照最低工资标准补差额，结果被拒绝。那么，该公司的做法对吗？

苏某无权享受最低工资保障。根据《最低工资规定》和《关于贯彻执行〈中华人民共和国劳动法〉若干问题的意见》的规定，下列几种情形不适用最低工资标准：一是劳动者有迟到、早退、旷工等违纪情形；二是企业下岗待工人员；三是因患病或非因工负伤处于治疗期间的劳动者；四是处于非带薪假期的劳动者，如事假等。本案中，苏某在 9 月因个人原因请事假和旷工 8 天，当月未能提供正常劳动，故不享受最低工资保障。公司扣减苏某缺勤对应的劳动报酬，以致其工资低于最低工资标准并不违法。

资料来源：中国就业网

（三）何时能休息与休假？

休息休假时间是劳动者根据法律法规规定，在国家机关、社会团体、企业、事业单位以及其他组织任职期间，不必从事生产和工作而自行支配的时间。

1. 休息日标准

休息日又称公休假日，是劳动者满一个工作周后的休息时间。《劳动法》第三十八条规定，用人单位应当保证劳动者每周至少休息一日。1995 年发布的《国务院关于修改〈国务院关于职工工作时间的规定〉的决定》（国务院令第 174 号）规定，职工每日工作 8 小时、每周工作 40 小时。该决定同时规定，国家机关、事业单位实行统一的工作时间，星期六和星期日为周休息日；企业和不能实行国家规定的统一工作时间的事业单位，可以根据实际情况灵活安排周休息日。

2. 法定年节假日标准

法定年节假日是由国家法律法规统一规定的用以开展纪念、庆祝活动的休息时间，也是劳动者休息时间的一种。我国现行法定年节假日标准为 11 天，全体公民放假的节日根据 2013 年《国务院关于修改〈全国年节及纪念日放假办法〉的决定》（国务院令第 644 号），具体为：新年，放假 1 天（1 月 1 日）；春节，放假 3 天（农历正月初一、初二、初三）；清明节，放假 1 天（农历清明当日）；劳动节，放假 1 天（5 月 1 日）；端午节，放假 1 天（农历端午当日）；中秋节，放假 1 天（农历中秋当日）；国庆节，放假 3 天（10 月 1 日、2 日、3 日）。

3. 年休假标准

带薪年休假是劳动者连续工作满 1 年后每年依法享有的保留职务和工资的一定期限连续休息的假期。2007 年国务院颁布的《职工带薪年休假条例》（国务院令第 514 号）明确规定，机关、团体、企业、事业单位、民办非企业单位、有雇工的个体工商户等单位的职工连续工作 1 年以上的，享受带薪年休假。职工累计工作已满 1 年不满 10 年的，年休假 5 天；已满 10 年不满 20 年的，年休假 10 天；已满 20 年的，年休假 15 天。

◎ 案例分享　离职时对于应休未休的年休假，用人单位应做出相应补偿吗？

2021 年 3 月，胡某与某电子公司签订劳动合同。2023 年 2 月 2 日，胡某下班后向公司邮寄离职通知书，提出解除劳动合同并要求公司支付经济补偿金。后向当地劳动人事争议仲裁委员会提起劳动仲裁。胡某对仲裁委员会关于补缴社会保险、支付未休年休假工资及经济补偿金等仲裁内容不服，向法院提起诉讼。

法院审理后认为，用人单位有主动安排年休假的义务，不能因劳动者未主动申请休假而视为放弃，即使劳动者未提出申请，用人单位也应当主动安排。用人单位确因工作需要不能安排职工休年休假的，对职工应休未休的年休假天数，用人单位应当按照该职工日工资收入的 300% 支付工资报酬。法院依法认定 2022 年胡某应休未休年休假 4 天，据此判该电子公司向胡某支付未休年休假期间的工资 1200 元。

劳动者的合法权益受法律保护，享有带薪年休假是劳动者的法定权利。用人单位不得通过劳动合同或公司规章制度等，排除劳动者休息休假或者获得带薪休假工资的权利，确实无法保障劳动者行使该项权利时，也应依法向劳动者支付未休带薪年休假工资，或者劳动者离职时，予以协商处理。若用人单位未安排休假，也未支付未休年休假工资，劳动者应当及时申请仲裁和向法院提起诉讼主张权利，否则可能面临超过时效的风险。

资料来源：中国法院网，有删改

4. 探亲假标准

1981 年发布的《国务院关于职工探亲待遇的规定》规定了国家机关、人民团体和全民所有制企业、事业单位的职工探亲假标准。根据规定，固定职工工作满 1 年，与配偶不住在一起，又不能在公休假日团聚的，可以享受探望配偶的假期待遇（每年 1 次，假期为 30 天），与父亲、母亲都不能住在一起，又不能在公休假日团聚的，可以享受探望父母的假期待遇（未婚职工每年 1 次，假期为 20 天；已婚职工每 4 年 1 次，假期为 20 天）。同时，单位应根据需要给予路程假。探亲假期包括公休假日和法定节日在内。

5. 婚丧假标准

1980 年颁布的《国家劳动总局、财政部关于国营企业职工请婚丧假和路程假问题的通知》规定，职工本人结婚或职工的直系亲属（父母、配偶和子女）死亡时，可以根据具体情况，由单位酌情给予 1~3 天的婚丧假。另外职工结婚时双方不在一地工作的，职工在外地的直系亲属死亡时需要本人去外地料理丧事的，都可根据路程远近，另给予路程假。

知识链接　　　　关于年休假，这些问题你得知道

问题一：年休假与国家法定节假日、休息日冲突吗？

《职工带薪年休假条例》第三条规定：国家法定休假日、休息日不计入年休假的假期。

由此可见，年休假与国家法定休假日、休息日并不冲突。另外，劳动者依法享有的探亲假、婚假、丧假、产假等国家规定的假期以及因工伤停工留薪期间均不计入年休假的假期。

问题二：本年度没休完的年休假，第二年可以继续休吗？

《职工带薪年休假条例》第五条规定：年休假在 1 个年度内可以集中安排，也可以分段安排，一般不跨年度安排。单位因生产、工作特点确有必要跨年度安排职工年休假的，可以跨 1 个年度安排。

因此，年休假一般应当在 1 个年度内使用完毕。用人单位确因工作需要有必要跨年度安排职工休假的，在征得职工同意后，可以跨 1 个年度安排。实践中，职工休年休假一般是由其本人申请，用人单位审批同意后方可执行。未经用人单位批准，职工不得擅自休年休假，也自然不能擅自决定跨年度休年休假。在此提醒广大劳动者应及

时休年休假，以免年休假过期未休。

问题三：如果单位未安排员工休假，该如何补偿呢？

休年休假是劳动者的法定权利，用人单位不得设置各种障碍，变相剥夺或限制劳动者休年休假。用人单位确因工作需要，在经职工本人同意后，可以不安排或少安排年休假，但是应当对职工予以补偿。

《职工带薪年休假条例》第五条规定：单位确因工作需要不能安排职工休年休假的，经职工本人同意，可以不安排职工休年休假；对职工应休未休的年休假天数，单位应当按照该职工日工资收入的 300% 支付年休假工资报酬。

需要注意的是，在劳动者未休年休假的正常工作期间，如用人单位在当月已向劳动者支付了 100% 的工资，则尚未支付的未休年休假工资仅为日工资的 200%，以充分保障劳动者的年休假权益。

问题四：如果员工自愿放弃休年休假，还可以获得补偿吗？

根据《企业职工带薪年休假实施办法》第十条，用人单位安排职工休年休假，但是职工因本人原因且书面提出不休年休假的，用人单位可以只支付其正常工作期间的工资收入。

因此，员工自愿放弃年休假是用人单位不用补偿未休年休假工资的法定前提。也就是说，用人单位虽未安排劳动者休年休假，但劳动者书面同意不休的，用人单位只需支付劳动者的正常工资，不需要支付 3 倍年休假工资。

此外，依据法律规定，劳动者享有的带薪未休年休假工资，由用人单位承担举证责任。所以，如果劳动者自愿放弃享受年休假，用人单位一定要让劳动者出具书面声明，由用人单位留存，以供日后发生争议时作为证据使用。

问题五：哪些情况下，员工当年不能休年休假？

用人单位应当依法保障劳动者休年休假的权利，但法律规定的年休假并非人人都有，也并非年年都能享受，依据《职工带薪年休假条例》第四条，出现以下 5 种情况，职工不享受当年的年休假：①职工依法享受寒暑假，其休假天数多于年休假天数的；②职工请事假累计 20 天以上且单位按照规定不扣工资的；③累计工作满 1 年不满 10 年的职工，请病假累计 2 个月以上的；④累计工作满 10 年不满 20 年的职工，请病假累计 3 个月以上的；⑤累计工作满 20 年以上的职工，请病假累计 4 个月以上的。

此外，《企业职工带薪年休假实施办法》第八条明确规定，职工已享受当年的年休假，年度内又发生上述情形后 4 项之一的，不享受下一年度的年休假。

资料来源：中国法院网，有删改

（四）如何保障劳动安全卫生？

劳动安全卫生又称劳动保护或者职业安全卫生，是指劳动者在生产和工作过程中应得到的生命安全和身体健康基本保障的制度。劳动者在生产生活过程中，应当熟悉法律法规赋予的权利和规定的义务，保障劳动过程中的人身和财产安全。

《劳动法》规定，劳动者享有平等就业和选择职业的权利、取得劳动报酬的权利、休息休假的权利、获得劳动安全卫生保护的权利、接受职业技能培训的权利、享受社会保险和福利的权利、提请劳动争议处理的权利以及法律规定的其他劳动权利。

用人单位必须建立、健全劳动安全卫生制度，严格执行国家劳动安全卫生规程和标准，对劳动者进行劳动安全卫生教育，防止劳动过程中出现事故，减少职业危害。劳动安全卫生设施必须符合国家规定的标准。用人单位必须为劳动者提供符合国家规定的劳动安全卫生条件和必要的劳动防护用品，对从事有职业危害作业的劳动者应当确保其定期进行健康检查。从事特种作业的劳动者必须经过专门培训并取得特种作业资格。

《中华人民共和国安全生产法》规定，安全生产工作应当坚持安全第一、预防为主、综合治理的方针。生产经营单位应当对从业人员进行安全生产教育和培训，保证从业人员具备必要的安全生产知识，熟悉有关的安全生产规章制度和安全操作规程，掌握本岗位的安全操作技能，了解事故应急处理措施，知悉自身在安全生产方面的权利和义务。未经安全生产教育和培训合格的从业人员，不得上岗作业。生产经营单位采用新工艺、新技术、新材料或者使用新设备，必须了解、掌握其安全技术特性，采取有效的安全防护措施，并对从业人员进行专门的安全生产教育和培训。

《职业病防治法》规定，职业病防治工作坚持预防为主、防治结合的方针，实行分类管理、综合治理。用人单位与劳动者订立劳动合同（含聘用合同，下同）时，应当将工作过程中可能产生的职业病危害及其后果、职业病防护措施和待遇等如实告知劳动者，并在劳动合同中写明，不得隐瞒或者欺骗。劳动者享有下列职业卫生保护权利：获得职业卫生教育、培训；获得职业健康检查、职业病诊疗、康复等职业病防治服务；了解工作场所产生或者可能产生的职业病危害因素、危害后果和应当采取的职业病防护措施；要求用人单位提供符合防治职业病要求的职业病防护设施和个人使用的职业病防护用品，改善工作条件；对违反职业病防治法律、法规以及危及生命健康的行为提出批评、检举和控告；拒绝违章指挥和强令进行没有职业病防护措施的作业；参与用人单位职业卫生工作的民主管理，对职业病防治工作提出意见和建议。

劳动者不仅享有劳动安全卫生的权利，也必须遵守安全生产规章制度和操作规程，服从管理，正确佩戴和使用劳动防护用品，接受安全生产教育和培训，掌握本职工作所需的安全生产知识，提高安全生产技能水平，增强事故预防和应急处理能力，发现事故隐患或者其他不安全因素，应当立即报告。

💬 **话题互动**

小王毕业后到某公司工作，从事与工艺包装盒相关的工作，并与该公司签订了劳动合同，劳动合同用的也是正规的版本。但工作两个月后小王发现，他的鼻子、眼睛每天都很难受，原来是包装盒加工时使用的胶水黏合剂会释放甲醛、苯等有害物，但是公司只是每周给每人发放一包普通医用口罩，并未按照规定配备符合职业病防护要求的个人防护用品。小王还发现与公司签订的劳动合同中没有写明职业病危害的真实情况。

讨论问题： 该公司的行为违反了哪些法律？

（五）遇到劳动争议怎么办？

劳动争议，又称劳动纠纷、劳资争议、劳资纠纷，是指劳动关系的当事人之间因执行劳动法律法规和履行劳动合同而发生的纠纷，即劳动者与所在单位之间因劳动关系中的权利义务而发生的纠纷。在劳动过程中，劳动者与用人单位之间发生劳动争议往往难以避免。那么作为劳动者，如果我们与用人单位发生劳动争议，应该如何通过合法的途径有效保护自己的合法权益呢？

1. 劳动争议的类别

根据劳动争议涉及的权利义务的具体内容，其可分为以下几类：①因确认劳动关系发生的争议；②因订立、履行、变更、解除和终止劳动合同发生的争议；③因除名、辞退和辞职发生的争议；④因工作时间、休息休假、社会保险、福利、培训以及劳动保护发生的争议；⑤因劳动报酬、工伤医疗费、经济补偿或者赔偿金等发生的争议；⑥法律、法规规定的其他劳动争议。

2. 劳动争议的处理

劳动争议有以下 4 种处理方法：协商、调解、仲裁、诉讼。作为劳动争议的当事人，可以采取灵活多样的方式解决争议，维护自身合法权益，但无论采取何种方式解决劳动争议，都应当坚持合法、及时的原则。

（1）协商

劳动者与用人单位发生劳动争议时，可以根据具体情况向对方提出协商的要求，或者寻求企业工会的帮助，请工会协助与用人单位协商，在双方达成共识的基础上解决劳动争议。用人单位需在 5 日内以口头或者书面的形式予以回应，否则视为不愿意协商。企业工会可以约谈双方当事人，协助劳动者保护其合法权益，双方经协商达成一致时需要签订书面和解协议，和解协议同样具有法律效力，工会应督促双方履行协议内容。

（2）调解

劳动者与用人单位不愿协商或者协商不成时，可以向劳动争议调解组织申请调解。我国的劳动争议调解组织包括以下几种：企业劳动争议调解委员会，依法设立的基层人民调解组织，在乡镇、街道设立的具有劳动争议调解职能的组织。劳动争议调解组织的调解员应当由公道正派、联系群众、热心调解工作，并具有一定法律知识、政策水平和文化水平的成年公民担任。调解组织派调解员或者调解小组在听取双方陈述和想法后，进一步核查事实依据，再根据双方的意见进行调解，促使劳动者和用人单位互谅互让，从而解决劳动争议，时间期限为受理之日起15日内调解完毕。未达成调解协议的，当事人也可以依法申请劳动仲裁。达成调解协议后，一方当事人在协议约定期限内不履行调解协议的，另一方当事人也可以依法申请仲裁。

（3）仲裁

在我国劳动争议处理体制中，仲裁是诉讼的法定前置程序，也就是说，劳动争议案件不能直接向人民法院起诉，必须要先申请劳动仲裁，任意一方对于仲裁结果不服，才能真正向人民法院起诉。《劳动争议调解仲裁法》规定，劳动争议申请仲裁的时效期间为一年，仲裁时效期间从当事人知道或者应当知道其权利被侵害之日起计算，即当事人应在劳动争议发生之日起一年内向仲裁委员会提出书面仲裁申请。仲裁申请书应当载明下列事项：劳动者的姓名、性别、年龄、职业、工作单位和住所，用人单位的名称、住所和法定代表人或者主要负责人的姓名、职务；仲裁请求和所根据的事实、理由；证据和证据来源、证人姓名和住所。书写仲裁申请确有困难的，可以口头申请，由劳动争议仲裁委员会记入笔录，并告知对方当事人。

劳动争议仲裁委员会收到仲裁申请之日起五日内，认为符合受理条件的，应当受理，并通知申请人；认为不符合受理条件的，应当书面通知申请人不予受理，并说明理由。对劳动争议仲裁委员会不予受理或者逾期未作出决定的，申请人可以就该劳动争议事项向人民法院提起诉讼。劳动争议仲裁委员会受理仲裁申请后，应当在五日内将仲裁申请书副本送达被申请人。

仲裁庭裁决劳动争议案件，应当自劳动争议仲裁委员会受理仲裁申请之日起四十五日内结束。案情复杂需要延期的，经劳动争议仲裁委员会主任批准，可以延期并书面通知当事人，但是延长期限不得超过十五日。逾期未作出仲裁裁决的，当事人可以就该劳动争议事项向人民法院提起诉讼。

申请劳动仲裁是免费的，这是国家对于劳动者的一种保障，保障广大劳动人民的权利被侵害时可以以最低成本维权。

（4）诉讼

诉讼是劳动争议处理的最后程序，与其他类型的案件一样遵循两审终审的原则。《中华人民共和国劳动争议调解仲裁法》规定，劳动争议的当事人对仲裁结果不服的，可以在收到仲裁裁决书之日起 15 日内依法向人民法院提起诉讼，15 日期满后不起诉的，则仲裁裁决书发生法律效力。

话题互动

小李就职于某电子商务公司。2022 年初，小李的父亲在家中突发疾病，家里人给小李打电话让他赶快回家。小李通过微信向其直属领导张某请假，并通过邮件告知领导张某："因父亲病重需紧急返乡，特提出请假申请，请假时间为 2022 年 1 月 24 日至 1 月 30 日。"当日，小李便回家照顾重病父亲。其间，公司要求李某提供有效请假材料，小李通过微信提交了父亲的病历照片。当日，公司以小李请假未获批不到岗构成旷工为由，解除了劳动合同。小李不服解除决定将公司起诉至法院，但法院以该争议属于劳动争议应当先行申请劳动仲裁为由拒绝受理。

讨论问题：法院拒绝受理是否正确？小李应如何维护自己的合法权益？

（六）女职工和未成年工能获得哪些特殊保护？

女职工和未成年工是在生理上处于弱势的群体，我国《劳动法》《女职工劳动保护特别规定》《未成年工特殊保护规定》等法律文件均设置了对女职工和未成年工的劳动权益进行特殊保护的内容。

1. 女职工劳动保护

根据女性的生理特点，对女性劳动者在劳动过程和劳动市场中实施特殊保护，是保证人类健康繁衍生存和劳动力再生产质量的大事。我国《劳动法》《女职工劳动保护特别规定》《妇女权益保障法》等针对女职工在经期、孕期、产期、哺乳期等的生理特点，在工作任务分配和工作时间等方面对其劳动权益进行了特殊保护。

（1）就业和报酬

我国劳动法律规定，妇女享有同男子平等的就业权利。《就业促进法》第二十七条规定："用人单位招用人员，除国家规定的不适合妇女的工种或者岗位外，不得以性别为由拒绝录用妇女或者提高对妇女的录用标准。用人单位录用女职工，不得在劳动合同中规定限制女职工结婚、生育的内容。"

相关法律的主要规定有：①凡适合妇女从事劳动的工作，不得以性别为由拒绝录用妇女或者提高对妇女的录用标准；②不得以结婚、怀孕、生育、哺乳等为由辞退女职工或者单方面解除劳动合同；③男女同工同酬，同等劳动应领取同等报酬，不得因女职工怀孕、生育、哺乳而降低其基本工资。女职工生育期间，享受法律规定的产假和医疗待遇，产假期间应由所在单位按法律规定支付工资。

2019 年 2 月，《人力资源社会保障部、教育部等九部门关于进一步规范招聘行为促进妇女就业的通知》，进一步加大对于妇女就业的促进和保护力度。通知第二条规定："各类用人单位、人力资源服务机构在拟定招聘计划、发布招聘信息、招用人员过程中，不得限定性别（国家规定的女职工禁忌劳动范围等情况除外）或性别优先，不得以性别为由限制妇女求职就业、拒绝录用妇女，不得询问妇女婚育情况，不得将妊娠测试作为入职体检项目，不得将限制生育作为录用条件，不得差别化地提高对妇女的录用标准。"此文件第一次明确规定企业在面试中不得询问妇女婚育情况，第一次明确要求不得将妊娠测试作为入职体检项目。

◎ **案例分享**

2012 年 9 月 12 日，孙某与某科技公司签订劳动合同，合同约定孙某的岗位为实验室研究员，月工资为 6400 元。2014 年 4 月 1 日，孙某的月工资调整为 8200 元。2014 年 7 月，孙某怀孕。2014 年 8 月以后，孙某每月领取工资 3000 元。该科技公司称因孙某不能正常履行工作职责，故对孙某工资进行相应扣减。孙某在经过劳动仲裁裁决后起诉至法院，要求该科技公司支付拖欠的工资 32000 元。孙某表示因其怀孕，不宜再进入实验室工作，但其一直在实验室外的办公区工作，工作内容包括撰写实验报告、整理实验数据等。法院最终依法判令该科技公司支付孙某扣发的工资 32000 元。

《女职工劳动保护特别规定》第五条：用人单位不得因女职工怀孕、生育、哺乳降低其工资、予以辞退、与其解除劳动或者聘用合同。本案中，该科技公司主张因为孙某从事的工作无法达到公司的要求，不能正常履职，故对其工资进行扣减。但根据法律规定，用人单位对女职工怀孕期间的工资不得降低，该科技公司的行为违法，故法院依法判决予以补足。

资料来源：中国法院网，有删改

（2）女职工禁忌从事的劳动范围

《劳动法》第五十九条规定："禁止安排女职工从事矿山井下、国家规定的第四级体力劳动强度的劳动和其他禁忌从事的劳动。"《女职工劳动保护特别规定》明确规定了女职工禁忌从事的劳动范围：①矿山井下作业；②体力劳动强度分级标准中规定的第四级体力劳动强度的作业；③每小时负重 6 次以上、每次负重超过 20 公斤的作业，或者间断负重、每次负重超过 25 公斤的作业。

（3）女职工"四期"保护

女职工"四期"保护内容如表 4-1 所示。

表 4-1　女职工"四期"保护

女职工"四期"保护	经期	冷水作业分级标准中规定的第二级、第三级、第四级冷水作业
		低温作业分级标准中规定的第二级、第三级、第四级低温作业
		体力劳动强度分级标准中规定的第三级、第四级体力劳动强度的作业
		高处作业分级标准中规定的第三级、第四级高处作业
	孕期	作业场所空气中铅及其化合物、汞及其化合物、苯、镉、铍、砷、氰化物、氮氧化物、一氧化碳、二硫化碳、氯、己内酰胺、氯丁二烯、氯乙烯、环氧乙烷、苯胺、甲醛等有毒物质浓度超过国家职业卫生标准的作业
		从事抗癌药物、己烯雌酚生产，接触麻醉剂气体等的作业
		非密封源放射性物质的操作，核事故与放射事故的应急处置
		高处作业分级标准中规定的高处作业
		冷水作业分级标准中规定的冷水作业
		低温作业分级标准中规定的低温作业
		高温作业分级标准中规定的第三级、第四级的作业
		噪声作业分级标准中规定的第三级、第四级的作业
		体力劳动强度分级标准中规定的第三级、第四级体力劳动强度的作业
		在密闭空间、高压室作业或者潜水作业，伴有强烈振动的作业，或者需要频繁弯腰、攀高、下蹲的作业
	产期	女职工生育享受 98 天产假，其中产前可以休假 15 天；难产的，增加产假 15 天；生育多胞胎的，每多生育 1 个婴儿，增加产假 15 天。女职工怀孕未满 4 个月流产的，享受 15 天产假；怀孕满 4 个月流产的，享受 42 天产假
	哺乳期	孕期禁忌从事的劳动范围的第一项、第三项、第九项
		作业场所空气中锰、氟、溴、甲醇、有机磷化合物、有机氯化合物等有毒物质浓度超过国家职业卫生标准的作业
		对哺乳未满 1 周岁婴儿的女职工，用人单位不得延长劳动时间或者安排夜班劳动。用人单位应当在每天的劳动时间内为哺乳期女职工安排 1 小时哺乳时间；女职工生育多胞胎的，每多哺乳 1 个婴儿每天增加 1 小时哺乳时间

◎ 案例分享　　**女职工休完产假后公司可以安排其做有毒有害实验吗？**

王女士在一家科技公司任实验室研究员。2013 年 1 月 31 日，王女士生育一女。休完产假后，王女士回到公司工作，公司仍安排其做有毒有害实验，还以其未履行岗位职责为由仅按照北京市最低工资标准支付工资。王女士诉至法院，主张该公司在其哺乳期让其做有毒有害实验，且无正当理由克扣工资，故要求该公司向其支付拖欠的工资。

法院经审理认为，任何单位不得因结婚、怀孕、产假、哺乳等情形，降低女职工的工资。该公司在王女士哺乳期内降低工资的做法明显违反了国家的法律规定，应当将降低工资部分补发给王女士。

《女职工劳动保护特别规定》第五条规定："用人单位不得因女职工怀孕、生育、哺乳降低其工资、予以辞退、与其解除劳动或者聘用合同。"如果"三期"女职工的现工作岗位对其身体有害,用人单位应与女职工协商将其调到适合其身体状况的岗位,但是,不得以女职工怀孕、生育、哺乳为由降薪。

资料来源:中国法院网,有删改

（4）如何预防和制止对女职工的性骚扰问题?

为预防和制止对女职工的性骚扰问题,保障女职工的合法权益,《女职工劳动保护特别规定》第十一条明确规定,在劳动场所,用人单位应当预防和制止对女职工的性骚扰。《妇女权益保障法》第二十五条也规定,用人单位应当采取下列措施预防和制止对妇女的性骚扰:制定禁止性骚扰的规章制度;明确负责机构或者人员;开展预防和制止性骚扰的教育培训活动;采取必要的安全保卫措施;设置投诉电话、信箱等,畅通投诉渠道;建立和完善调查处置程序,及时处置纠纷并保护当事人隐私和个人信息;支持、协助受害妇女依法维权,必要时为受害妇女提供心理疏导;其他合理的预防和制止性骚扰措施。

2. 未成年工特殊保护

《劳动法》规定,未成年工是指年满十六周岁未满十八周岁的劳动者。由于未成年工处于特殊的生长发育年龄,身体还处于成长发育的时期,同时他们也正处于学习文化接受知识的黄金年龄,没有从事某些工作所需的体力和心理素质,因此,法律对未成年工进行特殊保护非常有必要。

（1）未成年工禁忌从事的劳动范围

我国《未成年人保护法》第六十一条规定:"任何组织或者个人不得招用未满十六周岁未成年人,国家另有规定的除外。任何组织和个人依照国家有关规定招用已满十六周岁未成年人的单位和个人应当执行国家在工种、劳动时间、劳动强度和保护措施等方面的规定,不得安排其从事过重、有毒、有害等危害未成年人身心健康的劳动或者危险作业。"《劳动法》第六十四条规定:"不得安排未成年工从事矿山井下、有毒有害、国家规定的第四级体力劳动强度的劳动和其他禁忌从事的劳动。"

（2）对未成年工进行定期健康检查

用人单位对未成年工进行定期的健康检查,有利于未成年人的健康发育,使其免受职业侵害,同时健康检查结果也是用人单位对未成年工安排工作岗位的重要依据。

《劳动法》第六十五条规定:"用人单位应当对未成年工定期进行健康检查。"《未成年工特殊保护规定》规定:"用人单位应按下列要求对未成年工定期进行健康检查:安排工作岗位之前;工作满1年;年满18周岁,距前一次的体检时间已超过半年。"

体检发现未成年工不适宜从事原工作的,用人单位应为未成年工调换适宜的工作岗位;未成年工身体健康受到损害的,用人单位应当为其治疗。用人单位不仅要对未成年工健康检查事宜进行全面的安排,而且所涉及的所有费用支出都应由用人单位承担。未成年工做规定的健康检查时间应算作工作时间,用人单位不得克扣工资。

（3）对未成年工的使用和保护实行登记制度

《未成年工特殊保护规定》规定:"用人单位招收使用未成年工,除符合一般用工要求外，还须向所在地的县级以上劳动行政部门办理登记。劳动行政部门根据《未成年工健康检查表》《未成年工登记表》，核发《未成年工登记证》。"未成年工须持《未成年工登记证》上岗。""未成年工上岗前用人单位应对其进行有关的职业安全卫生教育、培训；未成年工的体检和登记，由用人单位统一办理和承担费用。"

二、劳动者社会保障

（一）社会保障的概念

社会保障制度是在政府的管理之下，以国家为主体，依据一定的法律和规定，通过国民收入的再分配，以社会保障基金为依托，对公民在暂时或者永久性失去劳动能力以及由于各种原因生活发生困难时给予物质帮助，用以保障居民最基本的生活需要。社会保障是民生之安，是现代国家一项重要的社会经济制度，主要包括社会保险、社会救助、社会福利和慈善事业等内容。

社会保障是民生安全网、社会稳定器，对于解除人民生活后顾之忧、促进社会公正和谐、维护国家长治久安具有重大作用。中国政府高度重视社会保障体系建设，积极致力于建立健全同经济发展水平相适应的社会保障体系。在以人民为中心的发展思想引领下，中国不断发展民生保障事业，稳步推动社会保障体系建设和制度完善。国家对社会保障领域的财政投入不断增加，逐步形成了以社会保险、社会救助、社会福利为基础，以基本养老、基本医疗、最低生活保障制度为重点，具有中国特色且世界上规模最大的社会保障体系。

💬 话题互动

讨论问题：结合生活实际，谈一谈劳动者为什么需要社会保障。

（二）社会保险有哪些?

与劳动者关系最为密切的社会保障当属社会保险。在中国，社会保险是社会保障体系的重要组成部分，其在整个社会保障体系中居于核心地位。社会保险是劳动者在暂时或永久丧失劳动能力和失业时，从国家和社会获得物质帮助的制度，主要内容包括基本养老保险、基本医疗保险、工伤保险、失业保险、生育保险，也就是我们常说的"五险一金"里面的"五险"。劳动者依法享受社会保险，不仅能提升劳动者的获得感、幸福感和安全感，也有利于激发劳动者的工作热情，使社会主义建设事业充满活力和力量。

1. 职工基本养老保险

基本养老保险，是国家根据法律法规的规定，强制建立和实施的一种社会保险制度。在这一制度下，用人单位和劳动者必须依法缴纳养老保险费，在劳动者达到国家规定的退休年龄或因其他原因退出劳动岗位后，社会保险经办机构依法向其提供养老金等待遇，从而保障其基本生活。基本养老保险与基本医疗保险、工伤保险、失业保险、生育保险等共同构成现代社会保险制度，并且是社会保险制度中最重要的险种之一。

（1）基本养老金的缴费

基本养老金由用人单位和个人缴费以及政府补贴等组成。其中，用人单位和个人缴费是基本养老金的主要来源。我国基本养老保险制度是缴费型的。以职工身份参保的，由用人单位和职工个人共同缴纳基本养老保险费。《国务院关于建立统一的企业职工基本养老保险制度的决定》（国发〔1997〕26号）规定，企业缴纳基本养老保险费的比例，一般不得超过企业工资总额的20%（包括划入个人账号的部分），具体比例由省、自治区、直辖市人民政府确定。少数省、自治区、直辖市因离退休人数较多、养老保险负担过重，确需超过企业工资总额20%的，应报人力资源社会保障部、财政部审批，个人则按照本人工资的8%缴纳基本养老保险费。其中本人工资一般是指本人上年度月平均工资。月平均工资按国家统计局规定列入工资总额统计的项目计算，包括工资、奖金、津贴、补贴等收入。

无雇工的个体工商户、未在用人单位参加基本养老保险的非全日制从业人员以及其他灵活就业人员，可以自愿参加城镇职工基本养老保险，但因为只由劳动者个人缴纳基本养老保险费，因此劳动者承担的费率比那些已与用人单位建立劳动关系的职工要高。《国务院关于完善企业职工基本养老保险制度的决定》（国发〔2005〕38号）统一了城镇个体工商户和灵活就业人员的参保缴费办法，规定城镇个体工商户和灵活就业人员参加基本养老保险的缴费基数为当地上年度在岗职工平均工资，缴费比例为20%。实践中，不少地方规定灵活就业人员可以在当地上年度职工月平均工资60%至300%之间选择缴费基数。

（2）基本养老金的领取

参加基本养老保险的个人，达到法定退休年龄时累计缴费满十五年的，按月领取基本养老金。参加基本养老保险的个人，达到法定退休年龄时累计缴费不足十五年的，可以缴费至满十五年，按月领取基本养老金；也可以转入新型农村社会养老保险或者城镇居民社会养老保险，按照国务院规定享受相应的养老保险待遇。

此外，参加基本养老保险的个人，因病或者非因工死亡的，其遗属可以领取丧葬补助金和抚恤金；在未达到法定退休年龄时因病或者非因工致残完全丧失劳动能力的，可以领取病残津贴。所需资金从基本养老保险基金中支付。丧葬补助金，是指为了减轻职工家属因办丧事而增加的经济负担，给予的一次性补助。抚恤金，是指为了保证由死亡职工供养的直系亲属不因供养人死亡而断绝生活来源，给予的基本生活费用。病残津贴是基本养老保险基金对未达到法定退休年龄时因病或者非因工致残、完全丧失劳动能力的参保人员的基本生活费。

国家建立基本养老金正常调整机制。根据职工平均工资增长、物价上涨情况，适时提高基本养老保险待遇水平。基本养老待遇水平不仅取决于每个退休人员的缴费基数和缴费年限，还取决于退休养老期间的国家经济发展水平。基本养老金标准应当随着经济发展逐步提高，让退休人员也能享受经济发展成果。随着人口平均预期寿命的延长，职工退休可能会生活10年、20年甚至更长时间，在这个过程中，通货膨胀不可避免，同样数量的养老金，购买力在下降，如果不及时进行调整，退休人员的实际养老保险待遇是下降的。因此，需要随着经济发展，建立基本养老金正常调整机制，使退休人员能够分享经济发展的成果，保障退休人员基本养老保险的待遇水平不降低。

💬 **话题互动**

　　小吴毕业后到一家化工企业工作，工作两年后有了一些工作经验，决定从现在的单位跳槽到另一个单位，在办理离职手续时，他发现单位一直以每月 4000 元的基本工资作为其养老保险缴费基数，但是，除这笔基本工资外，他每月还有加班工资、通勤补助、绩效等约合 6000 元。于是他找到单位人力资源部要求为其办理补缴，但人力资源部负责人认为，社保经办机构并未对单位申报的缴费基数提出异议，因此这一缴费方式没有问题。

　　讨论问题：人力资源部负责人的说法是否正确？养老保险的缴费基数应当以劳动者的哪些收入为基准呢？

2. 职工基本医疗保险

　　职工基本医疗保险制度是依法对职工的基本医疗权利给予保障的社会医疗保险制度，是通过法律、法规强制推行的，实行社会统筹医疗基金与个人医疗账户相结合的基本模式，与养老、工伤、失业和生育保险一样，都属社会保险的一个基本险项。《社会保险法》第二十三条规定："职工应当参加职工基本医疗保险，由用人单位和职工按照国家规定共同缴纳基本医疗保险费。无雇工的个体工商户、未在用人单位参加职工基本医疗保险的非全日制从业人员以及其他灵活就业人员可以参加职工基本医疗保险，由个人按照国家规定缴纳基本医疗保险费。"

　　以职工身份参保的，由用人单位和职工个人共同缴纳基本医疗保险费。用人单位缴费率应控制在职工工资总额的 6% 左右，职工缴费率一般为本人工资的 2%。具体缴费比例由各统筹地区根据实际情况确定。随着经济发展，用人单位和职工缴费率可做相应调整。以灵活就业人员身份参保的，由个人按照国家规定缴纳基本医疗保险费。灵活就业人员可以自愿参加职工基本医疗保险，但参保后，应当依法缴费。

　　用人单位和（或）职工按规定参加职工基本医疗保险，即可按规定享受职工基本医疗保险待遇。基本医疗保险实行定点医疗机构（包括中医医院）和定点药店管理。参保人员可选择若干定点医疗机构就医、购药，也可持处方在若干定点药店购药。参保人员发生符合基本医疗保险药品目录、诊疗项目、医疗服务设施标准以及急诊、抢救的医疗费用，按规定从职工基本医疗保险基金中支付。

　　职工基本医疗保险基金由统筹基金和个人账户构成。统筹基金有起付标准和最高支付限额，起付标准原则上在当地职工年平均工资的 10% 左右，最高支付限额原则上在当地职工年平均工资的 6 倍左右。起付标准以下的医疗费用，从个人账户中支付或由个人自付。起付标准以上、最高支付限额以下的医疗费用，主要从统筹基金中支付，个人也要负担一定比例。超过最高支付限额的医疗费用，可以通过职工大额医疗费用补助、商业医疗保险等途径解决。

　　基本医疗保险在保障参保人员身体健康和维护社会稳定等方面发挥了积极的作用。"人有旦夕祸福"，个人缴纳一定额度的医疗保险费并非负担，而是一种义务、一份权益、一生保障，是个人追求美好生活奋斗过程中的一种风险防范措施。

3. 工伤保险

　　工伤保险，是指劳动者在工作中或在规定的特殊情况下，遭受意外伤害或患职业病导致暂时或永久丧失劳动能力以及死亡时，劳动者或其遗属从国家和社会获得物质帮助的一种社会保险制度。用人单位应当按时缴纳工伤保险费。职工个人不缴纳工伤保险费。

（1）工伤的范围

《工伤保险条例》第十四条规定，职工有下列情形之一的，应当认定为工伤：在工作时间和工作场所内，因工作原因受到事故伤害的；工作时间前后在工作场所内，从事与工作有关的预备性或者收尾性工作受到事故伤害的；在工作时间和工作场所内，因履行工作职责受到暴力等意外伤害的；患职业病的；因工外出期间，由于工作原因受到伤害或者发生事故下落不明的；在上下班途中，受到非本人主要责任的交通事故或者城市轨道交通、客运轮渡、火车事故伤害的；法律、行政法规规定应当认定为工伤的其他情形。第十五条规定，职工有下列情形之一的，视同工伤：在工作时间和工作岗位，突发疾病死亡或者在 48 小时之内经抢救无效死亡的；在抢险救灾等维护国家利益、公共利益活动中受到伤害的；职工原在军队服役，因战、因公负伤致残，已取得革命伤残军人证，到用人单位后旧伤复发的。

但是要特别注意的是，职工如有故意犯罪的，酗酒或者吸毒的，自残或者自杀的情形之一的，不得认定为工伤或者视同工伤。

（2）工伤的认定

职工受到事故伤害后，能否享受工伤保险待遇，需要首先经过工伤认定。按照《工伤保险条例》的规定，工伤认定应当由统筹地区负责社会保险的行政部门做出。

① 申请主体及时限

根据《工伤保险条例》的规定，工伤认定的申请主体首先是用人单位。发生工伤事故伤害或者被诊断、鉴定为职业病后，用人单位应当在 30 日内向统筹地区社会保险行政部门提出工伤认定申请。其次是工伤职工或者其近亲属、工会组织。《工伤保险条例》规定，用人单位不按规定提出工伤认定申请的，工伤职工或者其近亲属、工会组织可以在事故伤害发生或者诊断、鉴定为职业病之日起 1 年内，提出工伤认定申请。

② 申请工伤认定应递交的材料

提出工伤认定申请应当提交工伤认定申请表、与用人单位存在劳动关系（包括事实劳动关系）的证明材料、医疗诊断证明或者职业病诊断证明书（或者职业病诊断鉴定书）。职工或者其近亲属认为是工伤，用人单位不认为是工伤的，由用人单位承担举证责任。工伤认定申请的材料需要补正的，社会保险行政部门予以一次性书面告知。

③ 工伤认定的主体及时限

申请材料完整的，社会保险行政部门做出受理或者不予受理工伤认定申请的决定并书面通知申请人。受理工伤申请后，社会保险行政部门可以对证据进行调查核实，用人单位和职工等有关部门和个人应予以配合。工伤认定决定应自受理工伤认定申请之日起 60 日内做出。职工或者其近亲属、用人单位对工伤认定决定不服的，可以依法申请行政复议或提起行政诉讼。

（3）工伤保险待遇

工伤保险待遇是指职工受到事故伤害或者患职业病后，获得医疗救治和经济补偿的一种保障。

① 工伤医疗待遇

职工因工作遭受事故伤害或者患职业病进行治疗，享受工伤医疗待遇。

一是治疗工伤所需的挂号费、医疗康复费、药费、住院费等费用，如符合工伤保险诊疗项目目录、工伤保险药品目录、工伤保险住院服务标准，从工伤保险基金中支付。

二是工伤职工治疗工伤需要住院的，由所在单位按照本单位因公出差伙食补助标准的 70%发给住院伙食补助费。

三是到统筹地区以外就医的交通、食宿费。经医疗机构出具证明，经办机构同意，工伤职工到统筹地区以外就医的，所需交通、食宿费用由所在单位按照本单位职工因公出差标准报销。

② 辅助器具配置待遇

工伤职工伤残后因日常生活或者就业需要，经劳动能力鉴定委员会确认需要配置辅助器具的，可以安装假肢、矫形器、假眼、假牙或配置轮椅等辅助器具，所需费用按照国家规定的标准从工伤保险基金中支付。

③ 停工留薪期待遇

职工因工作遭受事故伤害或者患职业病需要暂停工作接受工伤医疗的，在停工留薪期内，原工资福利待遇不变，由所在单位按月支付。停工留薪期一般不超过 12 个月。伤情严重或者情况特殊，经设区的市级劳动能力鉴定委员会确认，可以适当延长，但延长不得超过 12 个月。工伤职工评定伤残等级后，停发原待遇，按照《工伤保险条例》第五章的有关规定享受伤残待遇。工伤职工在停工留薪期满后仍需治疗的，继续享受工伤医疗待遇。生活不能自理的工伤职工在停工留薪期需要护理的，由所在单位负责。

④ 生活护理费

工伤职工已经评定伤残等级并经劳动能力鉴定委员会确认需要生活护理的，从工伤保险基金按月支付生活护理费。生活护理费按照生活完全不能自理、生活大部分不能自理或者生活部分不能自理 3 个不同等级支付，其标准分别为统筹地区上年度职工月平均工资的 50%、40%或者 30%。

⑤ 伤残待遇

经劳动能力鉴定丧失劳动能力的工伤职工，享受伤残待遇。其待遇标准按照伤残鉴定等级（一至十级）的不同而有所区别。《工伤保险条例》规定了不同等级伤残职工享受不同待遇。

一至四级：保留劳动关系，退出工作岗位。除享受一次性伤残补助金外，还享受从工伤保险基金按月支付的伤残津贴，同时，由用人单位和职工个人以伤残津贴为基数，缴纳基本医疗保险费。一次性伤残补助金的标准是：一级伤残为 27 个月的本人工资，二级伤残为 25 个月的本人工资，三级伤残为 23 个月的本人工资，四级伤残为 21 个月的本人工资。伤残津贴的标准为：一级伤残为本人工资的 90%，二级伤残为本人工资的 85%，三级伤残为本人工资的 80%，四级伤残为本人工资的 75%。伤残津贴实际金额低于当地最低工资标准的，由工伤保险基金补足差额。工伤职工达到退休年龄并办理退休手续后，停发伤残津贴，享受基本养老保险待遇。基本养老保险待遇低于伤残津贴的，由工伤保险基金补足差额。

五至六级：保留与用人单位的劳动关系，由用人单位安排适当工作。除享受一次性伤残补助金外，对于难以安排工作的，由用人单位按月发给伤残津贴，并由用人单位按照规定为其缴纳应缴纳的各项社会保险费。一次性伤残补助金的标准是：五级伤残为 18 个月的本人工资，六级伤残为 16 个月的本人工资。伤残津贴实际金额低于当地最低工资标准的，由用人单位补足差额。另外，经工伤职工本人提出，该职工可以与用人单位解除或终止劳动关系，由用人单位支付一次性伤残就业补助金。

七至十级：享受一次性伤残补助金。一次性伤残补助金标准是：七级伤残为 13 个月的本人工资，八级伤残为 11 个月的本人工资，九级伤残为 9 个月的本人工资，十级伤残为 7 个月的本人工资。劳动、聘用合同期满终止，或者工伤职工本人提出解除劳动、聘用合同的，由工伤保险基金支付一次性工伤医疗补助金，由用人单位支付一次性伤残就业补助金。

⑥ 工亡待遇

职工因工死亡的，其近亲属可享受从工伤保险基金中支付的 3 项待遇。一是丧葬补助金，职工因工死亡，其近亲属可以领取丧葬补助金，标准为 6 个月的统筹地区上年度职工月平均工资。二是供养亲属抚恤金，按照工亡职工本人生前工资的一定比例计发。三是一次性工亡补助金。

⑦ 工伤康复

工伤职工按照签订服务协议的医疗机构建议，并经劳动鉴定委员会批准，到签订服务协议的康复医疗机构进行康复治疗期间，或被安排进行康复训练期间，应享受工伤医疗待遇和停工留薪期待遇。工伤职工进行康复性治疗的有关费用，符合相关规定的，也应按照国家规定从工伤保险基金中支付。康复性治疗一般包括：医疗护理；社会、心理和其他方面的咨询和协助；进行自理训练，包括行动、交往及日常生活技能训练，并为听觉、视觉受损者提供其所需的特殊器具。

◎ 案例分享　　　　　**学生暑假打工受伤，损失由谁承担？**

暑假是学生兼职打工的高峰期，对于学生而言，在暑假打工既能增加社会实践经验，又能赚些零花钱。但是，如果学生在打工期间不幸受伤，损失该由谁承担呢？

2022 年 8 月，陈某雇佣刘某到其经营的饮品店从事暑假工，工作内容为点餐、上菜、打扫卫生等，每晚报酬为 40 元。2022 年 8 月 16 日晚，店铺关门后，刘某在打扫卫生时，被同在店铺打工的同事郑某用水瓢边沿打到上门牙，造成刘某的上门牙损伤，其中一颗门牙折断。事后，刘某由家人陪同至医院治疗，共花费医疗费 1981 元。因双方多次协商赔偿未果，故刘某将郑某及其雇主陈某诉至法院。法院经审理认为，刘某、郑某在陈某经营的店铺从事暑假工，与陈某之间形成劳务关系。刘某系在提供劳务期间，由于郑某的非因劳务行为造成其损害。郑某作为直接侵权人，应对刘某的损失承担赔偿责任；而陈某作为接受劳务一方，亦应对刘某在提供劳务期间因郑某的行为造成的损失承担赔偿责任，但陈某承担赔偿责任，可以向郑某追偿。

虽然暑假工与雇主没有签订正式劳动合同，不存在劳动关系，但双方已形成事实上的劳务关系，若发生意外受伤时，可依据《民法典》第一千一百九十二条提供劳务者受害之规定，进行法律维权。在校学生在寒暑假打工期间，一定要选择正规、安全的用工场所，同时，应加强自身的安全防范意识，受到人身伤害时，应第一时间通知家长，及时固定证据，积极依法维权。

资料来源：中国法院网，有删改

4. 失业保险

失业保险是对劳动年龄内，有就业能力并有就业愿望的人由于非本人原因而失去工作，无法获得维持生活所需的工资收入，在一定期间内由国家和社会为其提供基本生活保障的社会保险制度。失业保险是社会保险的重要组成部分。失业保险由用人单位和职工按照国家规定共同缴纳失业保险费。

（1）失业保险立法目的

失业保险立法目的是保障失业人员失业期间的基本生活，促进其再就业。这里所称的失业人员失业期间，是指失业人员按照本法规定享受失业保险待遇的期间；这里所称保障失业人员失业期间的基本生活，是指失业人员按照规定领取失业保险金对其生活的保障。按照《失业保险条例》等现行失业保险制度的规定，保障基本生活的水平应高于社会救济对救济失业人员生活的保障水平，立法目的中还包括促进失业人员的就业。促进失业人员尽快找到新的工作岗位，实现再就业，是从根本上解决失业问题的措施。

（2）失业保险金的领取条件

失业人员失业后领取失业保险金，必须同时具备下列 3 个条件。

① 失业前用人单位和本人已经缴纳失业保险费满 1 年

失业人员要想领到失业保险金，除了参加失业保险外，其所在单位及其本人还必须按照规定缴纳了失业保险费，且缴费时间满 1 年。如果缴纳时间不满 1 年，失业后，不能领取失业保险金。如果是未参加过工作的失业者或参加工作已 1 年以上，但用人单位和个人没有参加失业保险，由于其没有履行过缴费义务，即使处于失业状态，也不符合享受失业保险待遇的条件，不能领取失业保险金。

② 非因本人意愿中断就业

非因本人意愿中断就业，是指发生失业的责任不在失业者本人，而是与失业者本人无关的原因造成的，例如，企业因经营不善而破产，致使企业全体职工失业；劳动合同到期，用人单位不再与之订立新的劳动合同，劳动者又未找到新的工作等。

③ 已经进行失业登记，并有求职要求

失业人员失业后，要想领到失业保险金，除了符合上述条件，还应持有关材料到当地经办失业保险事务的社会保险经办机构办理失业登记。办理失业登记是失业人员领取失业保险金的必经程序。社会保险经办机构应对其报送的有关材料进行审核，看其是否具备领取失业保险金的条件。失业人员享受失业保险待遇，还须有求职要求。这是考虑到失业保险的一个重要功能是促进失业人员再就业。在认定失业人员是否有求职要求时，应以其是否在职业介绍机构登记求职，并参加就业培训等活动为衡量的标准。例如，失业人员应接受为失业人员举办的职业培训、职业介绍等，对职业介绍机构介绍的工作应积极响应。如果失业人员无正当理由，拒不接受职业介绍机构介绍的工作的，经办机构应当告知其领取失业保险金时间有限，如不尽快找到工作对其本人将十分不利。

（3）失业领取金的期限

失业人员领取失业保险金的期限分为 3 个档次：①累计缴费时间满 1 年不足 5 年的，最长能够领取 12 个月的失业保险金；②累计缴费时间满 5 年不足 10 年的，最长能够领取 18 个月的失业保险金；③累计缴费时间 10 年以上的，最长能够领取 24 个月的失业保险金。失业人员重新就业后，再次失业的，缴费时间重新计算，领取失业保险金的期限与前次失业应当领取而尚未领取的失业保险金的期限合并计算，最长不超过 24 个月。

👁 **案例分享**　　　　**失业人员在重新就业后应停止领取失业保险金**

2018 年 4 月，胡某失业，于次月向人社部门申领失业保险金。2018 年 5 月 16 日，胡某入职某酒店任司机，酒店为其办理参保时发现无法办理，经询问，胡某表示自己正在领取失业保险金致使其不能参保。于是酒店要求胡某停止领取失业保险金以便参保，胡某表示知道但一直未办理停止领取失业保险金手续。胡某隐瞒自己重新就业的事实，继续每月领取失业保险金至 2019 年 1 月，骗领失业保险金共计 16169.4 元。

法院认为，被告人胡某无视国家法律，以非法占有为目的，以虚构事实、隐瞒真相的方法骗取失业保险金，数额较大，其行为已构成诈骗罪。鉴于被告人归案后，如实供述其犯罪事实，且已全额退还赃款，可酌情对其从轻处罚。综合考虑被告人的犯罪事实、情节、认罪态度和对社会的危害程度，判处被告人有期徒刑 6 个月，缓刑 1 年，并处罚金 2000 元。

失业保险基金的主要作用之一是保障失业人员的基本生活。根据《社会保险法》第五十一条规定，失业人员在领取失业保险金期间重新就业的，停止领取失业保险金，并同时停止享受其他失业保险待遇。

根据《社会保险法》第八十八条和《广东省查处侵害社会保险基金行为办法》第四十四条规定，隐瞒重新就业事实继续领取失业保险金，属于骗保行为，将被依法追究法律责任。在广东省骗保金额超过 4000 元（二类地区）或 6000 元（一类地区）的，将被追究刑事责任。广东省社保经办机构每月开展数据比对，核查正在领取失业保险金的人员是否已经重新就业，一旦发现欺诈骗保的，将严格依法查处。

资料来源：广东省人力资源和社会保障厅官网，有删改

5．生育保险

生育保险，是国家通过立法，在怀孕和分娩的妇女劳动者暂时中断劳动时，由国家和社会提供医疗服务、生育津贴和产假的一种社会保险制度，是国家或社会对生育的职工给予必要的经济补偿和医疗保健的社会保险制度。《社会保险法》第五十三条明确规定，职工应当参加生育保险，由用人单位按照国家规定缴纳生育保险费，职工不缴纳生育保险费。

生育保险待遇包括生育医疗费用和生育津贴。其中，生育医疗费用包括女职工因怀孕、生育发生的检查费、接生费、手术费、住院费、药费和计划生育手术费。生育津贴是指根据国家法律、法规规定对职业妇女因生育休产假而离开工作岗位期间给予的生活费用，是对工资收入的替代。因此，在实行生育保险社会统筹的地区，由生育保险基金按本单位上年度职工月平均工资的标准支付，支付期限一般与产假期限一致，不少于 90 天。

👁 **案例分享**　　　**生育后发现公司未按规定缴纳生育保险怎么办？**

李女士于 2007 年入职一家纺织公司，岗位为缝合工，一直工作至 2014 年 2 月底。在职期间，公司未为其缴纳社会保险。2013 年 8 月 1 日，李女士生育一子，因不能享受生育保险待遇，李女士诉至法院，要求公司支付其生育医疗费。法院经审理认为，

公司未为李女士缴纳生育保险致使其不能享受生育保险待遇，无法向社会保险经办机构报销生育医疗费，故公司应向李女士支付符合生育保险报销条件的生育医疗费。

用人单位应当为女职工缴纳生育保险，用人单位未为女职工缴纳生育保险的，应当由用人单位承担女职工的相关生育医疗费。因此，用人单位不能为了节约用工成本逃避缴纳社会保险的义务，否则所需负担的医疗费用等各项支出可能会远远高于缴纳社会保险的费用。

资料来源：中国法院网，有删改

（三）住房公积金是什么？

住房公积金就是我们常说的"五险一金"里面的"一金"，是指国家机关和事业单位、国有企业、城镇集体企业、外商投资企业、城镇私营企业及其他城镇企业和事业单位、民办非企业单位、社会团体及其在职职工对等缴存的长期住房储蓄。

住房公积金只在城镇建立，农村不建立住房公积金制度。只对在职职工才实行住房公积金制度，无工作的城镇居民、离退休职工不实行住房公积金制度。住房公积金制度一经建立，职工在职期间必须不间断地按规定缴存，除职工离退休或发生《住房公积金管理条例》规定的其他情形外，不得中止和中断。

住房公积金由职工个人缴存和职工所在单位缴存两部分组成。职工住房公积金月缴存额为职工本人住房公积金缴存基数乘以职工住房公积金缴存比例，并由所在单位每月从其工资中代扣代缴。单位为职工缴存的住房公积金月缴存额为职工本人住房公积金缴存基数乘以单位缴存比例。住房公积金缴存基数按职工本人上一年度月平均工资计算。月平均工资按国家统计局规定列入工资总额统计的项目计算。住房公积金缴存比例下限为 5%，上限由各地区按照《住房公积金管理条例》规定的程序确定，最高不得超过 12%。

住房公积金是职工按规定存储起来的专项用于住房消费支出的个人住房储金，具有两个特征：一是积累性，即住房公积金不是职工工资的组成部分，不以现金形式发放，并且必须存入住房公积金管理中心在受委托银行开设的专户内，实行专户管理；二是专用性，住房公积金实行专款专用，存储期间只能按规定用于购、建、大修自住住房，或交纳房租。职工只有在离职、退休、死亡、完全丧失劳动能力并与单位终止劳动关系或户口迁出原居住城市时，才可提取本人账户内的住房公积金。任何单位或他人不得将住房公积金挪作他用。

·〔拓展活动〕··

活动主题：劳动争议模拟讨论。

活动案例：李女士于 2019 年 4 月入职某科技公司担任产品运营，约定执行不定时工时制度，每年 10 天带薪年休假。2020 年 12 月，该公司以连续旷工 3 天以上为由解除了与李女士的劳动关系。为此，李女士将该公司告上法庭，其中就要求该公司支付她此前在公司任职期间的加班费。李女士称，她在下班后、休息日及法定节假日共计加班 500 余小时，但公司均没有支付相关费用。为证明该主张，李女士提交了聊天记录、排班表和钉钉打卡记录截图，同时提交了假期社群官方账号值班表，以此主张该公司安排她周末及法定节假日定期加班。对此，该公司称值班内容就是负责休息日在客户群中对客户偶尔提出的问题进行回复，并非加班。

　　活动要求：就案例中出现的纠纷，运用劳动法律法规等知识进行小组讨论，限时 15 分钟。每组选出一名代表分享本组的观点。

• 书影同行 ◦◦◦◦◦◦◦◦◦◦◦◦◦◦◦◦◦◦◦◦◦◦◦◦◦◦◦◦◦◦◦◦◦◦◦◦◦◦

　　1. 纪录片：《劳动铸就中国梦》

　　2. 书籍：

　　（1）王全兴，《劳动法（第四版）》，法律出版社

　　（2）曹燕，《劳动与社会保障法入门笔记》，法律出版社

　　（3）刘秋苏，《劳动争议案件 35 个胜诉策略及实务解析》，中国法制出版社

　　（4）郭静安，《五险一金：理论·制度·实践》，经济科学出版社

实践篇

模块五　劳动探索与劳动实践

　　马克思指出："任何一个民族，如果停止劳动，不用说一年，就是几个星期，也要灭亡。"劳动是人类的本质活动，是推动人类社会进步的根本力量。劳动创造了中华民族，造就了中华民族的辉煌历史，也必将创造出中华民族的光明未来。"空谈误国，实干兴邦"，实干首先就要脚踏实地地劳动。汗水浇灌收获，实干笃定前行。迈向新征程，焕发出更为强烈的历史自觉和主动精神的中国人民，正紧紧依靠劳动创造扎实推进中国式现代化，努力用自己的双手创造更加美好的未来。

模块导读

　　新时代劳动教育应注重通过劳动实践培养学生自觉劳动、热爱劳动的习惯，让学生在汗水和辛劳中、在劳动活动中与劳动者产生共鸣，在收获和喜悦中体会劳动在人类社会发展中的价值和文化意蕴。本模块阐述了日常生活劳动、生产劳动、服务性劳动的类型和内容，介绍了大学生可参与的劳动的基本步骤和方法。日常生活劳动部分围绕家庭生活劳动和校园生活劳动展开，侧重培养学生自觉劳动的意识、习惯和能力；生产劳动围绕农业生产和工业生产展开，使学生切身感受劳动创造了价值，创造了灿烂的文化，引导学生以正确的态度、积极的心态参与专业实习，投身生产劳动，提升职业技能和素养；服务性劳动部分围绕校园公益劳动和社会志愿服务展开，重在激发学生服务他人与集体的意识，培养学生的社会责任感。

学习目标

1. 了解日常生活劳动、生产劳动、服务性劳动的类型和内容。
2. 掌握日常生活劳动、生产劳动、服务性劳动的基本技能。
3. 能够积极做好日常生活劳动，投身生产劳动，践行服务性劳动。

素养目标

1. 提升自立自强的劳动意识和能力。
2. 培育社会公德，厚植爱国爱民的情怀。
3. 增强职业认同感和劳动自豪感，提升创意物化能力。
4. 传承中华优秀传统文化，增强文化认同感，树立文化自信。

思维导图

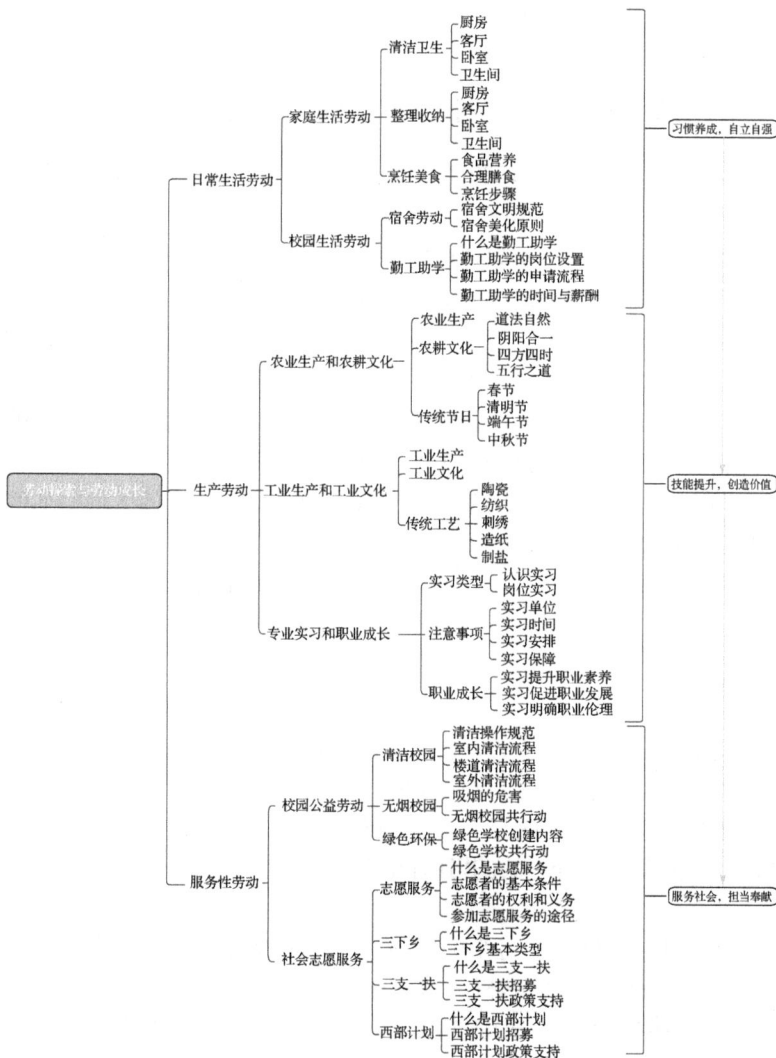

主题一　自立自强，做好日常生活劳动

日常生活劳动指在个人衣食住行等生活自理过程中的劳动。大学生在日常生活劳动中，可以培养生活能力，体验持家之道，养成终身劳动的好习惯，提升劳动自立自强的意识和能力。在日常生活劳动中养成的劳动习惯和自理能力也是开展生产劳动和服务性劳动的基础和前提。

一、家庭生活劳动

《论语》中子夏曾经说过："虽小道，必有可观者焉。"劳动实践可从家庭劳动着手，大学生积极主动参与清洁打扫、收纳整理、食物烹饪等日常生活劳动，对培养生活自理能力、养成良好的劳动习惯和品质，树立家庭责任感起着至关重要的作用，参加家庭劳动也是继承和弘扬中华传统美德的重要途径。

话题互动　　从"小皇帝""小公主"到"老儿童"

目前的家庭教育中，重学习、轻劳动的现象非常严重，这导致"小皇帝""小公主"层出不穷。南方某地一名小学三年级学生参加为期一周的军训，竟然 7 天没有洗澡、更衣，原因是怕洗衣服。一位小学教师曾对 100 名小学生做了一项关于是否在家做家务的调查，结果显示：超过 60% 的学生只是偶尔做，大约 5% 的学生从来不做。

如今，甚至出现了"老儿童"现象。某高校一名大学生，家就在上海，只是与学校不在同一个区，她妈妈竟然在大学附近的宾馆住着陪读，"因为女儿在家里没有做过一天家务"，担心其无法独立生活。除了这种陪读的，还有大学生定期寄脏衣服回家洗，或者花钱雇钟点工去宿舍打扫卫生，一些大学生生活自理能力堪忧。

讨论内容：造成以上现象的原因是什么？我们应吸取什么样的教训？如何正确理解劳动教育的重要意义？

资料来源：《半月谈》，有删改

（一）清洁卫生

在进行家庭卫生清洁之前，首先应收纳整理物品，必要时进行"断舍离"，腾出更多家庭空间，其次要准备好清扫工具，例如扫帚、拖把、吸尘器、洗地机、各类洗洁剂、消毒液、毛巾、海绵、手套、口罩等。在清扫时，可以从厨房开始，以卫生间收尾。打扫每个房间时，可按照从上到下、从里到外的顺序进行。

1. 厨房

去除油渍是厨房清洁的核心。将半勺面粉、1 勺洗衣粉、2 勺白醋、3 勺白酒和适量水搅拌后，即可用来清洗油壶、油烟机、厨房瓷砖等。煤气灶表面的油垢，可用温米汤涂在表面，稍干后用湿布擦拭干净。去除油污油渍也可使用厨房专用清洁剂。台面、橱柜的表面可用含氯消毒剂擦拭或喷洒消毒。餐（炊）具可煮沸或使用流通蒸汽蒸煮 15～30 分钟，或使用热力消毒柜消毒。锅具上的黑色污垢，可用洗洁精、番茄酱、水以 1:2:3 的比例混合，搅匀后倒在锅具表面污垢处轻轻擦拭。冰箱如需清理，应断电后对内部进行除冰、清洗、杀菌、消毒。冰箱消毒可选用高效的冰箱专用消毒剂（主要成分为食用级过氧化氢）或季铵盐消毒剂，清洗时不要忘记对冰箱内部的滴水槽、隔板槽等位置消毒或擦拭。

2. 客厅

打扫地面卫生时，要照顾到每个角落。如用吸尘器，应选择出风口带过滤装置的，这样可以避免二次污染。如用扫帚，要轻推、轻扫，最好是湿式轻扫。尽量不要使用尘掸之类的工具，否则不仅起不到清洁作用，反而会使灰尘悬浮到空气中。沙发最易藏污纳垢，可使用湿抹布加专用清洁剂擦拭。客厅清洁的重点是空调。清洁空调时，首先拔掉电源，打开空调外盖，向上轻提，取下左右两侧的滤网。将滤网放置在水龙头或花洒下，滴上清洁剂，用刷子刷干净，之后将滤网放置在阴凉通风处，自然晾干。内部清洁使用空调专用清洁剂，也可以将 84 消毒液和水按照 1：9 的比例混合，从上到下喷洗散热片及出风口的风轮，然后擦干净。内部清洁结束后，用软毛刷梳洗出风口。之后将滤网、外盖、出风板按顺序装好，再用软毛巾擦拭空调外盖。全部完成后，插上电源，打开制冷模式，通风半小时即可。

3. 卧室

卧室内常用的毛毯、床上用品等都是容易滋生螨虫的场所，因此有效除螨是卧室清洁的重点。高温清洗或阳光暴晒能有效除去螨虫。另外，可以使用除螨喷雾或除螨仪对螨虫进行清除。清扫卧室时，注意开窗，加强室内通风换气，保持室内干爽且有良好的采光。对于窗帘，日常可以使用吸尘器除尘，如果家里有蒸汽吸尘器，可以先用普通模式吸走灰尘，再用蒸汽模式进行清洁。同时窗帘要定期清洗、晾晒，防止螨虫滋生。毛绒玩具也是容易滋生螨虫的地方，要定期清洗、晾晒，尤其是有婴幼儿的家庭。

4. 卫生间

卫生间里，杀菌除臭是关键。清扫卫生间时，保持开窗通风，不能自然通风的可采用排气扇等机械通风方式。卫生间的脸盆、墙壁、瓷砖、水龙头、肥皂盒等处的顽固水垢，可用水垢清除剂，或用盐加醋以 1：3 的比例混合搅匀后，进行擦洗。清洁马桶时，可用有效氯 500～1000 毫克/升的含氯消毒剂或者其他有效的消毒剂擦拭或喷洒消毒，喷涂后 30 分钟用清水清洁。可将 5%浓度的 84 消毒液和水按照 1：49 的比例混合制作含氯消毒液。马桶的按钮、垫圈等经常与人体接触的地方，也要注意清洁，垫圈最好勤洗勤换。日常清洁马桶内部时可以考虑在马桶水箱中放入固体缓释消毒剂。清洁马桶的刷子应挂起来晾干。

📖 技能GET　　　　　　**家务清单——让家务化繁为简**

家务清单如表 5-1 所示。

表 5-1　家务清单

日清洁	周清洁
起床后床铺除尘、整理	清洗床上用品，晒被褥，窗帘吸尘
擦拭常用家具表面	厨房油烟机滤网、油盒等小件去油污，垃圾桶消毒，冰箱清洁、消毒

续表

日清洁	周清洁
扫地、拖地、处理垃圾	刷洗穿过一周的鞋子
饭后随手擦拭、整理厨房物品	检查隔夜衣，及时清洗
洗澡前清洁马桶	卫生间脸盆、墙壁清洗，马桶消毒
洗澡后清洗贴身衣物	宠物区域消杀
月清洁	**季度清洁**
天花板除尘、掸蜘蛛网	清洗窗帘、地毯
清洁房间的各种卫生死角，地垫、鞋柜等	擦拭窗户
厨房整体清洁和去油污	清洗纱窗
清洁灯具、饰品、挂画、电视柜，清理沙发	床垫翻面、吸尘、喷消毒喷雾

（二）整理收纳

整理就是把不用的东西归类收起来或扔掉，避免空间浪费。整理的第一步就是梳理物品和人的关系，认清现阶段哪些是常用的必需品，哪些是可能会用到的非常用的物品，哪些是不再需要的物品。收纳就是把无序的、使用频率不高的物品收起来，留下使用频率较高且不占太多空间的物品。总体原则是物品要用时就在手边，找起来一目了然，放回去也方便快捷。正确的顺序应该是整理在前，收纳在后。

◎ **案例分享**　　　整理收纳进入国赛　新兴服务市场需求紧俏

打开卧室门，满地的衣物、各种换季棉被，生活用品随意摆放在桌子凳子上；一进厨房，地上满是调味料、洗洁精、电饭煲和碗筷，脚都踏不进去……

看到这样杂乱无章的场景是不是很崩溃？在第二届全国职业技能大赛上，整理收纳师们通过合理的规划与设计，在 2 个小时内制定好空间规划方案，然后根据方案进行整理，将乱糟糟的房间变得井井有条，同时还不失美学气息。这也是家政服务（整理收纳）首次进入国家级职业技能大赛。此次参加比赛的选手共 60 位，来自全国 30 个省市，其中年龄大都为 26～36 岁，九成以上是本科学历。

2021 年，人力资源社会保障部正式将整理收纳师纳入家政服务行业细分新工种。当时国内接受过职业整理师培训的总人数已经超过 18000 人。随着人们对生活品质的追求日益增加，时间管理意识不断增强，对整理收纳师的需求也不断增加。

相关报告也显示，家政行业人员期望接受的职业培训主要是收纳整理、保洁与养老看护，分别有 41.9%、32.3% 和 32.3% 的人员希望接受此类培训。这反映出伴随消费需求的多元化，"衣橱整理""全屋收纳"等新兴服务市场需求紧俏。

资料来源：光明网，有删改

1．厨房

（1）分类原则：按物品用途分类

将厨房的物品按照用途分好类，将同类物品归置到同一个地方，做到分类明确，便于快速找到。

（2）就近原则：就近收纳，方便拿取

厨房的整理收纳要根据平时的使用习惯和动线来安排。将物品放在经常使用的区域附近，例如调料最好放在灶台附近，洗涤用品最好放在水槽附近，等等。这样当需要使用时，伸手就可以拿到，非常方便。

2．客厅

（1）整面墙收纳

打造墙体组合柜是客厅收纳的很好方式。封闭式与开放式柜体相结合，兼具收纳和展示作用，还可以提升客厅的质感和格调。

（2）一体式"电视柜+储物柜"

电视柜和电视屏幕周边的空间也可以利用起来，打造一体式的"电视柜+储物柜"，这样不仅可以收纳各类日常用品，摆脱凌乱感，周边还可以设置开放式的柜体区域，摆放装饰品，提升空间艺术品位。

（3）沙发收纳

多功能组合的储物沙发床，不仅可以轻松打造专属的独特家居氛围，还能收纳日常的零碎物品，令客厅更整洁。

3．卧室

（1）整理床铺

床是卧室的核心功能区，走进卧室首先映入眼帘的便是床，如果床上杂乱无章，整个房间都会显得凌乱不堪。起床后，如果床单已经卷曲或移位，应将被子和枕头挪开，将床单铺平，再将枕头摆放到位。被子最简单的整理办法便是平铺在床上。平铺时注意将被子摆正，保持左右对称，把拱起的地方拉平整即可。除了平铺之外，折叠也是比较常见的被子整理方式。

（2）整理衣柜

衣柜整理是卧室整理的重头戏。随着四季更替，衣柜里的衣物也需要调整。衣柜可以说是家中整理收纳最频繁的地方之一。

整理衣柜之前，可以先将衣物按照"当季衣物、非当季衣物、闲置已久的衣物"做好分类。对需要留下的衣物做好收纳，对闲置已久的衣物可以放入二手市场售卖或捐赠，这样既环保又能节省空间。另外，还需要按衣物所属主人分类，便于按人寻找。非当季的衣服可以暂时挪至别的地方或者放置在衣柜中不常用的区域，避免占用宝贵空间。收纳的时候尽量选择透明可视的收纳袋来收纳衣物，这样不仅能够起到防尘作用，也方便换季时找衣服。对于羽绒服、棉服等体积比较大的衣物，适合用压缩袋来压缩放置，这样不仅能够防尘防霉，还能减少空间占用。

当季衣物使用频率高，应放在相对固定且易于拿取的地方。大部分的衣柜都分为上、中、下三个区域。中间区域是最方便拿取的黄金区域，适合放置当季衣物。确定好当季衣物的放置区域后，需要再进行细分。将上衣和裤子分开收纳，裤子多采用折叠方式收纳，这样既可以避免松动散乱，还可以大大节省空间。上衣和裙子等可按长短悬挂，这样悬挂短款上衣下方的空间还能放置收纳盒等。

4. 卫生间

卫生间可以巧用墙体转角和壁龛扩充收纳空间，还可以利用挂钩、多层次的收纳柜等提升收纳效果。

（三）烹饪美食

1. 食品营养

我们每天摄入的食物可以为人体供给蛋白质、糖类（碳水化合物）、脂肪、水、矿物质、维生素和膳食纤维等营养素。它们为人体提供了必要的能量和物质支持。以下是食物中常见的一些营养成分。

（1）蛋白质

蛋白质是生命的基础，是构成人体细胞、组织的基本成分，对维持生命活动起着至关重要的作用，包括构建和修复组织、制造酶和激素、参与免疫系统等。蛋白质是由氨基酸构成的，而氨基酸则分为必需氨基酸和非必需氨基酸两类。必需氨基酸是人体不能自主合成，必须从食物中摄取的氨基酸；非必需氨基酸则可以在人体内合成。因此，保持充足的蛋白质摄入对于维持人体健康至关重要。蛋白质的主要食物来源包括肉类、鱼类、奶制品、豆类和坚果。

（2）糖类

糖类也叫碳水化合物，是身体主要的能量来源，是人体运动和大脑活动所必需的。碳水化合物可以分为简单碳水化合物和复杂碳水化合物两种。简单碳水化合物包括单糖和双糖，如葡萄糖、果糖、蔗糖等，它们通常存在于水果、蜂蜜、糖果等食物中。复杂碳水化合物则是由多个单糖分子组合而成的多糖，如淀粉和纤维素等，它们主要存在于谷物、蔬菜、豆类等食物中。

（3）脂肪

脂肪是人体内能量的重要来源，也是维持体温和保护内脏器官的重要物质。它们还是脂溶性维生素（如维生素 A、D、E 和 K）的主要载体。脂肪分为饱和脂肪酸和不饱和脂肪酸两类。饱和脂肪酸主要存在于动物脂肪和全脂乳制品中，而不饱和脂肪酸则多见于鱼类、坚果、橄榄油和亚麻籽油等。

（4）维生素

维生素是一类对人体正常生理功能具有重要调节作用的有机化合物。它们对机体的新陈代谢、免疫系统和其他许多生理过程有着关键性的影响。维生素可以分为水溶性维生素（如维生素 C 和维生素 B 群）和脂溶性维生素（如维生素 A、D、E 和 K）两类。水溶性维生素主要存在于新鲜水果、蔬菜和谷类中，而脂溶性维生素多见于动物性食物和植物油中。

（5）矿物质

矿物质是人体所需的一类重要元素，对骨骼健康、神经系统正常运作和细胞代谢起着至关重要的作用。常见的矿物质包括钙、铁、镁、锌和钠等。钙主要存在于奶制品和豆类中，铁在红肉和鱼类中含量较为丰富，镁多见于坚果和绿叶蔬菜，锌主要存在于肉类和海鲜中，钠则多见于盐、酱油和咸菜等食物中。

（6）水

水是维持人体正常功能的必需品，它参与了几乎所有生物活动，并起到了运输营养物质、调节体温和润滑组织的作用。为了保持身体健康，人每天需要摄入足够的水分。

除了纯净水外，水还可以通过食物（如水果和蔬菜）以及其他饮品来摄入。

（7）膳食纤维

膳食纤维主要来源于植物的细胞壁，是一种无法被人体消化的多糖或多酚物质，但对肠道健康和消化功能起着重要作用。它可以促进食物在消化道的通畅运输，预防便秘，并对预防糖尿病、心血管疾病和体重控制有着积极影响。膳食纤维丰富的食物包括全谷物、豆类、水果和蔬菜。

知识链接   **识别农产品标志**

无公害农产品、绿色食品、有机产品、农产品地理标志等是各级政府和农业部门合力打造的安全优质农产品公共品牌，是农产品生产消费的主导产品。消费者在购买农产品时，该如何识别认证农产品？无公害农产品、绿色食品、有机产品，都有官方统一的认证标志。同时，认证产品的包装上有防伪标签或者产品编码，消费者可以根据相应的编码，通过手机短信、电话或者网站进行真伪查询。

无公害农产品

"无公害农产品"由农业部提出，各地相关部门进行认证。无公害农产品产地环境必须经有资质的检测机构检测，灌溉用水（畜禽饮用、加工用水）、土壤、大气等应符合国家无公害农产品生产环境质量要求，产地周围 3 公里范围内没有污染企业，蔬菜、茶叶、果品等产地应远离交通主干道 100 米以上。无公害产品标志（见图 5-1）上有"无公害农产品"字样，中间是一个竖立的麦穗。

绿色食品

绿色食品是指产自优良环境，按照规定的技术规范生产，实行全程质量控制，产品既安全又优质并使用专用标志的食用农产品及加工品。绿色食品追求安全、优质、营养、环保。绿色食品标志（见图 5-2）由上方的太阳、下方的叶片和中心的蓓蕾三部分构成，分别代表生态环境、植物生长和生命的希望，标志为正圆形，意为保护、安全。A 级绿色食品生产中允许限量使用化学合成生产资料，其标志与字体为白色，底色为绿色；AA 级绿色食品严格要求生产过程中不使用化学合成的肥料、农药、兽药、饲料添加剂、食品添加剂和其他有害于环境和健康的物质，其标志与字体为绿色，底色为白色。整个图形描绘出明媚阳光照耀下的和谐生机，告诉人们绿色食品是出自纯净、良好生态环境的安全、无污染食品。

图 5-1 无公害产品标志

AA级   A级

图 5-2 绿色食品标志

有机产品

有机产品是指按照规定的技术规范生产，不使用化学合成的农药、兽药、肥料、饲料添加剂等物质，不采用基因工程获得的生物及其产品，并使用特定标志的农产品及加工品。有机产品最大特点是在原料生产与产品加工过程中不使用任何人工合成的农药、化肥、除草剂、生长激素、防腐剂和合成添加剂等化学物质。有机产品标志（见图5-3）由三部分组成，即外围的圆形、中间的种子图形及周围的环形线条，外围的圆形形似地球，象征和谐、安全，圆形中的"中国有机产品"表示中国有机产品与世界同行。

农产品地理标志

农产品地理标志（见图 5-4），是标示农产品来源于特定地域，产品品质和相关特征主要取决于自然生态环境和历史人文因素，并以地域名称冠名的特有农产品标志。此处所称的农产品是指来源于农业的初级产品，即在农业活动中获得的植物、动物、微生物及其产品。农产品地理标志公共标识图案由农业农村部中英文字样、农产品地理标志中英文字样、麦穗、地球、日月等元素构成，核心元素为麦穗、地球、日月相互辉映，体现了农业、自然、国际化的内涵。颜色由绿色和橙色组成，绿色象征农业和环保，橙色寓意丰收和成熟。

图 5-3　有机产品标志　　　　图 5-4　农产品地理标志

2. 合理膳食

均衡的膳食、合理的营养搭配不仅可以保证人体正常生理功能的运作，还可以提高机体的抵抗力和免疫力。2022 年，中国营养学会正式发布《中国居民膳食指南（2022）》，绘制了中国居民膳食宝塔（见图5-5），提出平衡膳食八准则。

准则一：食物多样，合理搭配

（1）坚持以谷类为主的平衡膳食模式。

（2）每天的膳食应包括谷薯类、蔬菜水果、畜禽鱼蛋奶和豆类食物。

（3）平均每天摄入 12 种以上食物，每周 25 种以上，合理搭配。

（4）每天摄入谷类食物 200～300 克，其中包含全谷物和杂豆类 50～150 克，薯类 50～100g。

准则二：吃动平衡，健康体重

（1）各年龄段人群都应天天进行身体活动，保持健康体重。

（2）食不过量，保持能量平衡。

（3）坚持日常身体活动，每周至少5天进行中等强度身体活动，累计150分钟以上；主动身体活动最好每天达到6000步。

（4）鼓励适当进行高强度有氧运动，加强抗阻运动，每周2~3天。

（5）减少久坐时间，每小时起来动一动。

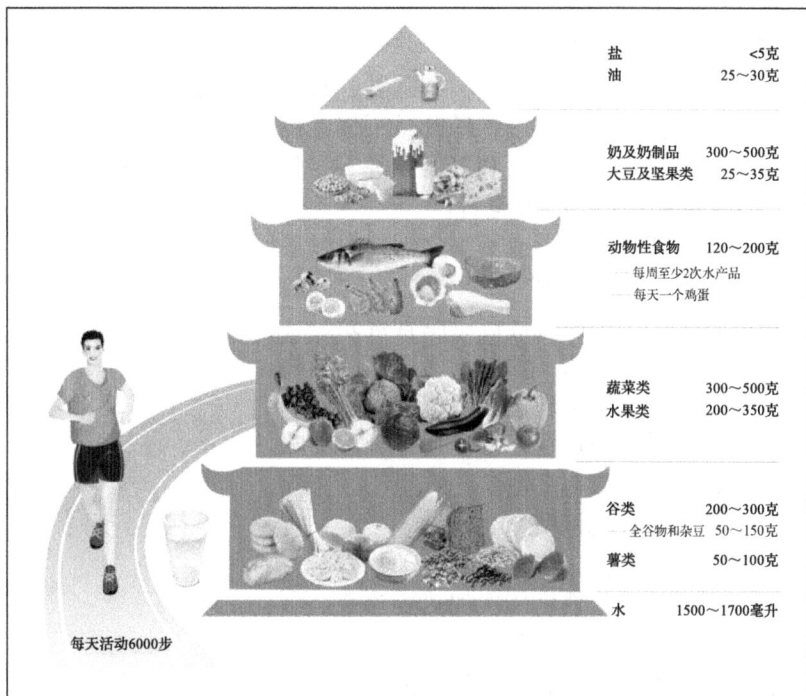

图5-5　中国居民平衡膳食宝塔（2022）

准则三：多吃蔬果、奶类、全谷、大豆

（1）蔬菜水果、全谷物和奶制品是平衡膳食的重要组成部分。

（2）餐餐有蔬菜，保证每天摄入不少于300克的新鲜蔬菜，深色蔬菜应占1/2。

（3）天天吃水果，保证每天摄入200~350克的新鲜水果，果汁不能代替鲜果。

（4）吃各种各样的奶制品，摄入量相当于每天300毫升以上液态奶。

（5）经常吃全谷物、大豆制品，适量吃坚果。

准则四：适量吃鱼、禽、蛋、瘦肉

（1）鱼、禽、蛋类和瘦肉摄入要适量，平均每天120~200克。

（2）每周最好吃鱼2次或300~500克，蛋类300~350克，畜禽肉300~500克。

（3）少吃深加工肉制品。

（4）鸡蛋营养丰富，吃鸡蛋不弃蛋黄。

（5）优先选择鱼，少吃肥肉、烟熏和腌制肉制品。

准则五：少盐少油，控糖限酒

（1）培养清淡饮食习惯，少吃高盐和油炸食品。成年人每天摄入食盐不宜超过5克，烹调油25~30克。

（2）控制添加糖的摄入量，每天不超过 50 克，最好控制在 25 克以下。

（3）反式脂肪酸每天摄入量不超过 2 克。

（4）不喝或少喝含糖饮料。

（5）儿童青少年、孕妇、乳母以及慢性病患者不应饮酒。成年人如饮酒，一天饮用的酒精量不超过 15 克。

准则六：规律进餐，足量饮水

（1）合理安排一日三餐，定时定量，不漏餐，每天吃早餐。

（2）规律进餐、饮食适度，不暴饮暴食、不偏食挑食、不过度节食。

（3）足量饮水，少量多次。在温和气候条件下，低身体活动水平成年男性每天喝水 1700 毫升，成年女性每天喝水 1500 毫升。

（4）推荐喝白水或茶水，少喝或不喝含糖饮料，不用饮料代替白水。

准则七：会烹会选，会看标签

（1）在生命的各个阶段都应做好健康膳食规划。

（2）认识食物，选择新鲜的、营养素密度高的食物。

（3）学会阅读食品标签，合理选择预包装食品。

（4）学习烹饪、传承传统饮食，享受食物天然美味。

（5）在外就餐，不忘适量与平衡。

准则八：公筷分餐，杜绝浪费

（1）选择新鲜卫生的食物，不食用野生动物。

（2）食物制备生熟分开，熟食二次加热要热透。

（3）讲究卫生，从分餐公筷做起。

（4）珍惜食物，按需备餐，提倡分餐不浪费。

（5）做可持续食物系统发展的践行者。

📖 技能GET　　　　　　**你会看食品标签吗？**

食品标签是指预包装食品容器上的文字、图形、符号，以及一切说明物。而预包装食品是指预先定量包装或者制作在包装材料和容器中的食品，包括预先定量包装以及预先定量制作在包装材料和容器中并且在一定限量范围内具有统一的质量或体积标识的食品。国家规定一些内容是必须标示在食品标签中的，主要如下。

商品名称

预包装食品的商品名称展示在第一展示版面。看商品名称时重点看专用名称，专用名称能反映食品真实属性。如"×××酸菜牛肉拉面油炸方便面"，前面是品牌，"酸菜牛肉拉面"是名称，"油炸方便面"是专用名称。

配料表

配料表按照加入量递减的标识原则展示配料，含量多的配料在前面，含量少的配料在后面。加入量不超过 2%的配料可以不按递减顺序排列。在国标范围内，允许添加食品添加剂。但是仍然建议大家购买配料表简单的食品。常见的食品添加剂如表 5-2 所示。

表 5-2　常见的食品添加剂

类别	添加剂
防腐剂	苯甲酸钠、山梨酸钾、亚硝酸盐、对羟基苯甲酸酯类等
抗氧化剂	茶多酚、丁基羟基茴香醚、二丁基羟基甲苯、抗坏血酸等
甜味剂	阿斯巴甜、果糖、甜蜜素、安赛蜜、糖精钠等
酸度调节剂	苹果酸、乳酸、柠檬酸、酒石酸等
增稠剂	果胶、黄原胶、卡拉胶等
色素	日落黄、柠檬黄、靛蓝、胭脂红等
膨松剂	碳酸氢钠、碳酸氢铵
漂白剂	二氧化硫、亚硫酸盐类、硫黄
护色剂	（亚）硝酸盐

净含量和规格

净含量的标示应由净含量、数字和法定计量单位组成。规格的标示应由单件预包装食品净含量和件数组成。

生产者、经销者的名称、地址和联系方式

此项应当是依法登记注册、能够承担产品安全质量责任的生产者和经营者的相关信息。

日期批示

食品标签上应清晰标示预包装食品的生产日期和保质期。如日期标示采用"见包装物某部位"的形式，应标示所在包装物的具体部位。

贮存条件

贮存条件包括冷藏（0～4℃）、冷冻（<0℃）、遮光保存、阴凉干燥处、开封后冷藏等。要合理保存，以防食品变质。

食品生产许可证编号

食品生产许可证编号为 SC+14 位阿拉伯数字，数字从左到右依次为：3 位食品类别编码、2 位省（自治区、直辖市）代码、2 位市（地）代码、2 位县（区）代码、4 位顺序码、1 位校验码。

产品标准代号

在国内生产并在国内销售的预包装食品（不包括进口预包装食品）应标示产品所执行的标准代号和顺序号。

资料来源：天津疾病预防控制中心微信公众号，有删改

3. 烹饪步骤

烹饪步骤因不同的食材和烹饪方法而有所不同，但一般包括以下几个基本步骤。

（1）准备食材：清洗、切配、解冻等。

（2）预处理：根据食材的不同，可能需要腌制、焯水、煎炸等。

（3）烹饪：根据食材和烹饪方法的不同，可能需要用到炒、炖、煮、蒸等多种方法。

在烹饪过程中，需要掌握火候，根据食材的质地和口感适时调整烹饪时间和温度。

（4）调味：根据个人口味和食材的特点，加入适量的盐、糖、酱油、醋等调味料，以提升菜肴的口感和风味。

（5）品尝调整：尝一下味道，根据需要调整味道和口感，使菜肴更加完美。

（6）出锅装盘：将烹饪好的菜肴装入盘中，注意美观和卫生。

需要注意的是，不同的烹饪方法和食材需要的烹饪时间和温度不一样，因此需要根据实际情况进行调整。除了以上提到的基本步骤，还有一些其他的技巧和注意事项可以帮助你更好地完成烹饪。

（1）食材新鲜：新鲜的食材是烹饪美味菜肴的基础，因此在购买食材时要选择新鲜的。

（2）刀工要好：切配食材时要精细，不同的食材需要不同的切法，如切丝、切片、切丁等。

（3）控制火候：火候是烹饪的关键，不同的烹饪方法需要不同的火候。在烹饪过程中，要根据食材的质地和口感适时调整火候。

（4）适量调味：调味时要适量，不要过多或过少，以免影响菜肴的口感和风味。

（5）注意卫生：在烹饪过程中要注意卫生，保持厨房清洁，避免食品污染和交叉感染等问题。

（6）善于尝试：在烹饪过程中要勇于尝试新的食材和烹饪方法，不断探索和创新，才能不断提升自己的烹饪技巧。

总之，烹饪是一门需要不断学习和实践的技能，只有不断地实践和尝试，才能烹饪出美味的菜肴。

📖 技能GET　　　　　　　　**特色佳肴制作**

一、鱼香肉丝

【材料】

猪里脊肉 300 克，木耳 50 克，胡萝卜 50 克，青椒 50 克，泡椒 10 克，姜蒜末适量，盐、植物油、生抽、醋、糖、鸡精、淀粉适量，豆瓣酱 1 勺。

【制作】

1. 猪里脊肉切成细丝，用少量盐、生抽、淀粉抓匀腌制 10 分钟。
2. 木耳、胡萝卜、青椒切丝备用。
3. 泡椒、姜蒜末、豆瓣酱剁细备用。
4. 热锅凉油，油温七成热时倒入肉丝并迅速将其划散，待肉丝变色后捞出备用。
5. 锅中留底油，依次放入泡椒、姜蒜末、豆瓣酱煸炒出香味。
6. 加入木耳、胡萝卜、青椒翻炒至断生。
7. 倒入肉丝，加入盐、醋、糖、鸡精调味，翻炒均匀后即可出锅。

【小贴士】

1. 腌制肉丝时加入淀粉可以使肉质嫩滑。
2. 炒肉丝时要热锅凉油，避免粘锅。
3. 可以根据口味适当调整调料的用量。

二、八宝饭

【材料】

糯米 200 克，豆沙 50 克，红枣 20 克，莲子 20 克，桂圆肉 5 克，猪油、白糖适量。

【制作】

1. 糯米洗净，用冷水浸泡 2～4 小时，取出用清水冲洗沥去水分，上笼蒸成糯米饭，加白糖和猪油拌匀。

2. 碗内涂上一层熟猪油，将红枣、莲子、桂圆肉整齐地排入碗底，放一层较薄的糯米饭，中间放入豆沙，再加入其余糯米饭，用手压平，入蒸笼内蒸 1 小时。

3. 食用前复蒸 1 次，蒸好后扣在盘中即可。

【小贴士】

可根据个人口味，将不同食材与糯米搭配，例如葡萄干、枸杞、花生、核桃仁等。

三、萝卜排骨汤

【材料】

排骨 500 克，白萝卜 1 个，香菜 10 克，姜、盐适量。

【制作】

1. 排骨用清水浸泡一会儿，泡出血水。

2. 将排骨清洗干净，加入足够清水，准备焯水。

3. 姜拍破，萝卜改刀。

4. 水开后去掉血沫，保持开锅 2 分钟。

5. 再次将排骨清洗干净，重新起一锅清水，加入姜，烧开后改小火炖煮。

6. 小火炖煮 1 小时。

7. 排骨肉炖煮至软烂后放入萝卜继续炖煮 15 分钟。

8. 小火炖煮至萝卜熟透即可，关火，放入少许盐，撒上香菜。

【小贴士】

1. 排骨的焯水过程非常重要，可以帮助去除血水和杂质，提升汤的口感。

2. 在炖煮过程中，不要加过多的水，以免稀释汤的鲜味。

3. 可以根据个人口味适量调整盐的用量。

4. 如果想要更加丰富的口感，可以加入枸杞、红枣等滋补食材一起炖煮。

二、校园生活劳动

学校是劳动教育的实施主体，也是学生生活和学习的场所，尤其是学生宿舍，既是学生学习发展的基本单元，又是学生日常劳动的主要场域。指导学生良好地开展校园日常生活，是劳动教育基础而又重要的环节。

👁 案例分享　　　　　**哈工大，一间宿舍走出3位院士**

随着中国科学院、中国工程院公布 2023 年增选当选院士名单，哈尔滨工业大学

（以下简称"哈工大"）七公寓 506 寝室火了。当年同住的赫晓东、郭世泽分别当选中国工程院院士、中国科学院院士。此前，曾经同住的韩杰才于 2015 年当选中国科学院院士。一个宿舍的 3 位博士全部成长为学术大师，并当选院士，这个宿舍究竟有什么秘诀？

以解决实际问题为攻关目标

"我们宿舍的人最大的特点就是都特别专注，心无旁骛地学习和做学术研究，不会为任何不相关的事情分神。"1991 年，从河北考入哈工大电磁测量技术及仪器专业的博士生郭世泽入住七公寓 506，与就读于哈工大复合材料与结构研究所的博士生韩杰才、赫晓东成为室友。

3 人都是早早就选定了研究方向，开始课题研究，科研项目也都聚焦国家和行业需要，围绕明确的工程应用背景，以解决实际问题为攻关目标。

因为潜心忘我地钻研，读博期间韩杰才和赫晓东就在材料学科与力学学科的交叉融合领域做出了创造性的工作，郭世泽也完成了多个重要项目。

博士论文是同一个方向，同一天答辩，各自的论文同为优秀博士论文，同为哈工大航天学院杜善义院士的学生，韩杰才与赫晓东一边工作一边读博，同时参与项目研究。

毕业后，3 人仍始终专注于自己的研究方向，聚焦国家需要埋头攻关，成为本领域中的顶尖专家。如今，韩杰才担任哈工大校长，赫晓东担任哈工大国家级重点实验室主任，郭世泽担任解放军信息技术安全研究中心研究员。

善于把不可能变为可能

在赫晓东的印象中，韩杰才、郭世泽这两位 15 岁上大学的"天才"室友都是攻坚克难的高手，无论面对怎样的困难，他们总是迎难而上、举重若轻。

"特别聪明，特别能干，特别勤奋。"这是 3 位室友对彼此的评价。

"当年的科研条件没有现在这么好，做新材料的研究要自己想办法、自己去创造条件。"韩杰才回忆说，当时要经常坐火车硬座去沈阳、北京甚至更远的地方做实验，反反复复折腾很长时间。

郭世泽是哈工大电信学院孙圣和教授最得意的学生。以"严格"著称的孙圣和教授在学术上对他要求极高，在生活中却把他当成自己的孩子，逢年过节就把他叫到家里。而郭世泽也没有辜负导师的期望，在读博期间就完成了好几个大项目，还写了好几本书。

"举重若轻"是这 3 位室友共同的特点，他们勇于挑战前沿，敢于创造条件把"不可能"变为"可能"。

"老先生们规划得好，学科定位准，研究方向广，层次错开不重叠，又可以相互借鉴。"赫晓东说，导师杜善义院士一方面帮他规划方向，一方面又放手让他大胆探索，让他在读博期间就取得突破性成果，成为荣获国家科技进步奖项目的重要基础，这让他受到极大的鼓舞。

"三人行，必有我师焉"

"做学问最重要的因素就是持之以恒地勤奋工作。一个人只聪明不勤奋很难成功。"韩杰才说，一勤天下无难事，勤奋到位了肯定有收获。

"梦想+勤奋，才能获得成功。"赫晓东说，每个人都要树立一个远大目标，并集中精力为这个目标而努力，这样做了未来一定可期。

"要专注做好一件事，脚踏实地，不要好高骛远。"郭世泽说，选准方向以后，就要努力坚持下去，才能走得更远。

"好的室友会互相帮助，好的同学会互相影响，好的导师指引你的方向……"郭世泽说，一个宿舍、一个班级、一个学校的学风是最重要的，他还记得读博期间的第一篇论文，被导师改得满篇都是红字，让他感触很深。这种"规格严格，功夫到家"的指导，让他在读博期间发表了 14 篇论文，也为他今后的成长道路打下了坚实的基础。

"我们 3 个关系特别好，宿舍气氛始终特别融洽，我们经常一起交流学术等方面的问题，还经常一起打乒乓球……"在他们的记忆里，那段"三人行"的时光美好而珍贵。

资料来源：黑龙江新闻网

（一）宿舍劳动

1. 宿舍文明规范

（1）物品摆放。床上用品叠放整齐，衣物有序悬挂，书本、个人用品等摆放整齐，毛巾等卫生用品正确悬挂和使用，家具、设施按规定摆放整齐。

（2）室内整洁。保持生活用品清洁，保持地面、桌椅、橱柜、门窗、墙壁干净，保持空气清新，维持宿舍环境整洁。

（3）生活作息。宿舍成员作息规律，无晚归、夜不归宿等情况，能够自觉接受检查，无关门拒检等不良言行，不留宿来访人员。

（4）个人卫生。宿舍成员需保持良好的个人卫生习惯，如洗漱后将牙刷放回原处，脸盆内不存放其他物品。

（5）生活习惯。宿舍成员坚持体育锻炼，不酗酒、吸烟，不在宿舍楼内打闹、踢球、大声喧哗，爱护公物，节约用水、用电。

（6）安全意识。宿舍成员应增强安全意识，具备相关安全知识，注意用电安全，不私拉电线、使用违章电器、使用明火等。

（7）团结和睦。宿舍成员之间应相互尊重，团结和睦，共同营造和谐的生活环境。

（8）道德情操。宿舍成员应具有高尚的道德情操，言谈举止文明、礼貌，作风正派，艰苦朴素，宿舍成员之间相互帮助。

（9）学业成绩。学业成绩虽然不是直接评价文明宿舍的标准，但良好的学业成绩也是衡量宿舍文明与否的一个重要指标。宿舍成员学习态度端正，有良好的学习习惯，能够互帮互助。

案例分享　　文明离校，我校毕业生把最美的家留给学妹

毕业季，湖南第一师范学院东方红校区 10 栋 416 寝室 4 位毕业生以特殊方式文明离校，把布置精美的寝室留给学妹，以实际行动诠释了当代大学生的责任与担当，也深深感动着身边同学。

当记者走进寝室，映入眼帘的是该校音乐舞蹈学院 4 位毕业生离校前最后一次精心布置的寝室，整齐摆放的桌椅、擦得锃亮的玻璃、温馨浪漫的贴纸、温情的祝福小纸条、可爱的娃娃……这些都是毕业学姐用心、用情、精心为即将新入住的学妹们送上的见面礼。在寝室门口，她们还特意贴上一副"富贵祥和年年好，平安如意步步高"的对联。

"毕业之际，我想将我们在这里 4 年的美好继续传递下去，让下一届因缘分而相遇的小姐妹们继续相亲相爱下去，所以我们布置宿舍，在相应的床位给你们留下了字条以及我们的联系方式，希望你们不管遇到什么困难，都记得有我们这帮老学姐可以帮你们……"这是其中一张纸条上所写的。

"欢迎你们入住，我是你们的老学姐呀，这个寝室曾充满欢乐、温馨、美丽，愿这些美好的东西可以伴你们走完大学生活。4 年大学时光转瞬即逝，愿你们好好珍惜。有问题可以通过这个联系方式来咨询我们哦……"床头留言条上亲切的话语勉励学妹们努力学习，练好本领，寄托着她们的美好祝愿。"我毕业了，要正式面向社会，离开学校这个让我最舍不得、最留恋、满是青春记忆的地方。我真的好爱好爱这个地方，爱'一师'，爱音乐舞蹈学院，更爱寝室的姐妹们，选择文明离校，我留下的是希望，希望下一届的学妹们在'一师'这个好地方，继续相亲相爱、发光发热，共创美好新生活，度过美好的大学 4 年"该校音乐舞蹈学院 2016 级王千予同学对记者说。

"就是这么一间一尘不染的寝室，毕业生在处理琐碎的毕业事务之余，还精心布置，给寝室做最后一次大扫除，其精神值得佩服、点赞。尽管按照惯例，学校会安排专人在毕业生离校后进行大清扫，但由毕业生自主清理，无疑意义更深远。"该校音乐舞蹈学院党总支书记谭顺来对记者说。

资料来源：红网

2. 宿舍美化原则

（1）简单、大方。宿舍空间通常有限，因此应避免摆放过多装饰品，以免显得杂乱无章。应选择简洁大方的装饰，这样既美观实用，又能减少安全隐患。

（2）温馨、舒适。宿舍是放松和休息的地方，因此美化时应注重营造温馨舒适的氛围。可以选择柔和的色调，添加一些温馨的装饰，如照片墙、小绿植等，让宿舍充满家的温暖气息。

（3）良好的学习氛围。宿舍不仅是休息的地方，也是学习的场所。在美化时，应考虑营造一个安静、适宜学习的空间。可以选择明亮的照明灯，摆放书桌和椅子，方便学习和阅读。

（4）彰显宿舍文化。每个宿舍都有不同的文化，在美化时要充分考虑自己的宿舍文化，做出别出心裁的美化设计。

（5）独具个人特色。每个宿舍成员都有自己的个性和喜好，因此在美化时应考虑这些因素，做出别出心裁的设计。可以挂一些装饰画，摆放一些摆件，让个人生活空间凸显个人特色。

（6）实用性。在美化宿舍时，也应注重实用性。可以选择一些具有实用功能的装饰品，如收纳盒、挂钩等，既美观又实用。

📖 技能GET　　　**6个收纳小工具，让小宿舍变成大空间**

　　物品收纳盒：物品收纳盒放置于桌面，可以分类收纳护肤用品、学习用品等，保持桌面干净整洁。收纳盒放置于抽屉内，拿取物品更加方便。

　　网格板收纳：网格板实用性很强，挂在书桌旁的墙面上，既能收纳物品，又可以美化装饰空间。

　　板下挂篮：在床下或者桌下安装板下挂篮，可以巧妙地创造更多收纳空间，起居生活也更加便利。

　　免钉挂钩：免钉挂钩可以利用墙面、门后、柜面、电器外壁等地方进行收纳。另外，卫生间、阳台这些空间也可以布置上免钉挂钩。

　　带轮收纳小推车：带轮收纳小推车放在书桌旁用来存放各种零食、水果等小物品是个不错的选择，它可以随意移动，非常方便。

　　多层衣架：多层衣架可以挂多件衣服，能为衣橱节省不少空间。

　　宿舍的空间虽然有限，但巧妙地使用收纳工具，能够"变"出大空间，生活也会更轻松和美好。

（二）勤工助学

1. 什么是勤工助学

　　勤工助学是指学生在学校的组织下利用课余时间，通过劳动取得合法报酬，用于改善学习和生活条件的实践活动。勤工助学是资助经济困难家庭学生的有效措施，也是培养学生自立自强、创新创业精神，增强学生社会实践能力的重要途径。2018年，教育部、财政部颁布了《高等学校勤工助学管理办法》，旨在保障学生的权益和安全，促进勤工助学活动的健康发展，同时也为高校勤工助学工作提供了明确的指导和规范。勤工助学坚持"立足校园、培养能力、服务社会"的宗旨，按照学有余力、自愿申请、信息公开、扶困优先、竞争上岗、遵纪守法的原则，由学校在不影响正常教学秩序和学生正常学习的前提下有组织地开展。

👁 案例分享　　　**伟大的足迹——百年前的留法勤工俭学运动**

　　我国勤工俭学的历史由来已久。1915年，蔡元培、吴玉章等在巴黎组织了勤工俭学会，以"勤于做工，俭以求学"为目的，号召青年去法国半工半读，并成立华法教育会作为留法勤工俭学的工作机构。勤工俭学运动的发起者们希望通过这一运动将西方文明，特别是欧洲的先进科学技术和文化知识引入中国。他们试图让中国青年通过勤工俭学掌握这些技术和知识，为中国的科学救国、实业救国、教育救国事业做出贡献，使中国变得更加强大。

　　从1919年3月到1920年底，中国先后有17批青年赴法，总计1600多人。通过勤工俭学，他们对西方社会先进的科学技术有了更多的了解，对中国社会的落后、愚昧状况有了更深刻的认识，变革中国社会的愿望更加强烈了。他们中的先进分子如周恩来、赵世炎、蔡和森、李维汉、王若飞、李立三、向警予、陈毅、陈延年、陈乔年、聂荣臻、邓小平、李富春等，利用在欧洲的有利条件，努力学习马克思主义，研究俄国十月革命的经验，相继成为马克思主义者，对中国革命做出了重要贡献。此外，一些著名科学家、艺术家和音乐家也随着这一潮流前往法国学习和工作。这群年轻人充满憧憬，他们在科学、艺术殿堂中绽放光芒，同时也成为引领中国革命和现代化建设的重要力量。这些年轻人成为中国共产党培养和输送的一大批干部和中坚力量，同时也为中国的科学文化事业培养了许多杰出人才。

2．勤工助学的岗位设置

根据时间性质，勤工助学岗位分为固定岗位和临时岗位。固定岗位是指持续一个学期以上的长期性岗位和寒暑假期间的连续性岗位；临时岗位是指不具有长期性，通过一次或几次勤工助学活动即完成任务的工作岗位。根据工作性质不同，勤工助学岗位分为工勤类、教辅助理类、行政助理类、信息技术类等类型。

工勤类岗位主要包括教学楼、办公楼、实验室、楼道、卫生间及公共区域的卫生保洁等。

教辅助理类岗位主要包括图书馆协管、教学教务助理、实验室助理、电教设备维护、水电协管等。

行政助理类岗位主要包括学生宿舍协管、心理健康教育助理、校园文明督察、学生工作助理等。

信息技术类岗位主要包括报刊编辑制作、档案资料整理、计算机维护、广播电视机房管理、网站维护管理、信息资料采集等。

3．勤工助学的申请流程

（1）学校发布勤工助学岗位招聘信息。

（2）学生持本人课表、报名材料和个人简历到用人部门进行双向选择面试。

（3）应聘通过的学生与用人部门签订协议，通过岗前培训后上岗。

4．勤工助学的时间与薪酬

（1）学生参加勤工助学的时间原则上每周不超过 8 小时，每月不超过 40 小时。寒暑假勤工助学时间可根据学校的具体情况适当延长。

（2）校内固定岗位按月计酬。以每月 40 个工时的酬金原则上不低于当地政府或有关部门制定的最低工资标准或居民最低生活保障标准为计酬基准，可适当上下浮动。

（3）校内临时岗位按小时计酬。每小时酬金可参照学校所在地政府或有关部门规定的最低小时工资标准合理确定，原则上不低于每小时 12 元。

（4）校外勤工助学酬金标准不应低于学校所在地政府或有关部门规定的最低工资标准，由用人单位、学校与学生协商确定，并写入聘用协议。

主题二　创造价值，投身生产劳动

生产劳动是以直接创造生产、生活必需品，满足国家、社会和个人物质需求与财富积累为目的的活动。学生在生产劳动中亲历物品的制作过程，感受生活必需品的来之不易，体会劳动创造物质财富、满足基本生活需求的伟大，从而尊重普通劳动者、尊重劳动成果，为正确的劳动价值观的形成奠定基础。

一、农业生产和中国农耕文化

中国是世界农业主要发源地之一。农业生产是一个与土地、自然紧密相连的产业，在今天这个高科技、高度现代化的时代，农业依然保持着它的核心地位，为人们提供食物和生活必需品。在绵延上万年的农业发展历史中，炎黄子孙种五谷、养六畜，农桑并举，耕织结合，创造了灿烂辉煌的农耕文明，时至今日，农耕文明依然是我们宝贵的精神财富。立足农业生产开展劳动教育，引导学生学农知农爱农，投入农业生产，传承优秀农耕文化，对于学生培养劳动习惯、培育劳动情感、传承赓续中华文明都具有重要意义。

↑　知识链接　　　　　**中国农业始祖后稷**

洪水横流四海饥，

教民稼穑务三时。

后王欲识艰难业，

读取豳风七月诗。

——宋·王十朋《后稷》

这是宋代诗人王十朋创作的一首七言绝句，描写的是中国农业始祖后稷。

后稷，姓姬，名弃，传说是周的始祖，生于山西稷山县，擅长农耕技艺，曾在尧舜时代为相，赐给老百姓种子，教民耕种，被认为是上古时代功德最大的三公之一，历史上被尊为"稷王""农神""耕神""谷神"，系农耕始祖。后稷是中国古代农耕文化的代表人物之一，他的事迹和贡献被后人铭记和传承，成为中国传统文化中不可或缺的一部分。

（一）农业生产

农业是人类利用自然环境条件，依靠生物的生活机能，通过劳动来控制或强化生物体的生命活动过程，以取得所需要的物质产品的社会生产部门。农业是人类的"母亲产业"，是一切生产的首要条件。农业提供了人类生存所必需的食物和其他农产品，对于人类的发展和国家的稳定具有重要意义。同时，农业也是国民经济的基础产业，为其他产业的发展提供了支撑和保障。农业生产主要是指人们从事农业的生产活动。狭义上，农业主要指种植业；广义上，农业则包括种植业、畜牧业、渔业、林业、副业五种产业形式。种植业是利用土地资源进行种植生产的产业；畜牧业是利用土地资源培育或者直接利用草地发展畜牧的产业；渔业是利用土地上的水域空间进行水产养殖的产业；林业是利用土地资源培育采伐林木的产业；副业是对农业产品进行加工或者制作的产业。

种植是最基础的农业生产，种植农作物是农业劳动生产中最普遍的劳动。首先，种植之前需要整地，要做好整地保墒、备足底肥，对土地进行深翻、整平。其次，要熟悉农具的使用，主要是铁镐、铁耙、铁锹等的使用。再次，进行播种，不同的种子对土壤、水分等的要求不同，因此需要在了解种子的基础上进行播种，具体播种的顺序是处理种子→刨坑→起垄→浇水→播种→填埋。最后，播后进行埋压，播后埋压的工具和时间要视土壤中的水分而定，一般应随播随压。但是土壤过湿的田地应适当推迟埋压时间，以防板结，影响出苗。这只是播种的过程，在生长的过程中，作物还会受到阳光、雨量、肥料、虫害等影响，这都需要在参加农业生产时去考虑、去实践，才能生产出日常食用的蔬菜、水果等。

随着科技的进步和社会的发展，现代农业也在变革和发展。现代农业技术不断创新和进步，包括生物技术、信息技术、遥感技术、无人机等都广泛应用于农业生产中。这些技术的应用提高了农业生产效率，减少了环境破坏，并使得农业生产更加精准和智能化。现代农业强调可持续发展，注重环境保护和生态平衡。

📖 **技能GET**　　　　　　　　　　**番茄的种植**

环境要求

番茄喜欢阳光充足、温暖湿润的环境，理想的生长温度为 20～30℃，最低不低于12℃。番茄每天至少需要 6～8 小时的阳光照射，所以要选择一个光照充足的地方进行种植。

催芽播种

选取抗逆性强、坐果率高、品质佳、优质高产的番茄品种。播种前，将种子用 50℃的温水浸泡 10 分钟，或者用 10%磷酸钠溶液浸泡 20 分钟，然后用清水冲洗干净，再将种子放在 30℃的温水中浸泡 24 小时。这样可以有效防止病毒病害，保证种子充分吸水，提高发芽率。将处理好的种子直接撒播在土壤表面，覆盖一层薄土。苗期要及时追肥和浇水，保证肥水充足，幼苗长出真叶后即可移植。

育苗栽种

栽种番茄幼苗前，要去除田间的杂草和石块，对土地进行疏松晾晒，提高土壤的保水能力，适当施加有机肥料，如鸡粪等，增加土壤肥力。确保土壤的 pH 值为 6～7，这对番茄的生长非常重要。定植时，将幼苗按照 60～70 厘米的间距依次栽种，保证植株生长空间，栽种后喷洒生根水促进生根。栽苗不可过深或过浅，以免影响根系的生长。栽苗后，还需要及时搭支架，预防植株倒伏。覆盖地膜也是番茄种植中常用的一种方法。它可以提高土壤温度，减少水分蒸发，抑制杂草生长，从而加快秧苗的生长速度。覆盖地膜的具体做法是：在筑好的高畦上先铺上地膜，四周用土盖严，然后按株距挖洞栽苗，在秧苗四周覆土盖严。

日常管理

日常管理番茄时要经常疏松土壤，清理杂草，定期浇水施肥。后期番茄幼苗适应性增强，需要减少浇水，根据土壤缺水情况浇水，避免浇水过多造成养分流失，延迟开花结果。番茄结果后需要钙元素，因此日常施肥可以少量喷洒过磷酸钙。

当苗长到 15 厘米左右时，可追加 1～2 次自制的有机液态氮肥，促进叶茎的生长。番茄长势强劲时，每侧的腋芽都能成枝，等腋芽长到 6～7 厘米的时候将其摘除。一般每株有 5～7 个穗果时摘心（摘顶），这样可以让植株长得更健壮，结更多果。如果一个主干上结果过多，可以适当疏果。对于大番茄，每支保留 5～7 个果实就可以了，小番茄的果实可以适当保留得多些。

（二）中国农耕文化

在人类文明史上，中华优秀传统文化接续发展、从未间断，不仅是中华民族的精神财富和文化根基，更具超越时间、超越国界、超越民族的现实意义。农耕文化是中国传统文化的根基，彰显着中华民族的思想智慧和精神追求。"道法自然、阴阳合一、四方四时、五行之道"的农耕思想是中国农耕文化的重要内涵。

1. 道法自然

农耕思想植根于农耕文明，而农耕文明诞生于旷野之间而非庙堂之上，自然是农耕文明的本源，道法自然是农耕思想的核心理念。道法自然，又可从两个角度进行拆解。一是"天人合一"，即人与自然本为一体，人们应该顺应自然、回归自然。二是"天时地利人和"，即人们应当遵循天地之道，把握时机。"天时"是农耕文明的动力，"地利"是农耕文明的基础，而"人和"是连接"天时"与"地利"的枢纽，"橘生淮南则为橘，生于淮北则为枳"恰好印证了这一点。

2. 阴阳合一

阴阳相对讲的是事物之间的对立统一之道。《易传·系辞上》指出："一阴一阳谓之道。"阴阳合一的思想早在战国时期就融入了农业发展之中；《吕氏·春秋辩土篇》指出"垄"有利于作物接收阳光和雨露，"上得其阳，下得其阴"。这是古人对阴阳学说最朴素的理解，也是对作物生长规律最直观的认识。由此，阴阳合一的理念逐渐内化于农耕思想之中。据《齐民要术》记载，关于如何使久耕贫瘠之地变得肥沃，曾有人提出"滋阴补阳，以粪治之"的治土思想。可见，相生相克、阴阳合一是中华农耕文明发展的重要指导思想。

👁 案例分享　　世界第一！22项农业文化遗产，吸引着全球目光

全球重要农业文化遗产，再添 3 位中国"成员"！2023 年，联合国粮农组织正式认定河北宽城传统板栗栽培系统、安徽铜陵白姜种植系统、浙江仙居古杨梅群复合种养系统为全球重要农业文化遗产。至此，我国全球重要农业文化遗产增至 22 项，数量继续保持世界第一！从稻田到草原，从鱼塘到梯田……这 22 项遗产向世界展示了中国悠久的农耕文明。它们的名称看似只有几个关键词，背后却蕴含着一整套农业生产系统，凝结了无数古人的智慧。保护好、利用好农业文化遗产，中国一直在为全球农业发展和生态文明贡献中国智慧与中国方案。

河北宽城传统板栗（见图 5-6）栽培系统已有 3000 多年历史，是以板栗栽培为核心，作物、药材、家禽等合理配置的复合种养体系。当地居民因地制宜，创造了立体种养、树体修剪管理、水土资源合理利用等技术体系，有效保护了当地农业物种和生物多样性。

安徽铜陵白姜（见图5-7）种植系统已有2000余年历史。铜陵白姜以"块大皮薄，汁多渣少，肉质脆嫩、香味浓郁"而称名于世。在长期生产实践中，当地居民创造了姜阁保种催芽、高畦高垄种植、芭茅搭棚遮荫等3项独特的传统生产技术。

图5-6　河北宽城传统板栗

图5-7　安徽铜陵白姜

浙江仙居古杨梅（见图5-8）群复合种养系统是"梅-茶-鸡-蜂"有机结合的复合型山地农业模式。仙居是世界人工栽培杨梅起源地之一，距今已有1600多年的杨梅栽培史。经过千年的发展与世代选育，当地积累了数量众多、类型多样、品种丰富、谱系完整的古杨梅种质资源。

图5-8　浙江仙居古杨梅

资料来源：光明网、中华人民共和国农业农村部网站

3. 四方四时

四方指东、南、西、北4个方向，四时指春、夏、秋、冬4个季节。四方四时是古代农耕活动开展的重要依据。古人喜"观象授时""度四方""定四时"，在合适的时机和地点供奉祭祀，以求风调雨顺、事事皆宜。其中，由于农事活动与时候、气象关系更为紧密，因此古人对"时"更为重视。二十四节气是古人从实践观察中总结的经验和认识，逐渐演变成家喻户晓的生产规律和实践指导。二十四节气的时序里，仿佛呈现着古人从春种到秋收的农忙场景，它是与农耕文明同频同步的文化理念，更是中华民族心心相系的精神信仰。

👁 案例分享　　　　　　　　二十四节气

二十四节气（见表5-3）是古代中国劳动人民在长期实践中，通过观察太阳周年运动，认知一年中时令、气候、物候等方面变化规律所形成的知识体系。它将天文、农事、物候和民俗实现了巧妙的结合，衍生了大量与之相关的岁时节令文化。二十四节气准确地反映了自然节律变化，在人们日常生活中发挥了极为重要的作用。它是中国传统气象学的核心理论之一，对后世历书制作影响很大。二十四个节气中每个节气均有其独特的含义。例如，春分和秋分是昼夜相等的日子，清明是天气晴朗、草木萌动的时节，而在芒种，夏季作物开始成熟。为了方便记忆，人们编出了二十四节气口诀歌：春雨惊春清谷天，夏满芒夏暑相连，秋处露秋寒霜降，冬雪雪冬小大寒。

表 5-3　二十四节气表（按公元月日计算）

春季	立春（2月4日或5日）	雨水（2月19日或20日）	惊蛰（3月5日或6日）
	春分（3月20日或21日）	清明（4月4日或5日）	谷雨（4月20日或21日）
夏季	立夏（5月5日或6日）	小满（5月21日或22日）	芒种（6月5日或6日）
	夏至（6月21日或22日）	小暑（7月7日或8日）	大暑（7月23日或24日）
秋季	立秋（8月7日或8日）	处暑（8月23日或24日）	白露（9月7日或8日）
	秋分（9月23日或24日）	寒露（10月8日或9日）	霜降（10月23日或24日）
冬季	立冬（11月7日或8日）	小雪（11月22日或23日）	大雪（12月7日或8日）
	冬至(12月21日或22日)	小寒（1月5日或6日）	大寒（1月20日或21日）

在国际气象界，二十四节气被誉为"中国的第五大发明"。2016年11月30日，二十四节气被正式列入联合国教科文组织人类非物质文化遗产代表作名录（名册）。

资料来源：《中国大百科全书》

4．五行之道

五行即水、木、火、土、金，5 种物质属性不同，相互生发、相互克制，物质之间的运动和作用使得世界拥有了丰富多彩的可能。《左传·昭公二十五年》有云："因地之性，生其六气，用其五行。"五行之道点出了世界相互联系、原为一体的本质，进而衍生"春属木、夏属火、秋属金、冬属水，土则是贯穿四季的基础"这一思想。根据五行之道，农民需要在不同的季节选择不同的农作物和不同的耕作方式，以适应五行的运行规律。古人在应对土壤干旱时强调"水夺"，遇到土壤冷湿时提倡"火攻"，恰是五行之道在农事活动中的应用。

保护传承和利用好传统的农耕文化、人文精神与和谐理念，不仅在维系生物多样性、改善和保护生态环境、保障食品安全、促进资源持续利用、传承民族文化、保护独特景观、推动乡村旅游方面具有重要价值，而且在保持和传承民族特色、地方特色、传统特色，丰富文化生活与促进社会和谐等方面发挥着十分重要的作用。

（三）中国传统节日

传统节日与农业之间存在着密不可分的关系。在我国古代传统社会中，许多传统节日的起源和庆祝方式都与农业生产活动密切相关。这些节日不仅反映了古代农业社会的生产方式和文化传统，也承载着人们对农业生产的感恩之情和对美好生活的向往。

1. 春节

春节，作为中国最为隆重的传统佳节，标志着一年四季的起始。在这一时期，全国各地纷纷开展丰富多彩的庆祝活动，如张贴春联、共进团圆饭、制作饺子或糍粑、拜访亲朋好友等。春节寓意着大地回春、万物复苏，农民们亦投身于春耕劳作。借助一系列传统民俗活动，人们表达了对风调雨顺、五谷丰收的热切期盼与向往。

2. 清明节

清明节是中国传统节日之一，也是农耕文化中非常重要的一个节点。在这一天，民众纷纷举行祭祖仪式、扫墓祭奠，同时赴郊外欣赏春景。清明节气，生气旺盛，万物吐故纳新，大地呈现春和景明之象，人们会进行春耕、播种等农事活动，祈求有个好收成。

3. 端午节

端午节是中国传统节日之一，最初是夏季驱蚊虫的节日，后来演变成为纪念屈原的节日。在端午节期间，民间有戴香袋、吃粽子、赛龙舟习俗。端午节也正是夏季农耕的重要时期，赛龙舟表达了人们对水的崇敬，悬挂五彩丝线和艾草有驱邪避灾的寓意，这些民俗都有祈求丰收的寓意。

4. 中秋节

中秋节是中国传统节日之一，也是秋季丰收的象征。自古以来，中秋节便有祭月、赏月、品尝月饼、观赏花灯、观赏桂花、饮用桂花酒等民俗。中秋节以月亮的圆满象征人们的团圆，寄托了人们对故乡、亲人的思念之情，以及庆祝丰收、共享幸福的喜悦之意。

除此之外，还有很多传统节日都和农耕生活密不可分，例如中和节、重阳节、腊八节等。

💬 **话题互动**　　　　　**中国春节走向世界**

2023年12月，第78届联合国大会通过决议，将中国春节确定为"联合国假日"，春节成为联合国的第10个固定假日。

2024年春节，中华大地万家团圆，也掀起全球同贺的国际热潮。从东方到西方，从北半球到南半球，多国点亮"中国红"，共享欢乐喜庆的节日氛围，感受绚烂多彩的中华文化。"过年"，已经成为一项全球性的文化盛事。

讨论内容："中国年"升级为"世界年"，春节被列入联合国假日意味着什么？

二、工业生产和中国工业文化

（一）工业生产

工业生产是指通过工业设施和机械设备，使用原材料和能源，经过一系列加工和制造过程,将产品从原材料转化为成品的过程。这个过程涉及多个环节,包括原材料的采集、加工、生产、检测、包装和运输等。工业生产是现代社会经济发展的重要支柱,它为人类提供了大量的物质财富和就业机会。随着科技的不断进步和市场竞争的加剧,工业生产也在不断变革和创新,以适应新的市场需求和变化。

中国有着悠久的工业历史。早在古代,中国就拥有许多独特的工艺和制造技术,如冶铁、造纸、制瓷等。这些技艺不仅在当时具有先进性,而且对后世的工业发展产生了深远影响。新中国成立以来,我国探索走出一条符合国情的工业化道路,制造业在规模上连续多年位居世界第一,拥有 41 个工业大类、207 个工业中类、666 个工业小类,是全世界唯一拥有联合国产业分类中全部工业门类的国家。光伏、新能源汽车、家电、智能手机、消费级无人机等重点产业跻身世界前列,通信设备、工程机械、高铁等一大批高端品牌走向世界。我国正处于从工业大国向工业强国迈进的重要关口,工业发展面临从以简单的扩量为主向量质齐升转变的挑战。这就要求我们把握新发展阶段的特征要求,以新发展理念引领推进新型工业化,向生产技术的创新、生产组织方式的变革、产业结构的调整、区域布局的优化等多维度、深层次、高水平方向迈进。

◉ 案例分享　　　　　　**中国高铁,有"新动作"!**

时速 350 公里!京广高铁复兴号动车组列车全线实现;夕发朝至!北京至香港仅需 12 小时 34 分,上海至香港仅需 11 小时 14 分。2024 年 6 月 15 日,中国高铁"新动作"频出,再迎新跨越。早 8 时,首趟按时速 350 公里高标运营的 G871 复兴号动车组列车从武汉站开出,标志着京广高铁武汉至广州段安全标准示范线全面建成,京广高铁全线实现复兴号动车组列车按时速 350 公里高标运营。晚 8 时许,D909 次动车组列车从北京西站启动,D907 次从上海虹桥站启动,分别奔向香港西九龙站。以此为标志,京港、沪港间首开高铁动卧列车,京港、沪港间实现夕发朝至。北京、上海至香港的全程旅行时间分别由 24 小时 31 分、19 小时 34 分压缩至 12 小时 34 分、11 小时 14 分。

这一天,复兴号智能动车组技术提升版列车亮相京沪高铁;上海—上海虹桥的超级环线高铁闪亮登场,横跨沪苏浙皖三省一市;全国铁路实行新的列车运行图,客货列车双双增加,铁路运输能力、服务品质和运行效率再提升……路网越织越密,行程日益便捷。

一个个数据,印证着中国高铁的不断前行:截至 2023 年底,全国铁路营业里程达到 15.9 万公里,其中高铁 4.5 万公里,"八纵八横"高铁网主通道已建成 80%、在建 15%,路网布局和结构功能不断优化。"说走就走",百姓出行半径随着"高铁经济圈"的扩大而延伸。来自国铁集团的统计数据显示,近年来,高铁的快速发展吸引了大量客流,动车组列车承担客运比重持续提高。高铁飞驰,同时见证中国创新力的快速提升。

回望中国高铁发展历程,依靠自主创新,中国高铁基础设施和移动装备水平不断提升,一步一个台阶,经历了时速 200 公里、250 公里、300 公里、350 公里。未来,高铁列车运行时速还将从 350 公里提升到 400 公里。看速度等级、动车数量、行车密度、运行能力、平稳舒适性和安全可靠性，中国高铁稳居世界领先水平。在世界舞台上，中国高铁也早已成为一张亮丽的中国名片，展现着中国由"制造"向"智造"不断升级。未来，中国高铁还将续写新的辉煌。高铁飞驰，伴随着中国发展的脚步，流动的中国将更加活力迸发。

资料来源：新华网，有删改

（二）中国工业文化

工业文化是伴随着工业化进程而形成的、渗透到工业发展中的物质文化、制度文化和精神文化的总和，对推动工业由大变强具有基础性、长期性、关键性的影响。我国工业文化源远流长，自古以来，中国人民就以其勤劳和智慧在农业文明的基础上逐渐发展出独特的工业文化。新中国成立以来，我国在推进工业化的探索实践中，孕育了大庆精神、"两弹一星"精神、载人航天精神、新时代北斗精神、探月精神等一系列先进工业文化典型，形成了自力更生、艰苦奋斗、无私奉献、爱国敬业等中国特色的精神宝藏。改革开放以后，我国工业文化的发展更是取得了一系列成就，在一些行业或领域形成了各具特色的文化成果，"劳模精神""工匠精神""企业家精神""创新精神"等工业精神深入人心。我国的工业文化有优秀的民族传统文化做底蕴，中国特色社会主义先进文化做滋养，在传承创新、兼收并蓄中不断发展繁荣。

我国工业文化是一种独特而丰富的文化现象，不仅具有历史价值，在推动工业发展、提升国家工业形象、增强工业软实力等方面都起着重要的作用。新时期，我们要传承和弘扬中国工业文化，加快实现"培育有中国特色的制造文化"战略目标。

◎ 案例分享　　大庆精神、铁人精神　一座城市的根与魂

"爱国、创业、求实、奉献"，大庆精神、铁人精神是大庆的根与魂，是大庆弥足珍贵的传家宝。这是一面旗帜，这是一种力量，是黑土地优秀精神的光辉典范，成为中国共产党伟大精神和中华民族精神的重要组成部分。

铁人王进喜纪念馆有一组大型群雕，群雕中，王进喜头颅高昂，眼神刚毅，胸膛笔挺，拳头紧握，大踏步走在创业队伍最前面。这脚步，勇往直前，从未停歇；这声音，敲击心头，荡气回肠。"宁肯少活20年，拼命也要拿下大油田""有条件要上，没有条件创造条件也要上""石油工人一声吼，地球也要抖三抖；石油工人干劲大，天大困难也不怕""这困难，那困难，国家缺油是最大困难；这矛盾，那矛盾，国家建设等油用是最主要矛盾"……无论是豪迈的誓言，还是静默的心语，都是对大庆精神、铁人精神最有力的解读。

"莫看毛头小伙子，敢笑天下第一流""宁肯把心血熬干，也要保持油田稳产高产"，大庆的发展史册上也留下了"新时期铁人"王启民的足迹。在大庆油田科技兴油之路上，他接连挑战油田开发极限，攻克一道道技术难关，创出一项项世界纪录。他提出"高效注水开采方法"，开创了中低含水阶段油田稳产的新路子。他组织实施的"大庆

油田高含水期稳油控水系统工程"结构调整技术,使大庆油田 3 年含水上升不超过 1%,有效控制了产液量剧增。与国家审定的"八五"油田开发指标相比,5 年累计多产原油 610 多万吨,少产液近 25000 万吨,累计增收节支 150 亿元。在 40 多年的工作实践中,王启民成功解决了大庆油田开发建设中的一系列技术难题,为大庆油田连续 27 年年产原油 5000 万吨以上做出突出贡献,创造了世界油田开发史上的奇迹。

"我为祖国献石油""再难再险也要闯",从 2006 年开始,1205 钻井队第 18 任队长李新民带领钻井队走出国门,先后到苏丹、伊拉克打井。10 多年来,这支队伍艰苦奋斗、吃苦耐劳的作风没有变,精益求精、严细管理的标准没有变,掌握前沿技术、练就一身真功夫硬本领的拼劲儿没有变。

大庆精神、铁人精神是大庆独有的城市基因,已深深熔铸于每个大庆人的血液和灵魂。

资料来源:《黑龙江日报》

(三)中国传统工艺

1. 陶瓷

中国是世界上最早制造陶器的国家,更是世界上最早发明瓷器并领先千年的国家。中国瓷器不仅是科技、艺术与文化的结晶,更蕴含着深厚的中华文化内涵,代表着中华民族的形象。陶瓷是陶器与瓷器的统称。陶与瓷的质地不同,性质各异。《天工开物》中对陶器的定义为"水火既济而土合"。中华先民在长期烧制陶器的实践中,通过改进对原料的选择与处理,提高烧成温度,并发明了釉,瓷器便应运而生。东汉晚期,以越窑为代表的南方青釉瓷烧制成功,这标志着我国完成了从陶到瓷的过渡,中国由此成为最早发明瓷器的国家。唐宋时期,瓷器生产空前发展,名窑迭出,品种繁多,除青、白两大瓷系外,黑釉、青白釉和彩绘瓷也纷纷兴起。明清时期,我国制瓷业迎来发展史上的鼎盛时期。彩绘瓷、雕塑瓷成就辉煌,青花瓷成为瓷器的主流。一部瓷器史,半部中国史。中国瓷器是中华文明的重要名片,也是人类文明史上一颗璀璨的明珠。

2. 纺织

中国的纺织业源远流长,历史悠久。从考古出土的相关史料来看,我国古代纺织品原料主要有四大类:棉、麻、丝、毛。早在秦、汉时期,棉花在中国南部、西南部亚热带地区和新疆一带就已有种植和利用,宋元时期逐步向中原推广,明时已在全国普及,成为最主要的衣料原料。苎麻和亚麻是中国人民最早做衣着的纺织原料,麻织技术已有 6000 多年的历史,是中国最早的纺织技术之一。毛纺织在中国也有悠久的历史。早在新石器时代,中国新疆、陕西、甘肃等地区的手工毛纺织生产已经萌芽,人们会使用羊毛、山羊绒、牦牛毛、兔毛、羽毛等动物纤维做原料织成毛纺织品。丝绸是中国古代纺织业的代表,也是中国古代文明的重要象征之一。远在新石器时代,中国就已发明丝织技术。商周时期,已出现罗、绮、锦、绣等品种。秦汉以后,丝绸生产形成了完备的技术体系。汉唐时期中国丝织品通过丝绸之路远销中亚、西亚、非洲、欧洲,受到各国的普遍欢迎。此时丝织生产进入了稳定发展时期,技术上出现了新的创造,纹饰也达到高度的艺术水平,除织花外,印花、绣花、手绘、织金等技术也运用于丝织生产。如今,中国的丝绸仍然以其高质量和精美的图案而闻名于世。

3. 刺绣

中国刺绣是一种具有悠久历史和独特艺术风格的传统手工艺。它是以针线在织物上绣制各种装饰图案的总称，包括丝线刺绣和羽毛刺绣两种。这种艺术形式通过将丝线或其他纤维、纱线以一定的图案和色彩在绣料上穿刺，形成各种装饰织物。刺绣是中国民间传统手工艺之一，在中国至少有两三千年的历史。在漫长的发展过程中，中国刺绣逐渐形成了苏绣、湘绣、蜀绣和粤绣四大门类，每一类都有其独特的风格和特色。这些绣种在中国刺绣技艺中占据着重要地位，被誉为"中国四大名绣"。除了四大名绣，中国刺绣还有许多其他的技法，如错针绣、乱针绣、网绣、满地绣、锁丝、纳丝、纳锦、平金、影金、盘金、铺绒、刮绒、戳纱、洒线、挑花等。这些技法丰富了刺绣的表现形式和艺术效果，使得中国刺绣在技艺和风格上更加独特和多样化。刺绣的用途主要包括生活和艺术装饰。在生活方面，刺绣被广泛应用于服装、床上用品、台布等领域，为人们的生活增添了色彩和美感。在艺术方面，刺绣作为一种独特的艺术形式，被用于舞台、艺术品装饰等领域，展现出其独特的艺术魅力和审美价值。刺绣在中国文化中占据重要地位，并为人们的生活和艺术创作增添了无尽的魅力和美感。

4. 造纸

中国造纸术是中国古代四大发明之一，它的发明和推广对世界文化的发展有着重要的影响。西汉时期，人们已经懂得了造纸的基本方法。东汉时，蔡伦总结前人经验，改进造纸工艺，以树皮、麻头、破布、旧渔网等植物纤维为原料造纸，纸的质量大大提高。这种纸原料易找，价格低，易于推广。随着造纸技术的不断改进和发展，中国的造纸业逐渐繁荣起来，成为世界上最早拥有造纸工业的国家之一。在唐宋时期，中国的造纸技术已经相当成熟，中国不仅大量生产各种纸张，还开始将其出口到世界各地，对世界文化的发展产生了深远的影响。如今，中国的造纸业已经成为一个庞大的产业，不仅在国内市场占据重要地位，还在国际市场上具有一定的竞争力。中国的造纸企业在技术创新、环保生产等方面取得了很大的进步，推动了中国造纸业的持续发展。中国造纸术是中国古代智慧的结晶，它的发明和推广对世界文化的发展产生了深远的影响。如今，中国的造纸业已经成为一个具有全球影响力的产业，为世界的文化交流和经济发展做出了重要贡献。

知识链接　　　　**人类非物质遗产——宣纸传统制作技艺**

宣纸是传统手工纸的杰出代表，具有质地绵韧、不蛀不腐等特点。自唐代以来，它一直是书法、绘画及典籍印刷的最佳载体，至今仍不能为机制纸所替代。宣纸传统制作技艺有 108 道工序，对水质、原料制备、器具制作、工艺把握都有严格要求。这一技艺经口传心授世代相传，不断改进，与多种文化元素结合，对传承中华民族文化产生了深远影响，对促进民族认同和维护文化多样性起到了重要的作用。2006 年，宣纸制作技艺被列入首批国家级非物质文化遗产。2009 年 9 月 30 日，宣纸传统制作技艺获联合国教科文组织肯定，列入人类非物质文化遗产代表作名录（名册）。

资料来源：中国非物质文化遗产网

5. 制盐

中国有着悠久的产盐历史，关于盐的记载，可以溯推至夏代甚至更早。作为一个产盐大国，我国的食盐一直是以海盐为主。相传炎帝时，在山东半岛胶东地区，一位叫夙沙氏的人掌握了用柴火熬海水的制盐方法，成为中国向自然界索取食盐的鼻祖。北魏时期，我国沿海居民将海水引入盐田，通过日晒、风吹等自然手段蒸发卤水，获得食盐，这是"晒盐法"在世界上最早的应用。这种方法在中国的南方，尤其是福建和广东一带得到了广泛应用。到了宋代，四川人民发明了卓筒井，这是一种新型的盐井，标志着中国盐井凿井工艺技术的重大进步。元代以后，刮泥淋卤法和泼灰制卤法逐渐得到采用，而到了清代，井盐生产达到了高峰。食盐制造为当时人类的生产生活提供了重要的物质保障。古代制盐是人类在探索自然、生产生活中的一个重要成果。随着科技的发展，现代的制盐方法已经更加高效、环保，但仍然离不开古代制盐方法的基础和启示。

三、专业实习和职业成长

专业实习是职业教育中的重要环节，它为学生提供了在真实工作环境中应用所学知识和技能的机会。通过专业实习，学生可以深入了解所学专业的实际操作和业务流程，提升自己的职业技能和职业素养，为未来的职业生涯做好准备。

（一）专业实习的类型

专业实习是指学生按照专业培养目标要求和人才培养方案，由学校安排或者经学校批准自行到企（事）业等单位进行职业道德和技术技能培养的实践性教育教学活动，包括认识实习和岗位实习。

认识实习指学生由职业学校组织到实习单位参观、观摩和体验，形成对实习单位和相关岗位的初步认识的活动。

岗位实习指具备一定实践岗位工作能力的学生，在专业人员指导下，辅助或相对独立地参与实际工作的活动。

（二）专业实习的注意事项

教育部等八部门于 2021 年 12 月 31 日印发了《职业学校学生实习管理规定》（以下简称《规定》），明确实习各方责任、权利和义务，规范实习各环节要求，切实保障实习学生的合法权益。

1. 实习单位

按照《规定》的要求，实习岗位应符合专业培养目标要求，与学生所学专业对口或相近，原则上不得跨专业大类安排实习。职业学校应当选择符合以下条件的企（事）业单位作为实习单位：（1）合法经营，无违法失信记录；（2）管理规范，近 3 年无违反安全生产相关法律法规记录；（3）实习条件完备，符合专业培养要求，符合产业发展实际；（4）与学校有稳定合作关系的企（事）业单位优先。另外，对于建在校内或园区的生产性实训基地、厂中校、校中厂、虚拟仿真实训基地等，依照法律规定成立或登记取得法人、非法人组织资格的，也可作为学生实习单位。

2. 实习时间

学生在实习单位的岗位实习时间一般为 6 个月，具体实习时间由职业学校根据人才培养方案安排，应基本覆盖专业所对应岗位（群）的典型工作任务，不得仅安排学生从事简单重复劳动。鼓励支持职业学校和实习单位结合学徒制培养、中高职贯通培养等，合作探索工学交替、多学期、分段式等多种形式的实践性教学改革。

3. 实习安排

认识实习按照一般校外活动有关规定进行管理，由职业学校安排，学生不得自行选择。职业学校安排岗位实习，应当取得学生及其法定监护人（或家长）签字的知情同意书。学生及其法定监护人（或家长）明确不同意学校实习安排的，可自行选择符合条件的岗位实习单位。学生自行选择符合条件的岗位实习单位，应由本人及其法定监护人（或家长）申请，经学校审核同意后实施，实习单位应当安排专门人员指导学生实习，职业学校要安排实习指导教师跟踪了解学生日常实习的情况。

职业学校和实习单位应当分别选派经验丰富、综合素质好、责任心强、安全防范意识高的实习指导教师和专门人员全程指导、共同管理学生实习。要加强实习前培训，使学生、实习指导教师和专门人员熟悉各实习阶段的任务和要求。

4. 实习保障

学生参加岗位实习前，职业学校、实习单位、学生三方必须以有关部门发布的实习协议示范文本为基础签订实习协议，并依法严格履行协议中有关条款。购买学生实习责任险和意外险是学生实习活动的必备环节，是对学生实习期间的风险进行保障。接收学生岗位实习的实习单位，应当参考本单位相同岗位的报酬标准和岗位实习学生的工作量、工作强度、工作时间等因素，给予适当的实习报酬。在实习岗位相对独立参与实际工作、初步具备实践岗位独立工作能力的学生，原则上应不低于本单位相同岗位工资标准的80%或最低档工资标准，并按照实习协议约定，以货币形式及时、足额、直接支付给学生，原则上支付周期不得超过 1 个月，不得以物品或代金券等代替货币支付或经过第三方转发。

（三）专业实习助力职业成长

1. 以专业实习提升职业素养

首先，实习能够提升职业技能。实习是一个将理论知识和技能应用于实际工作的过程。无论是在机械加工、电子装配、汽车维修还是烹饪等领域，都有对应的流程、规范和操作技巧，通过观察、模仿和实践，可提升专业技能。同时，持续性的实践性学习使学生能够真实地感受到职业工作的要求和挑战，逐渐提高操作熟练度和技能水平。其次，实习能够提升创新能力。面对工作中遇到的问题，例如材料选择、工艺路线、设备故障等，需要尝试从不同的角度思考问题，提出新的解决方案，实现工作和技术创新。通过实习，学生还能够提升沟通技巧、团队协作能力、自我管理能力，为未来的职业发展打下坚实的基础。

2. 以专业实习促进职业发展

首先，实习可以帮助学生更好地了解自己的职业兴趣。通过实际工作，学生可以发现自己的兴趣爱好以及自己擅长的领域，这对于职业发展至关重要。其次，实习还能帮助学生了解所学专业对应的工作内容和行业特点，以及职业发展的前景和需求，这种自我认知调整能够帮助学生制定职业规划，明确职业目标和发展方向。

3. 以专业实习明确职业伦理

职业伦理是指职业行为应遵循的道德准则和规范。随着科学技术的不断进步，我国正在逐步实现工业大国向工业强国的转变，需要大量顶尖高技术人才，同时这些高技术人才需要对职业领域的公众健康、安全和人文等社会影响有足够的认识，具备高度的社会责任感、正确的价值观和利益观、强烈的职业伦理道德意识，能对专业工作进行道德价值判断。在专业实习过程中，学生能真实感受到这一职业领域从业人员的行为标准、职业精神和态度、职业活动中的社会分工等，从而前瞻性地培养自己在这一领域的职业道德、技术伦理，使自己具备良好的职业伦理。

主题三　担当奉献，践行服务性劳动

服务性劳动是利用知识、技能、工具、设备等，为他人和社会提供服务，以增进国家和社会公共领域和个人福祉为目的的活动，具有明显的公益性和利他性。服务性劳动包括公益劳动和志愿服务等形式。在服务性劳动过程中，学生通过帮助他人、服务集体，强化社会责任感，培育服务意识，提升社会公德。

一、校园公益劳动

学校是学生学习知识和技能、培养情感和形成价值观、塑造品德和养成行为习惯的重要场所。学生大部分时间是在校园中度过的，干净、整洁、文明、优美的校园环境是学校育人的重要组成部分，潜移默化地影响着学生的行为与修养。参加校园环境清洁、无烟校园创建、绿色环保以及校园秩序维护等校园公益劳动，可以帮助学生树立主人翁意识，自觉维护校园环境，培养爱校荣校情怀，树立环保理念。

（一）清洁校园卫生

一般来说，校园公共区域的清洁工作由学校环境保洁部门和保洁工作人员专门负责。学生一方面要养成良好的卫生习惯，遵守环境卫生规范，另一方面可以通过学校组织的劳动月、劳动周、爱国卫生月等活动身体力行地参与到学校环境卫生督查、校园大扫除以及环境卫生整治中，共同维护、营造清洁校园。

↑ 知识链接　　　　爱国卫生运动的前世今生

1952年，美帝国主义在侵朝战争中，对朝鲜和我国发动了细菌战争。在保家卫国的浪潮中，党和人民共同推动了群众性卫生防疫行动的深入开展。人民群众把这项伟大的运动称为"爱国卫生运动"。中共中央、国务院于1978年4月决定重新成立中央爱国卫生运动委员会，并发出了《关于坚持开展爱国卫生运动的通知》。1989年，国务院决定将每年4月定为全国爱国卫生月。

新中国成立初期，医药卫生资源匮乏，群众卫生保健意识和知识不足，疟疾、血吸虫病等传染性疾病肆虐，这个阶段的爱国卫生运动以除"四害"为中心，以卫生工作为抓手。20世纪80年代起，爱国卫生运动提倡"五讲四美"，致力于改变群众卫生习惯，树立讲文明的新风尚。新形势赋予新经验，进入21世纪，尤其是第九届全球健康促进大会发表《上海宣言》后，城市绿化标准、居民健康教育等概念更多融入爱国卫生运动中，创建卫生城市转化为探索建设健康城市。《"健康中国 2030"规划纲要》的出台，也将爱国卫生运动逐渐提升到健康中国建设高度。爱国卫生运动始终与人民群众健康紧密相连，是我们永不过时的"传家宝"。

资料来源：《人民日报海外版》，有删改

1. 校园卫生清洁的操作规范

（1）佩戴适当的个人防护装备，如手套、防尘口罩等。

（2）正确使用清洁工具和清洁剂，不随意混用。

（3）遵守垃圾分类规定，废弃物品分类处置。

（4）注意用电安全，勿乱拉乱拆电线、电源线、电缆线等。

（5）注意人身安全防护，避免高空清洁作业。

2. 室内卫生清洁的基本流程

（1）检查。进入室内，查看是否有异常、是否有损坏的物品。如有异常，应先报告再作业。

（2）推尘。按照先里后外、先上后下、先窗后门、先桌面后地面的顺序进行推尘，挪动物品、设备后记得复原。

（3）擦抹。从门口由左至右或由右至左依次擦抹室内的桌椅、柜子、讲台、玻璃和墙壁等。

（4）整理。将讲台、桌面、实验台上的主要用品擦净后按照原位摆放整齐。

（5）拖地。用拖把清洁地面。

（6）倾倒。按照垃圾分类要求倾倒垃圾，并及时更换垃圾袋。

（7）关闭。退至门口，确认清扫质量，然后关窗、关电、锁门。

3. 楼道卫生清洁的基本流程

（1）检查。进入楼道，查看公共设备是否有异常、是否有损坏的物品。如有异常，应先报告再作业。

（2）推尘。用扫把对地面进行清洁。

（3）擦抹。按照一定顺序擦抹玻璃、墙壁等。

（4）拖地。用拖把清洁地面。

（5）倾倒。按照垃圾分类要求倾倒垃圾，并及时更换垃圾袋。

4. 机动车道和人行道卫生清洁的基本流程

（1）分组、分路段、分区域明确清扫范围，合理安排清理任务。

（2）用扫把或垃圾夹清理垃圾、树枝、树叶以及废弃物等。

（3）对路边石缝中的杂草进行清除。

（4）用扫把清扫机动车道和人行道上的灰尘。

（5）分类清理垃圾，将垃圾运送到学校的垃圾中转站。严禁将垃圾倒在绿化带中或者随意倾倒，严禁焚烧垃圾。

（6）作业时注意来往车辆，保障人身安全。

5. 广场、操场、停车场、台阶、水沟等卫生清洁的基本流程

（1）对广场、操场、停车场、台阶和水沟进行检查，先用扫把或垃圾夹清理垃圾、树枝、树叶等。

（2）对广场、操场、台阶周边的杂草进行清除。

（3）用扫把清扫广场、操场、台阶的灰尘。

（4）分类清理垃圾，将垃圾运送到学校的垃圾中转站。严禁将垃圾倒在绿化带里或者随意倾倒，严禁焚烧垃圾。

（5）作业时注意来往车辆，保障人身安全。

（二）共建无烟校园

烟草依赖是一种慢性疾病，烟草危害是世界上最严重的公共卫生问题之一，吸烟和二手烟问题严重危害人类健康。据报道，目前全国每天有 2000 余人死于吸烟，预计到 2050 年将增至 8000 人。吸烟对健康百害而无一利，在严重情况下甚至会威胁生命安全。《"健康中国 2030"规划纲要》提出，2030 年要实现 15 岁以上人群吸烟率降低到 20% 的目标。2020 年，国家卫生健康委和教育部发布了《关于进一步加强无烟学校建设工作的通知》，将无烟学校建设作为考评学校卫生健康工作的重要指标。全面营造校园无烟环境，学生要树牢公民是自己健康第一责任人的意识，人人参与，共同筑牢"拒绝第一支烟"的社会环境。

🛈 知识链接　　　　**世界无烟日的来历**

世界无烟日（World No Tobacco Day）来源于 1987 年 11 月世界卫生组织（World Health Organization，WHO）在日本东京举行的第 6 届吸烟与健康国际会议，会议上建议将每年的 4 月 7 日定为世界无烟日，并从 1988 年开始执行。但从 1989 年开始，世界无烟日改为每年的 5 月 31 日，因为第二天是国际儿童节，人们以此希望下一代免受烟草危害。

2023 年 5 月 31 日是第 36 个世界无烟日，世界卫生组织确定的主题是"种植粮食，而非烟草"。烟草种植大量使用杀虫剂和化肥，这些化学物质进入水循环中，会污染湖泊、河流和饮用水。烟草种植造成全球大约 5% 的森林被砍伐，加剧了二氧化碳排放和气候变化。每生产大约 300 支卷烟，就需要砍倒一棵树。

我国 2023 年世界无烟日的活动主题为"无烟 为成长护航"。大量科学证据显示，吸烟会严重损害青少年的呼吸系统和心血管系统，并且会加速其成年后慢性病的发生。深入开展控烟宣传教育，积极构建青少年控烟防护网，保护青少年免受烟草危害，是控制烟草流行的关键措施。

资料来源：《陕西日报》，有删改

---

1. 吸烟的危害

（1）口臭

长期抽烟会使烟草中的一些成分附着在牙齿的表面，进而形成烟斑，引发口臭。此外，抽烟还会加重牙菌斑、牙结石的堆积，以及口腔菌群的失调。

（2）皮肤变差

烟雾的有害物质直接接触皮肤的角质层，会影响皮肤的新陈代谢，加速皮肤衰老，破坏皮肤的胶原蛋白，这样皮肤就会变得干燥、缺水、粗糙、灰暗，而且皮肤上会出现大量的皱纹。总之，长时间吸烟的人，皮肤质量会变得很差。

（3）慢性呼吸系统疾病

吸烟对呼吸道免疫功能、肺部结构和肺功能均会产生不良影响，引起多种慢性呼吸系统疾病。有充分证据表明，吸烟可以导致慢性阻塞性肺疾病、呼吸系统感染、肺结核、多种间质性肺疾病，且吸烟量越大、吸烟年限越长，这些疾病的发生风险越大。此外，有证据显示，吸烟会增加支气管哮喘、小气道功能异常、静脉血栓塞症（肺栓塞）、睡眠呼吸暂停、尘肺的发生风险。

（4）免疫力下降

免疫力是人体生存的基础。如果一个人免疫力低下，就容易感染疾病，而香烟中包含尼古丁、焦油等物质，若是被吸入骨髓等造血系统，就很可能抑制免疫因子的生成，导致免疫力下降，进而导致人体经常感冒发烧，严重的还会诱发细胞癌变。

（5）二手烟的危害

二手烟中同样含有数百种有毒的化学物质，包括致癌物、重金属、烟草特有的亚硝胺及多环芳烃等。不吸烟者暴露于二手烟环境中同样会增加多种吸烟相关疾病的发生风险。二手烟对孕妇及儿童健康造成的危害尤为严重。有充分证据表明，孕妇暴露于二手烟中会导致婴儿猝死综合征和胎儿出生低体重，还会导致早产、新生儿神经管畸形和唇腭裂。儿童暴露于二手烟中会导致支气管哮喘、肺功能下降、急性中耳炎、复发性中耳炎、中耳积液等疾病。在禁烟场所吸烟，让其他人暴露于二手烟环境中是一种不文明的行为。

↑ 知识链接　　　　　　　　**电子烟真的无害吗？**

近年来，电子烟的快速发展正在成为一个潜在的公共卫生问题。电子烟又称电子尼古丁传输系统，是由电池供电的模拟卷烟的装置，通过加热液态尼古丁产生蒸气供使用者吸入。电子烟包括烟弹、烟具以及烟弹与烟具组合销售的电子烟产品。烟弹是指含有雾化物的电子烟组件，烟具是指将雾化物雾化为可吸入气溶胶的电子装置，主要成分包括尼古丁、丙二醇、甘油、水、多溴联苯醚、丁二酮、其他添加剂。2022年4月8日，国家市场监管总局（标准委）发布了《电子烟》（GB 41700—2022）强制性国家标准，自2022年10月1日起实施。该标准明确列出允许使用的101种添加剂，将其纳入添加剂"白名单"。

电子烟在设计上模拟传统卷烟，并且一些商家经常宣称电子烟比传统卷烟"更安全"或者能帮助戒烟。事实并非如此。世界卫生组织《2021年全球烟草流行报告》称，电子烟具有成瘾性，并非无害。为最大限度保护公众健康，电子烟必须被严格管制。儿童、青少年使用电子烟会使他们吸卷烟的风险加倍。

世界卫生组织认为电子烟产生的气溶胶（电子烟的二手烟）是一种新的空气污染源。电子烟产生的气溶胶中含有很多烟草中没有的致癌物，比如乙二醇。有研究显示，对比无烟的清新空气，电子烟气溶胶的 $PM_{1.0}$ 值高 14～40 倍，$PM_{2.5}$ 值比新鲜空气高 6～86 倍；尼古丁含量高 10 倍，甚至超过 100 倍；乙醛含量高 2～8 倍；甲醛含量高 20%；其产生的某些金属含量，如镍和铬，甚至比卷烟产生的二手烟的含量还要高。

资料来源：《陕西日报》，有删改

2. 无烟校园共行动

（1）遵守禁烟规定，做"无烟校园"践行者

自觉遵守校内公共场所（教学楼、实验楼、图书馆、宿舍、食堂、体育馆、操场、楼道、卫生间等）和室内场所禁止吸烟的规定，自觉从自身做起，积极营造"无烟校园"，养成健康文明的生活习惯。

（2）熟知吸烟危害，做"无烟校园"宣传者

主动了解掌握控烟相关知识，积极参加控烟宣传活动，正确张贴禁烟标识（见图 5-9）。帮助身边同事、同学、亲友正确认识吸烟、二手烟及电子烟的危害，自觉远离烟草，创造清新的学习、生活和工作环境，为"无烟校园"的营造贡献自己的力量。

图 5-9　国际通用禁止吸烟标识（含电子烟）

（3）争做控烟先锋，做"无烟校园"监督者

抵制二手烟，敢于向二手烟说"不"，维护个人健康权益。争当禁烟劝导员和监督员，如发现校园禁烟区内吸烟行为，全校师生员工均有权利、有义务对其进行友好的提醒和规劝，共同创造一个健康、文明的校园环境。

📖 **技能GET**

和烟瘾做个了断

（1）**做好戒烟准备，强化戒烟行为**：明确戒烟原因，强化戒烟意愿；扔掉所有烟草制品和吸烟相关的用具；明确告诉你的家人、朋友和同事，你正准备戒烟；开始延迟吸第一口烟的时间5～10分钟；确定一个戒烟日；避免他人在自己面前吸烟；找到适合自己的戒烟方法，考虑是否需要戒烟药以及专业医生的戒烟帮助。

（2）**烟瘾犯了不用慌，五招转移注意力**：深呼吸15次；喝一杯水；散步或者锻炼身体；刷牙或者洗脸；与他人聊天。

资料来源：中国疾病预防控制中心微信公众号，有删改

（三）践行绿色环保

良好的生态环境是人类生存和发展的根本基础，生态环境对于人类具有无可替代的价值，绿水青山是人民幸福生活的重要内容。"像保护眼睛一样保护生态环境，像对待生命一样对待生态环境"，保护生态环境，人人都是受益者，人人也都是参与者、行动者。2020年，教育部、国家发展改革委印发了《绿色学校创建行动方案》，指出要在学校厚植绿色发展理念，加强青少年生态文明教育。绿色学校创建是指将绿色发展理念贯穿于学校的管理、教育、教学和建设的整体性活动中，引导教师、学生关注环境问题，学习环境科学知识，着力提升师生生态文明素养，影响和带动全社会参与生态文明建设。绿色学校创建，既是学校自身建设和发展的需要，又是时代赋予的责任。

👁 **案例分享**

臭水沟变成了天鹅湖

冬日里，河南省三门峡市天鹅湖国家城市湿地公园里，一只只白天鹅时而贴水滑翔，时而振翅冲上碧霄，悠然自得、野趣盎然。

"以前这一带像个臭水沟，时常散发着腥臭味，人都躲着走，很少能见到天鹅。"摄影师张明云从小在黄河边长大，一路见证着这里的变化。

在三门峡，一些被黄河滋养的湿地曾被连片鱼塘"蚕食"。养鱼污染了水质，养鱼人还经常驱逐鸟儿。近年来，当地以壮士断腕的决心，依法拆除违建鱼塘，还对沿河污染问题进行分类整治，着力恢复湿地生态。污染减少，生态好了，飞来越冬的白天鹅明显增多了。到2023年1月，三门峡市白天鹅栖息地由4处增加到9处，前来越冬的白天鹅数量超过1.1万只。

河南省林业局自然保护地和野生动植物保护管理处二级调研员张晓表示，党的二十大报告要求，像保护眼睛一样保护自然和生态环境。我们将以环境治理改善为抓手，加强湿地生态保护修复，让周边百姓感受到自然之美、生命之美、生活之美。污染减少，蓝天多了，人民群众的环境获得感增加了。

资料来源：新华网，有删改

1. 绿色学校创建的主要内容

（1）开展生态文明教育。坚持"创新、协调、绿色、开放、共享"的新发展理念，

鼓励学生联系自身实际，积极营造保护环境从我做起、从现在做起、从身边做起的生活、学习氛围，积极开展生态文明教育实践活动，多角度、多层次认识和理解绿色发展。

（2）规划建设绿色低碳校园。在校园建设和改造中，结合当地经济、资源、气候、环境及文化等特点着力优化校园内空间布局，合理规划各类公共绿地和绿植搭配，提升校园绿化美化、清洁化水平。建立健全校园节能、节水、垃圾分类等绿色管理制度，引入信息科技先进技术，加快智慧化校园建设与升级，积极开展校园能源环境监测，有效处理生活及实验室污水，实现校园全生命周期的绿色运行管理。

（3）建设绿色环保校园。积极采用节能、节水、环保、再生、资源综合利用等绿色产品，引导校园新建建筑项目按照绿色建筑标准要求进行设计、建造，有序推进既有建筑绿色化改造和运行。着重从建筑节能、新能源利用、非常规水资源利用、可回收垃圾利用、材料节约与再利用等方面，持续提升校园能源与资源利用效率，深入开展能源审计、能效公示、合同能源管理和合同节水管理。

（4）培育绿色校园文化。支持和引导师生参与组织多种形式的校内外绿色生活主题宣传，对节能、节水、节粮、垃圾分类、绿色出行等行为发出倡议，充分发挥学生组织和志愿者的积极作用，精心开展节能宣传周、世界水日和中国水周、粮食安全宣传周、森林日和植树节等活动，各校要将绿色学校的创建融入校园文化建设，培养学生绿色发展的责任感，提高爱绿护绿的行动力，养成健康向上的绿色生活方式，带动家庭和社会共同践行绿色发展理念。

（5）发挥自身学科专业优势，加强生态学科专业建设，大力培养相关领域高素质人才，开展适合当地经济、社会与环境发展的绿色创新项目，通过多学科交叉，大力推进绿色创新项目的研发，推动产学研紧密结合，加强绿色科技创新和成果转化。鼓励学生进行绿色科技发明创造，促进绿色学校建设的科学研究与社会服务实践活动相结合。

2. 绿色学校共行动

（1）保护生态，健康生活。合理使用一次性餐具，主动减少白色垃圾。

（2）节约能源，合理用电。出门随手关灯，节约使用空调设备。

（3）绿色学习，循环使用。节约使用纸张，推荐使用电子文件。

（4）低碳环保，绿色出行。加强体育锻炼，推荐徒步行走，自行车出行。自行车有序停放，定期安全检查。

（5）爱护环境，垃圾分类。不随意丢弃垃圾，依据学校或宿舍垃圾分类标准，对垃圾进行科学投放。

（6）不断学习，践行理念。树立可持续发展理念，内化于心、外化于行，在日常学习、生活中坚持践行。

（7）公益宣传，志愿服务。以公益劳动或志愿服务的形式参与环境保护宣讲和实践活动。

📍 知识链接　　　　　　**生活垃圾分类标准**

2019 年，我国颁布新版《生活垃圾分类标志》（GB/T19095—2019），与 2008 年标准相比，新标准根据是否可利用、是否有害等条件将生活垃圾分成可回收物、有害垃圾、厨余垃圾和其他垃圾四大类（见图 5-10），生活垃圾分类表如表 5-4 所示。

图 5-10　四大类生活垃圾标志

表 5-4　生活垃圾分类表

序号	大类	小类
1	可回收物	纸类
2		塑料
3		金属
4		玻璃
5		织物
6	有害垃圾	灯管
7		家用化学品
8		电池
9	厨余垃圾（也可称为"湿垃圾"）	家庭厨余垃圾
10		餐厨垃圾
11		其他厨余垃圾
12	其他垃圾（也可称为"干垃圾"）	—

二、社会志愿服务

常言道："赠人玫瑰，手有余香。"将香气馥郁的玫瑰赠送给他人，自己的手中也会留有余香，这便是志愿精神的最好写照。学生作为社会未来的建设者，通过社会志愿服务走向基层和群众，在服务他人和社会的过程中，既能锻炼实践和服务社会的能力，又能培养实干精神和社会责任感。因此，社会志愿服务作为一种服务性劳动，对于社会文明建设、实践育人功能发挥以及青年价值观培育都具有显著的推动作用。

（一）志愿服务

1. 什么是志愿服务

2017年，国务院颁布《志愿者服务条例》，这是我国第一部关于志愿服务的专门性法规。《志愿者服务条例》明确指出，志愿服务是指志愿者、志愿服务组织和其他组织自愿、无偿向社会或者他人提供的公益服务。志愿者是指以自己的时间、知识、技能和体力等从事志愿服务的自然人。志愿服务组织，是指依法成立，以开展志愿服务为宗旨的非营利性组织。开展志愿服务，应该遵循自愿、无偿、平等、诚信、合法的原则。志愿服务的精神概括是奉献、友爱、互助、进步。在我国帮残助老、扶幼助弱、环境保护、社区服务、乡村振兴以及大型活动等诸多重要任务中，全国各地志愿服务组织和志愿者都发挥了巨大作用。志愿服务是社会文明进步的重要标志，是加强精神文明建设、培育和践行社会主义核心价值观的重要内容。

2. 志愿者的基本条件

2013年，共青团中央、中国青年志愿者协会颁布新修订的《中国注册志愿者管理办法》（以下简称《办法》），对注册志愿者的基本条件做了规定。①年满十八周岁或十六至十八周岁以自己劳动收入为主要生活来源者；十四至十八周岁者，须经其法定代理人同意；未满十八周岁的在校学生申请注册的，按所在学校有关规定办理。②具备参加志愿服务相应的基本能力和身体素质。③遵守国家法律法规和注册机构的相关规定。

3. 志愿者的权利和义务

《办法》对志愿者的权利和义务进行了如下规定。

（1）志愿者的权利

① 参加志愿服务活动。

② 接受相关的志愿服务培训，获得志愿服务活动真实、必要的信息。

③ 获得从事志愿服务的必需条件和必要保障。

④ 优先获得志愿者组织和其他志愿者提供的服务。

⑤ 对志愿服务工作提出意见和建议。

⑥ 相关法律、法规、政策所赋予的权利。

⑦ 可申请取消注册志愿者身份。

（2）志愿者的义务

① 遵守国家法律法规及团组织、志愿者组织的相关规定。

② 每名注册志愿者根据个人意愿至少选择参加一个志愿服务项目或活动,每年参加志愿服务时间累计不少于20小时。

③ 履行志愿服务承诺，完成志愿服务任务，传播志愿服务理念。

④ 自觉维护团组织、志愿者组织和志愿者的形象。

⑤ 在志愿者职责范围内，自觉维护服务对象的合法权益。

⑥ 自觉抵制任何以志愿者身份从事的赢利活动或其他违背社会公德的活动(行为)。

⑦ 依法应当承担的其他义务。

↑ **知识链接**　　　　志愿者标识、志愿者日和志愿者誓词

志愿者标识

中国志愿服务标识（爱心放飞梦想）意为用爱心托起梦想，以汉字"志"为基本原型，以中国红为基本色调，以鸽子、红心、彩带为基本构成（见图 5-11）。2014 年 9 月 1 日，中央文明办等部门联合发布了《关于征集全国志愿服务标识的公告》，面向中国国内外公开征集全国志愿服务标识。2014 年 12 月 5 日，中央文明办正式向全社会发布中国志愿服务标识——"爱心放飞梦想"。中国志愿服务标识体现中国特色，具有国际元素，形象内蕴丰厚。

中国青年志愿者标志（见图 5-12），又名"心手标"，是经共青团中央批准的中国青年志愿者和青年志愿者组织的象征和标志，整体构图为心的造型，同时也是英文"青年"的第一个字母 Y；图案中央既是手，也是鸽子的造型。1994 年 2 月 24 日，共青团中央向全社会发布中国青年志愿者标志。2020 年 4 月 23 日，共青团中央、中国青年志愿者协会发布《中国青年志愿者标志基本规范》。中国青年志愿者标志寓意青年志愿者向需要帮助的人们奉献一份爱心，伸出友爱之手，立足新时代、展现新作为，弘扬奉献、友爱、互助、进步的志愿精神，以实际行动书写新时代的雷锋故事。

图 5-11　中国志愿服务标识　　　　　　　图 5-12　中国青年志愿者标志

志愿者日

每年的 3 月 5 日是中国青年志愿者服务日，12 月 5 日是国际志愿者日。

中国青年志愿者誓词

我愿意成为一名光荣的志愿者。我承诺：尽己所能，不计报酬，帮助他人，服务社会，践行志愿精神，传播先进文化，为建设团结互助、平等友爱、共同前进的美好社会贡献力量。

资料来源：《中国青年报》、中国文明网

4. 参加志愿服务的途径

（1）加入学校志愿服务组织。学校共青团通过主题教育活动、团日活动、社会实践等形式开展各类志愿服务活动，学生可在学校直接报名参加。每个学校都会有公益类的协会和社团，例如青年志愿者协会、爱心社团等，会规模性地开展志愿服务，学生也可

以申请加入。

（2）网络注册志愿者。公民个人可以实名注册中国志愿网，作为其中的志愿者申请加入网站中一些团体发起的志愿活动，各省份会有志愿网的分网，例如"志愿河北""志愿四川"等官方网站。

（3）参加社会招募。各类共青团组织、社会单位（图书馆、博物馆、养老机构等）以及大型活动举办方，也会通过电台、电视台、报纸、网络等方式面向社会公开招募志愿者，个人可以根据招募条件，按照就近就便服务原则报名参加。

👁 **案例分享** 　　"小白菜""小青椒""小雪花""小青荷"……他们比这些"昵称"更可爱！

　　"鸟巢一代"的记忆，志愿者的微笑成为北京最好的名片。2008年，当志愿者的身影在北京奥运会上集体亮相时，国际社会看到了充满活力的中国，看到了富有热情、尊重规则、充满人文情怀的新一代中国青年。"鸟巢一代"的昵称注入了人们对北京奥运会志愿者的赞美，也注入了对年轻一代最美好的期望。

　　2008年是青年志愿者行动具有标志性意义的重要年份，也是迄今为止青年志愿者事业的一个高峰。汶川地震见证了中国人志愿精神的勃发，北京奥运会则在志愿服务的规范化和专业性上树立了样板。

　　从此，上海世博会的"小白菜"、成都大运会的"小青椒"、北京冬奥会的"小雪花"、杭州亚运会的"小青荷"、上海进博会的"小叶子"、全国学生（青年）运动会的"小青芒"……一代代青年志愿者的"联动"传承给一代又一代国人留下了充实、温暖、持久、无悔的青春回忆。

　　广大青年志愿者胸怀"国之大者"，在共青团组织下，积极参与大型赛会、抗震救灾等志愿服务，用青春和奉献提供了暖心的帮助和服务，向世界展示了蓬勃向上的中国青年形象。

资料来源：中国青年志愿者公众号，有删改

（二）三下乡

1. 什么是"三下乡"

"三下乡"是指"文化、科技、卫生"下乡，即有关文化、科技、卫生方面的内容知识在农村普及，旨在加强农村地区的文化、科技、卫生基础设施建设与普及，提高农村居民的生活品质和文化素养。大学生是我国科学技术发展的后备军，应该发挥知识技能的优势，为农村建设服务，为农民群众服务。大学生"三下乡"是全国各高校在暑期开展的一项服务农村的社会实践活动。20世纪80年代初，团中央首次号召全国大学生在暑期开展"三下乡"社会实践活动。1997年，中宣部、中央文明办、教育部、共青团中央、全国学联共同组织实施了全国大中专学生志愿者暑期"三下乡"社会实践活动。20多年来，一代代充满理想、激情与活力的青年学子、数以万计的社会实践团队在暑期里奔赴农村的田间地头、村庄农舍，"三下乡"活动成为青年学生了解农村的社会状况、服务农村发展，并在实践中受教育、长才干、做贡献的重要方式。至今，大学生"三下乡"活动已成为我国高校普遍的最具影响力的社会实践项目之一。

2. "三下乡"的基本类型

大学生"三下乡"社会实践活动涉及面广，内容丰富，形式多样。"三下乡"活动可以是单人形式，也可以是小组形式。一般来说，小组形式更有利于活动的开展。"三下乡"活动主要分为以下类型。

（1）支教。支教即支援落后地区乡镇中小学的教育和教学管理工作，是大学生"三下乡"社会实践的基础活动方式之一。大学生在专业老师的指导下，深入农村小学、中学开展教学活动。大学生支教缓解了农村地区教育人才资源紧缺的问题。

（2）调研。通过观察、调查农村的真实情况，对收集到的相关资料进行整理、分析和研究，从而得出某种结论或者揭示某种规律，深化对国情、社情和历史的认知，为农村发展建言献策。

（3）宣讲。采取符合农村特点、农民喜闻乐见的方式开展理论宣讲下乡、文艺下乡、书本下乡、科普下乡、健康下乡，帮助农民树立社会主义核心价值观，孕育农村社会好风尚，为乡村振兴提供坚强的思想保证和良好的文化条件。

（4）宣传。将农村的所见所闻以网络直播、摄影展、社交推文的形式发布到新媒体平台，帮助农村政府宣传农村风景、乡村文化、农副产品，助推乡村文化的传承和发扬，带动当地旅游产业和农副产业发展。

（5）科技与创新。结合所学专业，为农村生产、生活以及卫生医疗，提供技术支持和服务，也可以对农村传统的生产、种植和养殖方式进行改进创新。

（6）关爱老人、儿童。探望农村留守老人、儿童是大学生"三下乡"社会实践的环节之一，向留守老人、儿童传递爱与温暖，展现了"奉献、友爱、互助、进步"的志愿服务精神，践行了尊老爱幼的传统美德。

👁 案例分享 　　　　　　　　　　**虫影寻踪**

山东是小麦、棉花等农作物的生产大省，渤海湾地区的黄河三角洲自然保护区是我国北方最大的候鸟栖息地。然而这里也是我国虫群跨海迁飞的必经之路，从烟台蓬莱到大连旅顺，黄海、渤海的交汇地，每年都有数百种昆虫飞过。例如危害玉米的玉米螟、草地贪夜蛾，啃食棉花、豆类的"小地老虎"，喜欢各种蔬菜的甜菜夜蛾、甘蓝夜蛾，威胁水稻的稻飞虱、稻纵卷叶螟……尽管目前针对本地虫源的抗虫体系已较为成熟，但面对迁飞虫害，传统手段无法直接获取迁飞信息，仅能通过田间调查发现虫情，大面积喷洒大量农药灭杀害虫的方法也相对被动。

迁飞虫害防不住的关键原因在于昆虫夜间迁飞，缺乏直接实时的检测手段。2023年暑假，北京理工大学信息与电子学院通信工程专业研究生李佳炜和实践团队来到了山东省东营市广饶县，为那里的农田送去"站岗放哨的眼睛"——昆虫雷达。

初到广北农场，队员们便被眼前的大片绿油油的玉米地所吸引。田埂上坐着的老大爷好奇地问他们："孩子们，干吗呢？"大爷一听他们是来治虫的，特别高兴，请他们去家里吃饭，聊天中他告诉大家，东营地域迁飞昆虫种类多、数量大，昆虫过境，农业害虫涌向广袤的农田，它们啃食嫩叶，导致粮食减产甚至绝产。

随后，队员们便紧锣密鼓地开展昆虫雷达的架设工作。针对东营地区迁飞昆虫缺乏直接监测手段和种类繁多、防治方案复杂的问题，大家分两组行动。一批同学负责昆虫雷达的架设工作，另一批同学则在山东省农科院相关人员的帮助下，开展雷达昆虫数据库的补充工作。

由团队研制的高分辨全极化昆虫雷达，是一种专门用于昆虫观测的雷达系统，可对迁飞昆虫进行检测和统计，包括高度、数量、密度、头部朝向等昆虫行为参数，以及振翅频率、体长、体重等昆虫生物学参数，具备数据实时处理、显示、存储能力，能为当地农业部门提前做好害虫防范预警提供信息情报。

在完成雷达的部署和调试工作后，大家开始分析雷达数据，通过昆虫雷达的高分辨能力，监测统计架设地区空中生物数量和月度迁飞高峰情况，并通过统计每日不同时间段迁飞数量，得到当地昆虫起飞降落时间，了解当地迁飞虫情规律。

在村民的帮助下，历时近一个月，实践团队完成了昆虫雷达的架设工作，并完成针对东营地区昆虫种群波动的数据建库，使得雷达具备长期开展业务化监测的能力。李佳祎将屏幕上显示着昆虫目标的体长、体重、种类、飞行朝向的信息指给之前那位大爷看后，大爷说："以前我们看见田里玉米叶子烂了才知道遭了虫害，虫子一晚上就能把庄稼嫩叶都啃光。今年县里架上了雷达，虫子刚飞来就能看见，粮食丰收有保障了。"看着大爷脸上的笑容和竖起的拇指，同学们欣喜地意识到，他们用所学知识换来了农民伯伯的安心，他们也用行动守住了农民伯伯对这片土地的深情。

资料来源：《大学生》，有删改

（三）三支一扶

1. 什么是"三支一扶"

"三支一扶"是指通过公开招募、自愿报名、考试选拔、统一安排的方式，招募高校毕业生到农村基层从事支农、支教、支医和帮扶乡村振兴等工作，是人力资源社会保障部会同有关部门组织实施的高校毕业生基层服务项目，于2006年正式实施。"三支一扶"计划实施以来，已累计选派50余万名高校毕业生到基层服务。高校毕业生经受锻炼，为促进农村基层教育、农业、卫生、乡村振兴等社会事业的发展，建设社会主义新农村和构建社会主义和谐社会做出贡献。

2. "三支一扶"招募

"三支一扶"一般的招募流程为：网上报名、资格初审、笔试、资格复审、面试、体检、公示、下发招募录取通知、签订协议、岗前培训、正式上岗。一般各地在每年3~8月发布招募公告，公布具体要求。有报考意向的高校毕业生可关注相应省份人社部门官网、官方微信公众号等及时获取报考信息。"三支一扶"报名入口在各省的人力资源和社会保障厅、人事考试网或者人才网。报名参加"三支一扶"的高校毕业生应确保自己的身体条件、时间能够完成两年的服务期并胜任所报岗位的志愿服务工作。

3. "三支一扶"政策支持

工作时间一般为2年，工作期间给予一定的生活补贴。工作期满后，自主择业，择业期间享受一定的政策支持。

（1）机关定向考录。各省（区、市）每年拿出公务员考录计划的 10% 左右，面向"三支一扶"计划等服务基层项目人员进行定向考录。

（2）事业单位专项招聘。县乡基层事业单位根据实际拿出一定数量或比例的岗位，对服务期满考核合格的"三支一扶"人员进行专项招聘，并且聘用后可以不再约定试用期。省市事业单位在公开招聘时，同等条件情况下优先聘用服务期满考核合格的"三支一扶"人员。

（3）支持学习深造。服务期满考核合格的"三支一扶"人员享受考研加分优惠，专科起点的人员可以免试入读成人高等学历教育本科，并专门加大对支医人员的支持力度，本科及以上学历毕业生参加支医服务的，服务期满考核合格后由县级卫生健康主管部门统一安排参加住院医师规范化培训。

（4）支持就业创业。对拟自主择业的期满人员，依托公共就业和人才机构提供有针对性的就业服务；对就业困难的，提供一对一帮扶。对有创业意愿的人员，纳入创业引领行动，提供创业培训和孵化等服务，并且鼓励创办家庭农场（林场）、农民合作社，同时，此类人员享受相关扶持政策。

👁 **案例分享**　　"三支一扶"青年：到人民群众中去，到新时代新天地中去

　　在大山深处、偏远乡村，有一支 40 多万人的"三支一扶"队伍，他们用倾情奉献、专业知识帮扶当地百姓摆脱贫困。他们投身基层，支教、支农、支医、帮扶乡村振兴，在广阔天地中挥洒智慧和汗水。光明智库特邀近年来投身基层的 4 位"三支一扶"青年代表讲述奋斗故事，与读者分享最火热、最闪亮的青春。让我们来听听他们的青春感言。

　　"和孩子们的朝夕相处改变了我。我发现，大山不仅带来地理上的阻隔，更阻隔了现代知识和信息的传播。和城市里的孩子相比，山里的孩子更需要现代知识，更需要青年教师。渐渐地，我坚定了留下来的决心。不仅要留下来，还要把学校办好。"——"最美基层高校毕业生"、陕西铜川市耀州区照金北梁红军小学副校长陶建刚

　　"看到林区的山青了、草绿了、树高了，我总是特别喜悦。我想，习近平总书记勉励我们'在矢志奋斗中谱写新时代的青春之歌'，而我的青春之歌，就回响在山林深处。"——全国"最美基层高校毕业生"、广东河源市国有坪山林场护林员刘天娇

　　"这些工作让我深深感受到在农村当医生的价值，也感到家庭医生制度为老百姓带来的便利。习近平总书记勉励新时代青年，'在担当中历练，在尽责中成长'，现在的农村条件已经比我刚来时好多了，人们的生活在变化，我也在成长。这是责任，也是收获。今年 9 月我就可以申请转正了，我愿意长期留在老厂乡，为山里的乡亲们服务。"——"90 后""三支一扶"医生敖瑞远

　　"我出生在宁夏盐池县的一个农村家庭，从小体验着农村生活的艰辛，也享受着在田野里奔跑的快乐。大学期间，我加入了学生社团'新野农村发展促进会'，一有空就到农村看村容村貌、体验风俗文化。每年寒暑假，我都会随社团组织志愿服务队去支农支教、开展调研。这些经历，很早就在我心里埋下了回到家乡、走向基层的种子。"——"三支一扶"志愿者、宁夏盐池县委组织部一级科员和滨

　　　　　　　　　　　　　　　　　　　　　资料来源：《光明日报》，有删改

（四）西部计划

1. 什么是西部计划

大学生志愿服务西部计划（以下简称"西部计划"）是经国务院常务会议决定，由共青团中央、教育部、财政部、人力资源社会保障部共同组织实施的一项重大人才工程。项目自 2003 年实施以来，已累计招募了 40 万余名高校毕业生和在读研究生，在 2000 多个县（市、区、旗）基层服务，在全社会尤其是青年中唱响了到西部去、到基层去、到祖国和人民最需要的地方去建功立业的时代旋律。

2. 西部计划招募

一般每年 5 月，高校毕业生可登录西部计划官网，在西部计划报名系统进行注册、填写报名表并选择 3 个意向服务省。报名表经所在院系团委审核盖章后，交所在高校项目办（设在团委）审核备案。经选拔、体检、签订招募协议书、培训等流程后，签订三方服务协议后派遣上岗。

3. 西部计划政策支持

（1）服务 2 年以上且考核合格的，服务期满后 3 年内报考硕士研究生的，初试总分加 10 分，同等条件下优先录取。

（2）参加西部计划项目前无工作经历的志愿者，服务期满且考核合格后 2 年内（研究生支教团志愿者自研究生毕业时开始计算），在参加机关事业单位考录（招聘）、各类企业吸纳就业、自主创业、落户、升学等方面须同等享受应届高校毕业生的相关政策。

（3）按规定符合相应条件的，可享受相应的学费补偿和助学贷款代偿政策。

（4）服务期满考核合格的，依实际服务年限计算服务期及工龄（参加工作时间按其到基层报到之日起算），并在服务证书和服务鉴定表中体现。

（5）服务期满 1 年且考核合格后，可按规定参加职称评定。

（6）出省服务的和在本省服务的志愿者享受同等优惠政策。

◎ **案例分享**　　　**在田间地头挥洒青春和汗水　推广乡村好货**

冉彦玲，就职于重庆某农牧科技公司，获第十三届中国青年志愿者优秀个人奖、全国优秀西部计划志愿者、全国优秀共青团员等称号。

2018 年 6 月，冉彦玲从重庆大学城市科技学院毕业后，放弃了设计院的工作，作为农民的孩子，她选择参加大学生志愿服务西部计划。冉彦玲来到荣昌区直升镇，一开始主要负责农村精神文明建设和志愿服务工作。凭借此前在学校团委工作的经历，冉彦玲组织起当地的青年志愿者团队，给大伙儿普及政策，辅导村里孩子们学习。

冉彦玲又不断吸纳高校志愿者、爱心企业加入，组建了一支以红色传承、红色教育为特色的服务队——直升镇"红小星"新时代文明实践志愿服务队，她带领志愿服务队开展垃圾分类教学、种养技术培训、红色课堂、送法进乡村等志愿活动 80 余场，带动周边乡亲 400 余人参与志愿服务，惠及百姓 2600 人次。

随着和村民接触越来越多，冉彦玲发现，每到收获季节，如何把农产品卖出好价钱，是村民面临的难题。

　　2019 年，一次偶然的机会，冉彦玲接触到了直播，她便开始研究直播带货，学习别的主播如何推介产品。2020 年，为宣传推广农产品，帮助农民增收，冉彦玲和青年志愿者组建起"在村头"青年网络推广志愿服务队，化身为"乡土网红"主播。

　　通过一年多的努力，冉彦玲在"在村头"公司旗下各个平台积累了近 10 万粉丝，仅 2020 年帮助销售农产品达 300 余万元。

　　2021 年服务期满后，冉彦玲选择继续留在当地，成为重庆市在村头电子商务有限公司的一名主播，为村民"带货"。

　　"我是一名农业人，也是一位新农人主播，在我的心里，推广农特产品是提高乡村曝光量，改善村民收入的重要方式。"冉彦玲说，现在直播已经成为农村生活中不可或缺的一部分了，她经常和团队小伙伴一起去田间地头直播带货，用直播这个形式拉近与农户之间的距离。

　　现在，以冉彦玲为首的"在村头"青年网络推广志愿服务队队员正逐步成为"乡土网红"带货主播，他们以"直播带货+视频创作"的方式，推介区域内的乡村好货、乡村美景。

资料来源：大学生志愿服务西部计划官方网站

● 书影同行

1. 纪录片：《舌尖上的中国》《农耕探文明》《强国基石》《中国志愿者》《留法百年》
2. 电影：《藏草青青》
3. 电视剧：《山海情》
4. 书籍：
（1）路风，《新火》，中国人民大学出版社
（2）《百心百匠》栏目组，《百心百匠：一百种中国传统技艺的传奇》，花城出版社

模块六

实践记录与评价手册

活动一　职业形象设计

一、活动目标

（1）提高个人职业形象塑造和管理的能力。

（2）展现奋发向上、青春激昂、朝气蓬勃的精神风貌。

（3）提升职业素养，弘扬礼仪文化和职业文化。

二、活动培训

（1）外貌打扮。选择适合自己专业和职业身份的服装，注重整体整洁、干净，包括面容、头发、脖颈与耳朵、手、服饰、鞋等。女性可以化淡妆，体现女性端庄、文雅、自尊自重的形象。

（2）职业礼仪。保持良好的站姿、坐姿，谦和有礼地对待他人，保持微笑并与他人保持眼神交流。礼仪姿态要符合职业情境和要求。

（3）语言表达。语言表达能力是一个人职业形象管理中的重要方面。在职场中，要善于倾听他人，掌握专业术语，遵循礼貌、准确和简洁的原则进行沟通。

三、活动准备

（1）组建展示团队。

（2）根据职业方向选择合适的服装（职业套装、鞋和相关配饰等）。

（3）准备整理仪容的物品（梳子、镜子、毛巾、香皂、纸巾、护肤品、化妆品等）。

（4）确定活动场地，练习职业礼仪。

（5）准备手机或相机。

四、活动安全

（1）正确使用相关劳动工具，使用工具时要注意安全。

（2）熨烫衣服时要注意用电安全，防止烫伤，熨烫完衣服后及时关闭电源并拔下插头。

（3）女性穿高跟鞋展示时小心台阶，防止扭伤。

五、活动实施

（1）先用手机拍张自拍照。

（2）进行职业形象塑造，包括妆容、造型和服饰等。

（3）个人形象展示，介绍自己所展示出的职业名称及个人形象设计理念。

（4）模拟职业情景，团队展示职业礼仪。

（5）过程中拍照留念，结束后将前后的照片进行对比，并在小组中分享。

六、活动总结

（1）成果展示。以个人形式展示职业形象，以团队形式展示职业礼仪。

（2）活动记录与评价。学生填写活动记录表，教师根据学生劳动表现完成活动评价。

活动一：职业形象设计——活动记录与评价表

年级		专业		班级	
姓名		学号		组别	
活动日期			活动学时		
活动分工					
活动记录及感悟					
活动总结与反思	收获				
	不足与改进				
活动评价	评价指标	自我评价	分组评价		教师评价
	劳动价值观				
	劳动知识				
	劳动情感				
	劳动意识				
	劳动能力				
教师评语					
			签名：		
评价等级		评价分数		评价时间	

活动二 宿舍内务整理

一、活动目标

（1）学会整理宿舍内务，营造干净、整洁、舒适、个性化的生活学习空间。

（2）掌握劳动技巧，体会劳动过程的辛劳及劳动创造美好生活的快乐。

二、活动培训

（1）整理收纳。整理是根据物品与自己的关系决定物品去留，收纳是将物品有序地摆放到固定的位置。

（2）摆放物品。整理物品时进行必要分类，如服装类、洗漱类、床上用品类、劳动工具类等。参照学校寝室内务管理要求，水桶、脸盆、牙膏、牙刷等洗漱用具应当放在卫生间或洗漱台上，箱子有序集中摆放，衣服、生活用品统一放在柜子里，被子统一折叠规范。

（3）清洁清扫。柜顶和柜底不放任何杂物，方便清扫，容易保持干净整洁。玻璃、墙面、地面都要清洁干净。

（4）美化装饰。按照简单大方、温馨舒适、彰显文化、突出个性的原则进行装饰，既要考虑生活的便利性，又要兼具学习功能。

（5）垃圾处置。废弃物品按照垃圾分类标准分类处置。

三、活动准备

（1）制定活动分组分工表，按照分工表安排人员和工作。

（2）准备整理、清洁时所需物品和工具（扫把、拖把、抹布、脸盆、清洁剂、收纳盒等）。

（3）准备装饰宿舍所需材料（吹塑纸、彩色卡纸、皱纹纸、窗花纸、颜料等）。

（4）准备宿舍内务整理活动必需个人防护物资（手套、口罩、袖套等）。

（5）准备场地，如果是在上课时间组织本次活动，事先联系生活老师，提前打开宿舍。

（6）准备手机或相机。

四、活动安全

（1）正确使用相关劳动工具，使用工具时要注意安全。

（2）整理宿舍时注意家用电器产品，勿乱拉乱拆电线、电源线、电缆线等。

（3）搬动物品或家具时，要确认物品或家具上方有无重物、橱柜门窗是否固定好。收拾柜顶、攀登上铺位、擦拭玻璃时，小心坠物伤人，谨防跌落。

五、活动实施

（1）用手机拍一张内务整理前的照片。

（2）按照从上到下（先打扫天花板，再打扫墙壁，最后收拾地面）、先粗后细（先清扫，再擦拭，最后整理）、先内后外（先完成装柜、装箱整理，再整理柜子、箱子外面摆放的物品）的原则实施整理。

（3）打扫卫生间时，先用水浇湿墙面和地面，喷洒洗涤剂，等待一段时间，充分溶解污物后再洗刷。

（4）擦拭窗户、门板、柜体、桌面、台面时，先仔细观察，看是否有铁钉等容易伤人的物品。不要攀爬到不安全的地方。擦拭电器和插座时，切断电源，不要使用潮湿的毛巾擦拭。

（5）整理生活用具和用品时，要将它们规范整齐地摆放到相应位置或柜子内。宿舍里的劳动工具也要安全有序地摆放。

（6）打扫整理完毕后，根据事先设计好的美化方案进行美化。

（7）美化完毕，应将拖把洗净、拧干水分，将地面从内往外拖干净。

（8）用手机拍一张内务整理后的照片，将内务整理前后的照片进行对比，并在小组中分享。

六、活动总结

（1）成果展示。分组制作活动总结汇报材料（PPT或其他直观的形式），其中包括本组活动概况、活动现场难忘瞬间、活动收获、活动感悟、活动反思几个内容。

（2）活动记录与评价。学生填写活动记录表，教师根据学生劳动表现完成活动评价。

活动二：宿舍内务整理——活动记录与评价表

年级		专业		班级	
姓名		学号		组别	
活动日期			活动学时		
活动分工					
活动记录及感悟					
活动总结与反思	收获				
	不足与改进				
活动评价	评价指标	自我评价	分组评价		教师评价
	劳动价值观				
	劳动知识				
	劳动情感				
	劳动意识				
	劳动能力				
教师评语					
			签名：		
评价等级		评价分数		评价时间	

活动三　教室大扫除

一、活动目标

（1）学会打扫卫生、科学使用各种劳动工具，营造干净、整洁的校园环境。

（2）树立主人翁意识，尊重劳动、自觉劳动，自觉维护校园环境。

二、活动培训

（1）了解藏污纳垢、细菌滋生的危害，增强打扫卫生、保持整洁的意识，积极参与大扫除活动。

（2）教室、实训室等清洁区大扫除的重点是玻璃。通过清洁玻璃，了解如何科学使用各种劳动工具及清洁剂。

① "最省事儿"擦玻璃法。

用报纸擦玻璃，按理说很常见，但大家多是用湿抹布先擦一遍玻璃，再用干报纸团成团擦。其实，最省事儿的方法是只用报纸，不用抹布。戴上防水手套后，将报纸浸湿并团成团，然后直接擦玻璃。因为纸上的油墨遇到水，可以很好地释放出来，油墨又具有很强的清洁作用，所以能擦得很干净。

② "最干净"擦玻璃法。

不管用什么清洁剂来擦玻璃，玻璃上总会有一些顽固的小污点。大家可以左、右手各拿一块湿抹布，一只手每一下都横向擦，另一只手纵向擦。

③ "最环保"清洁剂。

擦玻璃的清洁剂品种繁多，为了更环保、更低碳，可以使用过期啤酒或白醋来清洁。将过期啤酒倒入盆中，再把抹布放入盆中完全浸湿，将抹布拧干后，直接用来擦玻璃。因为啤酒中含有酒精，会很快挥发掉，不会在玻璃上留下水印。用白醋擦玻璃时，按 1∶2 的比例将白醋和水调匀，用这样的方法擦玻璃可防止玻璃变脏。

（3）倾倒垃圾时，要遵守环保要求分类处置。

三、活动准备

（1）制定活动分组分工表，按照分工表安排人员和工作。

（2）准备整理、清洁时所需物品和工具（扫把、拖把、玻璃刮、抹布、水桶、清洁剂等）。

（3）准备大扫除必需个人防护物资（手套、口罩、袖套等）。

（4）准备场地，事先联系实训室教师，提前打开清洁区实训室大门。

（5）准备手机或相机。

四、活动安全

（1）正确使用相关的劳动工具，使用工具时要注意安全。

（2）整理教室和实训室时注意电器产品，勿乱拉乱拆电线、电源线、电缆线等。

（3）搬动物品或家具时，要确认物品或家具上方有无重物，橱柜门窗是否已固定好。收拾柜顶、擦拭玻璃时，小心坠物伤人，谨防跌落。

五、活动实施

（1）用手机拍张大扫除前的照片。

（2）按照从上到下（先打扫天花板，再打扫墙壁，最后收拾地面）、先粗后细（先清扫，再擦拭，最后整理）、先内后外（先完成装柜、装箱整理，再整理柜子、箱子外面摆放的物品）的原则实施整理。

（3）打扫实训室，要先用水浇洒洗手池和地面，喷洒洗涤剂，等待一段时间，充分溶解污物后再洗刷。

（4）擦拭窗户、门板、柜体、桌面、台面时，要先仔细观察，看是否有铁钉等容易伤人的物品。不要攀爬到不安全的地方。实训专用电器设备的擦拭要在实训室教师的指导下进行。擦拭一般电器和插座时，切断电源，不要使用潮湿的毛巾擦拭。

（5）整理教室，书籍、文具、水杯要摆放到相应位置，摆成一条直线。教室的劳动工具要安全有序地摆放在清洁角。

（6）打扫整理完毕后，将地面从内向外拖干净，先用湿拖把拖，再用干拖把拖。

（7）用手机拍一张大扫除后的照片，将大扫除前后的照片进行对比，并在小组中分享。

六、活动总结

（1）成果展示点评。分组制作活动总结汇报材料（PPT或其他直观的形式），其中包括本组活动概况、活动现场难忘瞬间、活动收获、活动感悟、活动反思几个内容。

（2）活动记录与评价。学生填写活动记录表，教师根据学生劳动表现完成活动评价。

活动三：教室大扫除——活动记录与评价表

年级		专业		班级	
姓名		学号		组别	
活动日期			活动学时		
活动分工					
活动记录及感悟					
活动总结与反思	收获				
	不足与改进				
活动评价	评价指标	自我评价		分组评价	教师评价
	劳动价值观				
	劳动知识				
	劳动情感				
	劳动意识				
	劳动能力				
教师评语					
			签名：		
评价等级		评价分数		评价时间	

活动四　校园绿化种植

一、活动目标

（1）认识校园绿化的意义。

（2）掌握绿植种植、养护和管理的知识和技术。

（3）践行文明健康、绿色环保的生活理念，培养对生活和自然的热爱。

二、活动培训

（1）校园绿化是校园整体面貌和环境特色的重要体现，对提高校园环境的生态功能、环境品质、营造景观等起着重要作用。

（2）选择适宜的树种。校园绿化树种的配置应以本土树种为主，以经济、实用、美观为原则。在考虑植物的生态习性和植物的观赏特性的同时，也要充分考虑校园的自然景观和人文景观。

（3）树苗的种植分为挖坑、回填、栽植、覆土保墒、围堰和浇水等步骤。

① 挖坑。根据树苗和树根的大小挖坑，深度一般为 50 厘米，宽度和长度视树苗而定。将上面的熟土和下面的土分开放置。在坑底留下 4～5 厘米厚的松土。

② 回填。在坑内先回填部分熟土，厚度为 20～30 厘米。回填时应分层均匀，避免一次性填得过多。

③ 栽植。树苗要扶正，使用"321"原则——3 次填土（每次适量），2 次踩实，1 次轻微提起树茎，以确保树根的呼吸畅通。放树时，树要与南北、东西方向的树对齐。

④ 覆土保墒。栽植完成后，覆盖一层薄土，以保持水分。

⑤ 围堰。用铁锹沿树穴外沿围一圈高 10～15 厘米的小土坝，防止浇水时水溢出。

⑥ 浇水。浇透水，水流下沉速度放缓，3～5 秒后仍有积水留存时，表明水已浇足，种植环节正式完成。

（4）种树后需要浇水、修剪、除草、防治病虫害等，以保持树木的健康生长。

三、活动准备

（1）制定活动分组分工表，按照分工表安排人员和工作。

（2）准备种植和养护所需物品和工具（锄头、铁锹、水桶、草绳等）。

（3）准备种植和养护所需个人防护物资（手套、口罩、眼罩等）。

（4）与学校绿化人员取得联系，确定树苗种类和种植地点。

（5）准备手机或相机。

四、活动安全

（1）正确使用相关的劳动工具，使用工具时要注意安全。

（2）防刺伤。绿化区域中有一些带刺的植物或者尖锐的石头等，注意自身防护，防止被刺伤。

（3）防摔倒。绿化区域土壤存在着一些坑洼，注意脚踩实地，防止踩空摔伤。

（4）防意外伤害。正确使用锄头、铁锹等工具，避免砸伤、割伤自己和他人。

（5）防中毒。在使用除草剂等有毒物品处理杂草时，应佩戴个人防护用品，防止中毒。

五、活动实施

（1）购买树苗。确定好树苗品种，挑选生长健壮、根系发达、健康的树苗。

（2）树苗种植。按照挖坑、回填、栽植、覆土保墒、围堰和浇水等步骤种植树苗。如果树苗比较小，遇到刮风下雨，会容易被吹倒，可以用木棍或者竹竿之类的东西插在树苗旁边并将其与树苗固定，防止树苗被风刮倒。

（3）清理现场。种植完成后，及时清理种植现场的杂物和工具，以保持整洁。

（4）定期维护。定期对绿化区域的杂草进行清除，对绿植进行浇水、修剪、除草、防治病虫害等工作。

（5）定期拍照记录树苗的成长过程。

六、活动总结

（1）成果展示点评。分组制作活动总结汇报材料（PPT或其他直观的形式），其中包括本组活动概况、活动现场难忘瞬间、活动收获、活动感悟、活动反思几个内容。

（2）活动记录与评价。学生填写活动记录表，教师根据学生劳动表现完成活动评价。

活动四：校园绿化种植——活动记录与评价表

年级		专业		班级	
姓名		学号		组别	
活动日期			活动学时		
活动分工					
活动记录及感悟					
活动总结与反思	收获				
	不足与改进				
活动评价	评价指标	自我评价		分组评价	教师评价
	劳动价值观				
	劳动知识				
	劳动情感				
	劳动意识				
	劳动能力				
教师评语					
			签名：		
评价等级		评价分数		评价时间	

活动五　文明交通志愿服务

一、活动目标

（1）了解交通安全知识、规则。

（2）能够协助维持交通秩序，示范文明礼仪。

（3）提升市民的交通安全意识，营造文明礼让、和谐顺畅的交通出行环境。

（4）弘扬奉献、友爱、互助、进步的志愿服务精神，提高社会责任感和服务能力。

二、活动培训

（1）交通志愿者工作任务。

① 协助交警和协管员维护道路交通秩序、劝阻交通违法行为。

② 协助交警在各路口、路段或前往社区、单位、学校开展交通安全宣传活动。

（2）交通志愿者文明用语。

① 劝导、纠正非机动车的交通违法行为。当非机动车遇红灯超越停车线时，可用："同志，为了不影响行人的正常通行，请您退到停车线后。谢谢！"或者可以说："请您支持、配合我的工作，退回停车线后。谢谢！"当非机动车在人行道上骑行时，可用："同志，为了行人的安全，请您下车推行。谢谢。"或者说："同志，人行道上是不能骑车的，请您下车推行。谢谢！"当电动车骑乘人员不佩戴安全头盔时，可用："同志，为保证您的骑行安全，请您佩戴头盔。谢谢！"

② 劝导、纠正行人的交通违法行为。当行人遇红灯，站在路边或人行横道上等候时，可用："同志，为了您的安全，请您退到人行道上。谢谢！"当行人遇红灯，横过马路时，可用："同志，现在是红灯，请不要横穿马路。"当行人过马路未走人行横道时，可用："同志，请走人行横道。"

（3）活动地点可设在小学、中学附近。

三、活动准备

（1）制定活动分组分工表，按照分工表安排人员和工作。

（2）准备交通引导所需物品和工具（小黄帽、志愿者马甲、文明引导旗等）。

（3）提前与交警、小学、中学等相关部门沟通，获得允许与支持。

（4）在老师和交警的指导下，明确交通文明引导员岗位职责与注意事项。

（5）准备手机或相机。

四、活动安全

（1）维持交通秩序的过程中，务必注意自身安全。

（2）遇到问题，请交警帮助解决，注意举止文明。

（3）活动结束返回时，注意交通安全。

五、活动实施

（1）小学、中学放学时，头戴小黄帽，身穿志愿者马甲，手持文明引导旗，站立在慢车道斑马线一侧的台阶上执勤。

（2）有序疏导放学的学生、接学生的家长快速撤离。

（3）协助交警引导人、车各行其道，严格遵守交通法规。

（4）劝导行人不乱穿马路，过马路要走人行横道，不翻越栏杆。

（5）提示车辆礼让行人。

（6）活动结束前，在安全位置拍照留影。

（7）活动结束后，收拾物品，安全返回。

六、活动总结

（1）成果展示点评。分组制作活动总结汇报材料（PPT或其他直观的形式），其中包括本组活动概况、活动现场难忘瞬间、活动收获、活动感悟、活动反思几个内容。

（2）活动记录与评价。学生填写活动记录表，教师根据学生劳动表现完成活动评价。

活动五：文明交通志愿服务——活动记录与评价表

年级		专业		班级	
姓名		学号		组别	
活动日期			活动学时		
活动分工					
活动记录及感悟					
活动总结与反思	收获				
	不足与改进				
活动评价	评价指标	自我评价	分组评价		教师评价
	劳动价值观				
	劳动知识				
	劳动情感				
	劳动意识				
	劳动能力				
教师评语					
			签名：		
评价等级		评价分数		评价时间	

活动六　图书管理志愿服务

一、活动目标

（1）掌握图书借还、图书整理工作流程。

（2）促进公共文化教育，推广全民阅读。

（3）弘扬奉献、友爱、互助、进步的志愿服务精神，提高社会责任感和服务能力。

二、活动培训

（1）图书管理志愿者工作任务。

① 图书借还管理。处理读者的借书和还书手续，记录借阅信息并及时更新读者的借阅记录。

② 咨询服务。为读者提供咨询服务，帮助他们找到所需的图书和信息资源，解答他们的问题和满足他们的需求。

③ 图书馆系统维护。管理和维护图书馆的自动化系统，确保系统的正常运行，包括图书借还系统、目录检索系统等。

④ 图书陈列和展示。负责图书陈列和展示工作，使图书馆的资源能够吸引读者的注意并为其提供便捷的使用环境。

⑤ 教育和推广活动。组织和参与图书馆的教育和推广活动，如读书俱乐部、讲座、展览等，促进读者的阅读兴趣和信息素养的提升。

（2）活动地点可在学校图书馆或学校所在地的公共图书馆。

三、活动准备

（1）制定活动分组分工表，按照分工表安排人员和工作。

（2）准备图书整理所需个人防护物资（手套、口罩、袖套等）。

（3）学习图书馆相关规章制度，了解图书馆的管理系统，掌握图书分类法等相关知识。

（4）事先与图书馆取得联系，获得允许和支持。

（5）准备手机或相机。

四、活动安全

（1）正确使用相关劳动工具，使用工具时要注意安全。

（2）提供服务时注意保护馆内设施，同时注意自身安全。

（3）搬动书架或者图书时，注意防护，避免伤害事件发生。

（4）活动结束返回时，注意交通安全。

五、活动实施

（1）到达后，与图书馆相关部门取得联系，接受岗前职责和安全培训。

（2）按照任务分工，进入各自场地。注意保持安静，取放物品要轻拿轻放。

（3）在图书馆工作人员的指导下，熟悉工作业务，明确工作职责。

（4）在各自岗位上为读者提供安静有序、贴心周到的服务。

（5）征求图书馆、读者对各组志愿活动的意见和建议。

（6）活动结束前，在适当位置拍照留影。

（7）活动结束后，归还物品或服装，安全返回。

六、活动总结

（1）成果展示点评。分组制作活动总结汇报材料（PPT 或其他直观的形式），其中包括本组活动概况、活动现场难忘瞬间、活动收获、活动感悟、活动反思几个内容。

（2）活动记录与评价。学生填写活动记录表，教师根据学生劳动表现完成活动评价。

活动六：图书管理志愿服务——活动记录与评价表

年级		专业		班级	
姓名		学号		组别	
活动日期			活动学时		
活动分工					
活动记录及感悟					
活动总结与反思	收获				
	不足与改进				
活动评价	评价指标	自我评价	分组评价		教师评价
	劳动价值观				
	劳动知识				
	劳动情感				
	劳动意识				
	劳动能力				
教师评语					
	签名：				
评价等级		评价分数		评价时间	

活动七　勤工助学

一、活动目标

（1）通过自己的劳动取得合法报酬，用于改善学习和生活条件。

（2）锻炼工作能力，提升自身综合素质。

（3）养成自立自强、诚实守信、知恩感恩、勇于担当的良好品质。

二、活动培训

（1）活动管理。学生在学有余力的前提下，向学校提出勤工助学的申请，接受必要的勤工助学岗前培训和安全教育，再由学校统一安排到相关岗位上进行勤工助学活动。学校不得安排学生参加有毒、有害和危险的生产作业以及超过身体承受能力、有碍健康的劳动。学校大学生资助中心发布相关信息，并组织报名工作。

（2）岗位选择。学生根据个人特点选择工作类型，例如卫生保洁、教学助理、实验室管理、设备维护、宿舍协管等，也要依据自己的课程学习安排选择固定岗或临时岗。

（3）劳动报酬。学生选择校内勤工助学固定岗位，其劳动报酬由学校按月计算。学生选择勤工助学校内临时岗位，其劳动报酬由学校按小时计算。

（4）权益保护。学生在勤工助学前，应当与学校的学生勤工助学管理服务组织签订具有法律效力的协议书。

三、活动准备

（1）了解学校勤工助学岗位和工作内容。

（2）关注学校勤工助学相关通知和信息，填写报名材料并及时提交。

（3）提前了解面试流程和形式，为可能出现的问题做好准备。着装要得体大方，准时到达面试地点，保持良好的精神状态。在面试过程中，认真倾听问题，条理清晰地回答。遇到难题时，保持冷静，展示自己的思考过程和解决问题的能力。关注面试官的反馈，灵活调整自己的表达方式。

（4）签订协议，保护自身的合法权益。

（5）熟悉勤工助学岗位要求和工作环境。

（6）准备手机或相机。

四、活动安全

（1）遵守学校和相关部门的规章制度，严格按照安全操作规范开展岗位工作。

（2）积极参与相关的安全培训和教育，增强自己的安全意识和应对能力。

（3）监督、协助学校和相关部门的安全工作，及时报告可能存在的安全隐患。

（4）对场所的设施、设备进行合理的使用和维护，保证工作环境整洁和安全。

五、活动实施

（1）与部门老师取得联系，接受岗前职责和安全培训。

（2）按照任务分工，进入工作场地。注意保持安静，取放物品要轻拿轻放。

（3）在岗位工作人员指导下，熟悉工作业务，明确工作职责。

（4）有序开展岗位工作。

（5）在日常工作的基础上，对不同工作内容进行经验总结。

（6）工作结束前，拍照留念。

（7）工作结束后，归还物品或服装，上交工作资料。

六、活动总结

（1）成果展示点评。制作活动总结汇报材料（PPT或其他直观的形式），其中包括本人工作概况、难忘瞬间、活动收获、活动感悟、活动反思几个内容。

（2）活动记录与评价。学生填写活动记录表，教师根据学生劳动表现完成活动评价。

活动七：勤工助学——活动记录与评价表

年级		专业		班级	
姓名		学号		组别	
活动日期		活动学时			
活动分工					
活动记录及感悟					
活动总结与反思	收获				
	不足与改进				
活动评价	评价指标	自我评价	分组评价		教师评价
	劳动价值观				
	劳动知识				
	劳动情感				
	劳动意识				
	劳动能力				
教师评语		签名：			
评价等级		评价分数		评价时间	

活动八　职业技能竞赛

一、活动目标

（1）强化核心技能，提升专业能力。

（2）磨炼个人意志，强化敬业精神。

（3）强化业务细节，培养工匠精神。

（4）强化职业素养，增强就业竞争力。

（5）培养团结意识，提升综合素质。

二、活动培训

（1）职业技能竞赛是依据国家职业技能标准，结合生产和经营工作实际开展的以突出操作技能和解决实际问题能力为重点的、有组织的群众性竞赛活动，包括世界、全国、各省市和行业举办的各种赛事。

① 国际赛事：主要有世界技能大赛（World Skills Competition，WSC），简称世赛，由世界技能组织（World Skills International，WSI）举办，每两年一届，截至目前已成功举办 45 届，是迄今全球地位最高、规模最大、影响力最大的职业技能竞赛。

② 国家级赛事：有中华人民共和国职业技能大赛、全国职业院校技能大赛、全国青年职业技能大赛等。中华人民共和国职业技能大赛是经国务院批准、人力资源社会保障部主办的综合性国家职业技能赛事。经国务院批准，从 2020 年起，我国每两年举办一届中华人民共和国职业技能大赛。全国职业院校技能大赛是教育部发起并牵头，联合国务院有关部门以及有关行业、人民团体、学术团体和地方共同举办的一项公益性、全国性职业院校学生综合技能竞赛活动，每年举办一届。全国青年职业技能大赛是我国专门为青年职业技能人才举办的一项重要赛事，由共青团中央、人力资源社会保障部等部委联合主办。

③ 省级赛事：经省政府同意，省教育厅、人力资源和社会保障厅决定，相关职业院校承办的省级竞赛，例如技能状元大赛、职业院校技能大赛等。

④ 行业赛事：各行业和地方举办的各类具有针对性的职业技能比赛，如中国餐饮业技能大赛、全国建筑业技能大赛、全国汽车维修技能大赛等。

（2）除上述比赛外，学校还会举办校级职业技能大赛选拔赛。

三、活动准备

（1）刻苦学习专业技能，为参赛夯实基础。

（2）积极与专业老师沟通，表达参赛意愿，了解赛事讯息。

（3）关注赛事网站和学校通知，积极报名，参加学校选拔。

（4）在专业老师的指导下，组建参赛团队。

（5）认真参加赛前训练，精进专业技能，熟悉比赛流程。

四、活动安全

（1）训练和参赛时要遵守操作规范，正确使用设备和工具。

（2）遵守训练和参赛纪律。

（3）往返训练和比赛场地途中，注意交通安全。

五、活动实施

（1）报名阶段：在竞赛开始前，组织方会提前公布比赛的相关信息和要求，参赛者填写报名资料，并在规定时间提交给组织方。组织方初步筛查，确定参赛者报名资格。

（2）选拔赛阶段：此阶段，参赛者需要进行一系列的技能测试，包括理论考试、实际操作考试和技能表演等，组织方会根据参赛者的表现和得分情况，选拔表现出色的参赛者晋级正式比赛。

（3）正式比赛阶段：参赛者按照比赛要求和规则，完成操作设备、解决实际问题、项目设计等。

（4）评分评选阶段：评委会按照操作准确性、任务质量、时间效率、创新性等指标对参赛者进行评分。

（5）颁奖仪式：组织方对各个项目的获奖者进行表彰，并颁发奖状和证书。

（6）合影留念。

六、活动总结

（1）成果展示点评。以团队或个人的形式制作活动总结汇报材料（PPT 或其他直观的形式），其中包括参赛概况、参赛难忘瞬间、参赛收获和感悟等内容。

（2）活动记录与评价。学生填写活动记录表，教师根据学生劳动表现完成活动评价。

活动八：职业技能竞赛——活动记录与评价表

年级		专业		班级	
姓名		学号		组别	
活动日期		活动学时			
活动分工					
活动记录及感悟					
活动总结与反思	收获				
	不足与改进				
活动评价	评价指标	自我评价	分组评价		教师评价
	劳动价值观				
	劳动知识				
	劳动情感				
	劳动意识				
	劳动能力				
教师评语	签名：				
评价等级		评价分数		评价时间	

活动九 专业实习

一、活动目标

（1）巩固和拓展专业知识、技能，深化对专业的学习和岗位认知。

（2）学习运用专业知识、技能组织和管理生产，独立开展工作。

（3）在生产实践中沟通协作、探索创新，提升发现问题和创造性解决问题的能力。

二、活动培训

（1）明确实习的重要性，实习是职业教育重要的教学环节，既是专业学习和技术技能训练的重要途径，也是锤炼意志品质、提前熟悉岗位、引导融入社会的重要方式。

（2）学习《职业学校学生实习管理规定》，明确学校、实习单位和学生的责任、权利和义务。

（3）参加实习前，学校、实习单位、学生三方应签订实习协议。协议文本由当事方各执一份。

三、活动准备

（1）学校根据学生的专业，联系实习单位，协商、确定生产实践的具体时间、地点、人数、方式、岗位等。

（2）确定本项生产实践的负责人，学校、实习单位的指导教师，经费预算以及实习纪律等。

（3）学校、实习单位和学生三方签订实习协议。

四、活动安全

（1）遵守学校和相关部门的规章制度，严格按照安全操作规范开展实习。

（2）积极参与相关的安全培训和教育，增强自己的安全意识和应对能力。

（3）监督、协助实习单位和学校的安全工作，及时报告可能存在的安全隐患。

（4）对场所的设施、设备进行合理的使用和维护，保证工作环境整洁和安全。

五、活动实施

（1）学校负责人以及指导老师带领学生前往实习单位。

（2）学生按照各自岗位内容和工作职责，了解生产过程，所用工具（机器、仪器、设备）的使用方法、调试或检测技术等，参加学校和实习单位举办的岗前培训。

（3）有序进行认知实习和岗位实习。

（4）进行实习总结，接受实习考核。

（5）实习结束前，拍照留念。

（6）实习结束后，归还物品或服装，上交工作资料。

六、活动总结

（1）成果展示点评。制作活动总结汇报材料（PPT或其他直观的形式），其中包括实习概况、难忘瞬间、实习收获、实习感悟、实习反思几个内容。

（2）活动记录与评价。学生填写活动记录表，教师根据学生劳动表现完成活动评价。

活动九：专业实习——活动记录与评价表

年级		专业		班级	
姓名		学号		组别	
活动日期		活动学时			
活动分工					
活动记录及感悟					

活动总结与反思	收获				
	不足与改进				

活动评价	评价指标	自我评价	分组评价	教师评价
	劳动价值观			
	劳动知识			
	劳动情感			
	劳动意识			
	劳动能力			

教师评语	签名：

评价等级		评价分数		评价时间	

活动十　创新创业方案制作

一、活动目标

（1）了解创新创业的思路、方法和途径。

（2）学会撰写商业计划书。

（3）培养创新精神、创业意识和创造能力，增长智慧才干。

（4）体验创新创业过程的艰辛以及劳动创造带来的收获。

二、活动培训

（1）创新方法。

① 延伸法：对原有产品进行再创造，使之更为完美。

② 移植法：对原有产品进行改造，使之适用其他用途。

③ 扩展法：利用现有的技术解决生产生活中的问题。

④ 仿生法：模拟生物的动作、能力解决问题。

⑤ 变异法：通过结合、变化现有技术，构思新的创意。

（2）创新创业途径。

① 创新创业大赛。目前主要的创新创业大赛有"互联网+"大学生创新创业大赛、"挑战杯"中国大学生创业计划竞赛、"创青春"全国大学生创业大赛等。创新创业大赛为学生创业者提供了锻炼能力的机会和舞台。通过这个平台，学生可熟悉创业程序，储备创业知识，积累创业经验，接触和了解社会。这个阶段是对项目的实战检验。

② 网络创业。网络创业是指创业者利用现成的网络资源，拍摄优质短视频引流，进而在网上注册成立网络店铺或者网上加盟店。网络创业门槛低、成本少、风险小、方式灵活。

③ 加盟连锁店创业。这种创业的特点是利益分享、风险共担，创业之初只需要支付一定的加盟费就能借用加盟商的品牌，并利用现成的商品和市场资源，开展商业活动。过程中，创业者能长期得到专业指导和配套服务。

④ 学校的创业孵化器及社会上的众创空间、创业加速器等为实战的创业项目提供办公及各类资源服务支持，为创业项目的进一步发展提供全方位服务。这个阶段是项目升级壮大的时期。

⑤ 合作创业（团队创业）在各个方面能够实现优势互补，相对而言，其成功率高于个人独自创业。

（3）商业计划书主要内容有项目概况、市场定位、商业模式、运营策略、预期收入和盈利能力等。

（4）大学生创新创业的支持政策有鼓励大学生创新创业的资金支持、政策保障、税收减免优惠政策、大学生创业指导服务等。

三、活动准备

（1）依据目标明确原则、分工明确原则、精简高效原则组建创业团队。

（2）准备白纸、马克笔、勾线笔、直尺、铅笔、橡皮等。

（3）准备多媒体工具：计算机、手机等。

（4）准备书桌、椅子等。

四、活动安全

（1）正确使用劳动工具，使用劳动工具时要注意安全。

（2）使用电器时注意勿乱拉乱拆电线、电源线、电缆线等。

五、活动实施

（1）结合学生不同学科背景及专业特长，组建创新创业团队。

（2）依据创新方法，对某个产品或者服务进行创新设计，打造创新创业项目。

（3）在教师的指导下，搜集相关资料和信息，开展市场需求调研，策划、撰写商业计划书。

（4）完善、优化商业计划书，进行模拟路演。

（5）按照创业创新大赛规则要求，在指定场地进行项目展示和路演。

六、活动总结

（1）成果展示点评。在完成创业方案的基础上，举办创新创业项目路演，各团队展示和推介创新创业项目。

（2）活动记录与评价。学生填写活动记录表，教师根据学生劳动表现完成活动评价。

活动十：创新创业方案制作——活动记录与评价表						
年级		专业		班级		
姓名		学号		组别		
活动日期			活动学时			
活动分工						
活动记录及感悟						
活动总结与反思	收获					
	不足与改进					
活动评价	评价指标	自我评价		分组评价		教师评价
	劳动价值观					
	劳动知识					
	劳动情感					
	劳动意识					
	劳动能力					
教师评语						
	签名：					
评价等级		评价分数		评价时间		

参考文献

[1] 樊琳，沙治邦．人工智能时代下大学生劳动技能提升的路径研究[J]．西部素质教育，2022,8(23):78-81+182.

[2] 李红．实用劳动心理学[M]．广州：暨南大学出版社，2008.

[3] 张杉杉．劳动心理学[M]．北京：中国劳动社会保障出版社，2011.

[4] 杜安·P．舒尔茨，悉尼·埃伦·舒尔茨．工业与组织心理学 [M]．孟慧，林晓鹏，等，译．10 版．上海：上海人民出版社，2014.

[5] 逯改，淦爱品．匠心筑梦：大学生眼中的劳模[M]．上海：上海交通大学出版社，2019.

[6] 檀传宝．劳动教育论要：现实畸变与起点回归[M]．北京：北京师范大学出版社，2020.

[7] 刘丽红．新时代劳动教育理论与实践教程[M]．北京：中国民主法治出版社，2023.

[8] 杨小军．新时代高校劳动教育探究[M]．北京：中国社会科学出版社，2022.

[9] 王飞，徐继存．三类劳动的划分依据及其育人价值[J]．人民教育，2020(08):15-18.

[10] 董家华，杨文静．居家清洁 你做对了吗[J]．大众健康，2023(06):104-105.

[11] 王建东，易云丽，刘琳靖，等．大学生劳动实践指导手册[M]．重庆：重庆大学出版社，2022.

[12] 冉世民，孔令国．伟大的足迹：百年前的留法勤工俭学运动[J]．炎黄春秋，2019(05):13-20.

[13] 刘丽红，罗俊，黄海军．大学生劳动教育[M]．北京：新华出版社，2022.

[14] 陈新岗，王思萍，张森．精耕细作：中国传统农耕文化[M]．山东：山东大学出版社，2020.

[15] 吴军明，施秋娜．瓷器，何以代表"中国"？[N]．中国民族报，2024-03-11.

[16] 陈宇，高庆芳．劳动教育[M]．北京：人民邮电出版社，2022.

[17] 赵翰生．中国古代纺织与印染[M]．北京：中国国际广播出版社，2010.

[18] 杨丰仔．高校暑期"三下乡"社会实践育人机制的创新探索[J]．科技资讯，2022,20(15):250-253.

[19] 李佳祎．虫影寻踪[J]．大学生，2023(12):24-25.

[20] 王培根．农产品地理标志知多少[J]．湖南农业，2020(01):37.

[21] 中国营养学会．中国居民膳食指南[M]．北京：人民卫生出版社，2022.

[22] 程延园，王甫希．劳动关系[M]．北京：中国人民大学出版社，2021.

[23] 王新哲．弘扬工业文化 建设制造强国[N]．学习时报，2017-12-13（02）．

[24] 丁晓昌，顾建军．新时代大学生劳动教育[M]．上海：上海交通大学出版社，2021.